U0894980

新出图证（鄂）字10号

图书在版编目（CIP）数据

分化与选择：高等教育分流的理论与模式/陶能祥，董泽芳著．—武汉：华中师范大学出版社，2017.8（2019.11重印）

（高等教育与社会发展论丛/董泽芳主编）

ISBN 978-7-5622-7906-8

Ⅰ．①分…　Ⅱ．①陶…　②董…　Ⅲ．①高等教育—教育制度—研究—中国　Ⅳ．①G649.22

中国版本图书馆CIP数据核字（2017）第189419号

分化与选择：高等教育分流的理论与模式

© 陶能祥　董泽芳　著

责任编辑： 郭志刚	**责任校对：** 肖绪旭
装帧设计： 罗明波	
编辑室： 学术出版中心	**电话：** 027—67863220/7792
出版发行： 华中师范大学出版社	**社址：** 湖北省武汉市洪山区珞喻路152号
电话： 027—67863426（发行部）	027—67861321（邮购）
传真： 027—67863291	**邮编：** 430079
网址： http://press.ccnu.edu.cn	**电子信箱：** press@mail.ccnu.edu.cn
印刷： 湖北恒泰印务有限公司	**督印：** 王兴平
开本： 710mm×1000mm　1/16	**字数：** 301千字
版次： 2018年1月第1版	**印次：** 2019年11月第2次印刷
印张： 20.5	**定价：** 62.00元

欢迎上网查询、购书

总　序

高等教育是社会大系统中的一个极其重要的子系统，它与经济、政治、文化等子系统之间有着相互依存的关系。高等教育作为培养高层次专门人才的社会活动，与人的发展更有着极为密切的联系。同时，高等教育自身又是一个多层次、多类型、多主体的系统，不仅大学之间，大学内部各组织之间，领导、教师与学生之间关系错综复杂，而且与社会的方方面面都有着千丝万缕的联系。随着时代的发展，多层次的高等教育与多元化的社会之间形成了越来越密切的互动关系。现代社会，高等教育的存在和发展越来越离不开政府和社会在人力、物力、财力，以及政策、环境等方面的支持与促进；社会的发展也越来越离不开高等教育及其研究的引领与推动。美国经济学家弗里德曼用经济学“核心—边缘”理论研究二战后的经济社会现象与教育特别是与高等教育的关系时，发现在知识成为经济社会赖以存在和发展的基本资源与生产要素后，高等教育逐渐从游离于社会之外的“象牙塔”进入社会的边缘区，并渐次成为推动经济社会发展的“中心”要素，从而提出了著名的高等教育“从边缘走向中心”的发展趋势理论。从二战后高等教育对许多国家发展的实际影响来看，高等教育已成为促进国家科技振兴、经济发展、政治民主、文化繁荣的必要条件；从高等教育对社会个体的影响来看，高等教育不仅是提高个人素质、开发个人潜能的重要基础，更是促进社会流动、实现人生价值的主要途径。的确，高等教育对社会及个人的影响力从来没有像今天这样巨大，社会变革对高等教育的影响也从来没有像今天这样深刻。

然而，随着现代科技的发展和工业化进程的加速，科学文化及其内含的经济价值和工具价值得以彰显，高等教育发展中理性主义与功利主义的冲突日趋激烈。同时，高等教育大众化的进程加快及其与政府、市场、大学三者关系日益复杂，加之财政困难，高等教育商业化、官僚化、技术至上和教育质量下降等问题凸显，高等教育发展的现状和社会的期望之间的鸿沟逐渐加深，高等教育与社会发展之间的冲突也不断加剧。著名的高等教育学家约翰·S. 布鲁贝克在其《高等教育哲学》一书中，专门从冲突论的视角，论述了高等教育发展中认知论与政治论、自治与控制、学术自由与社会责任、精英教育与大众教育、普通教育与专才教育五方面的冲突，还就传统的高等教育与现代的高等教育、学术研究与社会现实道德、大学与教会等方面的冲突展开了论述。联合国教科文组织前总干事费德里克·马约尔在1995年发布的联合国教科文组织关于“高等教育的变革与发展的政策性文件”中更明确指出，“全世界几乎所有国家的高等教育都处于危机之中”。

在我国，随着社会现代化进程的加快，人们已愈来愈清楚地认识到，高等教育与社会的良性互动和协调发展不仅是政治稳定、科技振兴、经济发展、文化繁荣、人民幸福的必要前提，而且是保障高等教育健康发展、高效运行的基本条件。然而，现实的高等教育与社会互动机制仍不够健全，高等教育与社会发展不协调的现象也普遍存在。尤其是在社会大转型的今天，新旧体制、新旧观念与新旧因素的对立与摩擦，以及由此产生的社会失序、混乱与震荡，不仅使高等教育与社会的互动日趋复杂，也使高等教育与社会的协调发展严重受阻。有关高等教育与社会发展的关系的研究也面临着一系列值得研究的新问题。

从宏观的层次讲：一是社会结构转型与高等教育制度的调适问题。社会转型主要包括政治结构、经济结构、文化结构等在内的社会结构的整体性变迁过程。社会转型必然引起与原有社会结构相配套的规则与程序不同程度的失效，而新社会结构要素的生长亟待制度创新来促进和保障。高等教育制度如何调适与创新，如何形成与各种新的社会结构要素协调发展的关系，如何实现高等教育自身健康发展与着眼于学科发展、促进社会全面协调发展的双重目标等问题，必须通过高等教育社会学的研究才能作出科学的回答。二是高等教育与社会关系的变化及高等教育的社会功能重构。社会结构的全面转型必然对高等教育产生巨大的影响，并使高等教育与社会的关系出现一系列新变化。如市场经济的发展打破了高等教育自我封闭的格局，加强了高等教育对市场的关注；民主政治的推进提升了高等教育的自主地位，弱化了高等教育对政府的依赖；对外开放格局的形成拓展了教育者的视野，加强了高等教育同世界的联系，等等。在这种情况下，如何重新认识高等教育的社会价值，如何重构高等教育的各种社会功能，如教育对市场经济的适应、支持与矫正功能，对政治的维护、监督与批评功能，对国外文化的选择、吸收与融合功能，等等，也是高等教育社会学研究的重要任务。三是高等教育与社会冲突的加剧及高等教育的整合机制。社会全方位的变革使高等教育赖以生存的基础发生了变化，高等教育本身也进入了一个剧变时期，旧的运行机制正在被打破，新的运行机制尚未被建立，高等教育与社会的冲突大量存在。如社会经济发展对高等教育的人才需求结构与高等教育的人才培养、输出结构的冲突，高等教育发展对投入的需求与社会经济承受力的冲突，高等教育对理性精神的追求与社会现实的功利取向的冲突，高等教育的价值观念取向与社会文化观念更新的冲突，等等。诚然，高等教育社会冲突的出现并不必然产生消极的后果。如果通过高等教育社会学的研究能够形成比较健全的教育与社会的整合机制，高等教育与社会之间的冲突就会向积极的方面转化。

从中观的层次讲，主要是社会转型带来的各种社会分化引发了一系列新的高等教育社会问题。如区域分化与高等教育发展的失衡问题，阶层分化与弱势群体子女的高等教育问题。急剧的社会转型使原有社会阶层结构产生了前所未有的大分化，进而导致利益的大分化，这必然会在不同利益主体间产生广泛的矛盾和冲突。由此引发了地区之间高等教育差距扩大、高等教育资源配置不合理、高等教育机会不均等等新的高等教育社会问题。

从微观的层次看，主要有社会行为无序与大学行为失范问题，高等教育时空拓展与高校师生关系变化问题，大学校内、校外环境变化与大学教师角色冲突问题，商业的价值原则渗透与大学生的功利行为问题，等等。这些现实的问题，都是令人感到困惑的新的教育问题、社会问题，迫切需要高等教育社会学的探讨与解决。

在这种情况下，高等教育社会学理应顺应时代的要求，调整研究的视角，真正树立起高等教育与社会一体化协调发展的观念，加强对高等教育与社会互动机制的研究，努力探寻高等教育与社会协调发展的规律，促进我国高等教育的健康发展和社会的全面进步。本丛书的出版目的正在于促进这一研究。

本丛书在编写上突出了下列特点：一是研究立场的本土性与研究内容的时代性。从中国近代高等教育的发展过程看，过去高等教育学的研究在一定程度上存在着过于依赖西方教育理论和教育观念的问题，相关研究缺乏本土意识。本丛书强调立足中国国情来解决中国高等教育实践中的问题。在研究内容上，牢牢把握当下中国社会大转型这一时代背景，直面因新旧体制、新旧观念及新旧因素的对立与冲突所产生的社会失序、混乱及震荡给高等教育发展带来的冲击与挑战，紧紧围绕“高等教育与社会和谐发展”这一核心主题，提出了摆脱困境、战胜危机所要解决的一系列重要问题，并通过实实在在的研究，给出了明确回答。本丛书提出的这些问题，都是“高等教育与社会和谐发展的中国问题”，或者说是“中国的高等教育与社会和谐发展问题”。而丛书作者通过研究作出的回答，可视为有助于解决问题的一些“中国答案”。

二是研究视域的广泛性与研究视角的多层性。高等教育与社会发展都是多层次、多类型、多主体的系统，探讨二者的关系应该有广阔的视域和多层的视角。在研究的视域上，本丛书既着力审视整个社会的结构与文化、体制与机制同整个高等教育之间的关系，也努力探明区域分化、地方传统文化同地方高等教育之间的关系，并用力探究具体高校中的职业性别政治、权力关系及角色冲突等问题。在研究的视角上，本丛书立足于高等教育学，比较倚重于社会学，但并不局限于社会学，而是根据研究的具体问题及主要目的，将研究的视角延展至经济学、文化学、人类学、教育学等学科。开阔的学术视野与多样的研究视角，使得丛书内容格外丰富多彩。

三是研究方法的多元性与研究手段的实证性。本丛书遵循了理论研究与实证研究相结合、立足国情与合理借鉴相结合、问题分析与对策探讨相结合等原则，注重多种方法的综合运用。尤为强调运用实证分析的手段，将研究结论建立在翔实的资料基础之上，力图更多地用客观事实说话，用实际材料说话。如制度政策的文本分析、形式多样的问卷调查、扎根实地的田野研究、已有统计数据的二次分析等，在本丛书中都有合理运用，从而为发现高等教育与社会协调发展中存在的问题、揭示成因、寻觅对策提供了必要依据。通过开展实证研究，本丛书改变和克服了老套社会科学研究“从概念到概念”、“从理论到理论”、“从问题到问题”的不良倾向，增强了理论研究的“问题导向”与策略研究的“有的放矢”。

本丛书得以出版，既要感谢华中师范大学出版社新老领导的精心策划与大力支持，也要感谢编辑部主任和各位编辑的认真审读与细致编校，更要感谢顾明远先生与吴康宁先生的充分肯定与郑重推荐。

本丛书的作者主要是高等教育与社会发展研究方向的博士和博士后，丛书多是在他们的博士学位论文的基础上修改而成，虽然研究宗旨与写作要求一致，但每本书的主题思想与写作风格各异。作为丛书主编，我希望本丛书的出版能够为促进我国高等教育与社会协调发展起到一定的作用，也希望高等教育与社会发展的议题能受到学界更多的关注。由于作者的水平以及对高等教育与社会协调发展规律的认识有限，本丛书必有诸多不足之处，诚望诸位学者、读者不吝赐教。

董泽芳

2017 年 6 月 6 日

目　　录

导　言

教育分流是指学校教育系统根据社会的需要和学生个人的意愿与条件，把完成一定阶段教育的学生，有计划、分层次、按比例地分成几个流向，分别接受不同类型、不同层次的教育，以培养社会发展所需要的各级各类人才的活动。高等教育分流则是教育分流系统中的最高层次。高等教育分流作为一种有目的、有计划地培养高层次人才的活动，其内涵从横向构成上讲，涉及五个方面的八大要素：一是由谁分流，涉及高等教育分流的主体要素与操作机构要素；二是对谁分流，涉及高等教育分流的对象要素；三是为何分流，涉及高等教育分流的目的要素；四是怎样分流，涉及高等教育分流的策略要素与形式要素；五是分流结果，涉及高等教育分流的结构要素和功能要素。从纵向构成上讲，可分为三大层面：一是高等教育对象的分流，二是高等教育任务的分流，三是高等教育资源的分流。因此，高等教育分流是高等教育分流主体，根据社会发展的需要和可能、分流对象的意愿和条件，由分流机构实施操作的对分流对象的有目的、有计划、有差别的培养高层次专门人才的活动。

随着我国社会主义市场经济的迅速发展，高等教育体制改革的不断深化，高等教育大众化进程的加快，以及受教育者自主选择性的日益增强，高等教育的合理分流已愈来愈成为人们关注的问题。所谓“高等教育合理分流”，就是充分考虑、统筹兼顾社会发展、个人发展与高等教育自身发展三方面的需要及条件，而分别给予适度满足的分流。它必须与一定历史时期科技经济的发展水平、三大文明的进步水平以及高等教育的发展水平相适应，能够促进社会、个人与高等教育协调发展。高等教育合理分流既是一个相对的概念，也是一个不断发展、不断完善的动态的概念。这种合理性应体现出下列特征：分流取向的兼顾性、分流依据的科学性、分流时机的适宜性、分流形式的多样性、分流结构的协调性与分流机构定位的合理性。

高等教育分流是否合理，不仅直接影响到每个接受高等教育者个人的就业与发展，而且影响到高等学校的育人功能和办学效益，还影响到社会的人才结构，乃至经济的发展、科技的振兴与政治的安定。但在我国，由于受到传统的价值观与急功近利的发展观的影响，以及现行的不合理的高等教育结构与某些不合理的人事分配制度的影响，更由于教育理论界对高等教育分流问题研究太少，使得人们在对高等教育分流问题的认识上存在不少误区，在高等教育分流的实践中也有不少困惑。概括而言，当前高等教育分流面临的主要问题有：

1. 分流取向的整合问题。由于受到某些陈腐的传统观念和现行体制中某些不合理因素的影响，我国目前在高等教育分流取向上存在着许多偏颇之处。如重精英教育轻大众教育、重正规教育轻非正规教育、重职前教育轻职后教育、重公办教育轻民办教育、重重点（名牌）高校轻一般高校、重理科轻文科等。分流取向直接影响着国家的投资取向、高校的定位取向、社会的择人取向与学生的升学取向。社会上某些企业则不计用人成本争抢“精英”学生，有些科技含量不高的企业甚至打出非某某名校毕业学生不予考虑的用人广告。不少家长与学生也提出“非名校不上”。据报载，2011 年全国有 7.6 万考生达到了高职分数线，却放弃报名，导致一些学校无生可招。山东省本科二批一志愿投档结束后，437 所文科院校、530 所理科院校生源未满，有几十所院校甚至无考生问津①。由此形成大批高分学生复读的现象，造成有限的中、高等教育资源严重浪费，进而导致整个社会人才结构的失衡。这种结果显然与合理分流的要求相悖。因此，为促进我国高等教育合理分流，必须认真研究分流目标取向的整合问题。首先要研究整合的原则，如统筹兼顾、整体优化、适当满足、协调发展等。其次要研究整合的策略，如从上到下，即先从国家层面上，再到学校层面上，后到个人层面上。最后要研

① 张哲. 从 7.6 万考生放弃报高职说起 [N]. 陕西日报，2011-09-05 (012).

究整合的方式，如西方学者 J. H. 巴雷特在研究个人目标与组织目标的冲突时，就提出了适应、交易与社会化三种整合方式。不同类型的取向冲突应有不同的整合方式。

2. 分流依据的确定问题。分流依据是否合理直接关系到教育的公平与培养人才的成效。当前关于高等教育分流的依据，亟待研究的有三个问题：一是以一次考试的分数高低来划分人才的层次是否合理。长期以来，高等教育分流主要是依据高考分数，但随着高等教育大众化的发展，单纯以分数作为区分人才的标准受到越来越多的批评。因为有的人考分虽低一点，但可能具有其他方面的优势与潜能，将来做学者不一定合适，但做企业家却可能成功，单纯以分取人就可能埋没一些人才，还会助长中小学片面追求升学率的倾向。总之，单纯以分取人不适应分类选择，分流培养多层次、多类型、多规格人才的时代要求。二是以金钱多少作为分流依据之一是否合理。高等教育是非义务教育，让个人承担一定的教育成本，实行缴费上学，既是世界各国高等教育发展的共同经验，也是我国高等教育改革的必然趋势。同时为了让更多的人能获得接受高等教育的机会，许多高校招生在坚持“以分取人”的同时，还实行了“以钱分类”的政策，“高价生”、“自费生”的出现，让一些分数略低但愿意出高额学费的学生得到了比分数略高但家庭经济困难者更大的分流选择权。“分不够，钱来凑”的事实，显然是对“分数面前人人平等”原则的挑战，究竟合理不合理，需要认真研究。三是以地区差异作为分流依据之一是否合理。经济与高等教育发展的极不平衡是我国的国情。一般说来，经济发达地区教育经费较为充足，高校较多，吸纳大学生的能力较强。为适应这一国情，我国每年都要因地区差异做出招生计划与录取分数线的调整，学生所在地域差异事实上已成为高等教育分流的一个重要依据。资料显示，我国直辖市考生进入高质量大学的机会很大，2012 年北京高考学生的总数只有 7 万人，其“211”高校录取率却达到 12.79%，“985”高校录取率达到 5.05%，非“985”高校录取率也达到 7.74%；而有 81 万考生的河南省，其“211”高校录取率却只有 2.52%，“985”高校录取率只有 0.88%，非“985”高校录取率也只有 1.64%；而只有 6 万考生的天津市，三项比例也分别达到 12.9%、

5.42％、7.27％[①]。2016年北京市考生能被北京大学或清华大学录取的机会是1.023％，上海考生能被北大或清华录取的机会是0.410％；而河南考生2016年能被北京大学或清华大录取的机会只有0.051％，贵州最低，只有0.034％[②]。可见，地区差异不仅是实现高等教育机会公平的障碍，而且已成为制约教育合理分流的重要因素。

3. 分流时机的把握问题。合理把握分流时机对加快分流培养人才的进程和提高分流培养人才的质量具有极大的影响。当前有两个问题值得重视：一是分流时间的选择与确定。长期以来，我国高等教育实行的是“入学即分流”，这对于在计划体制下强调培养专业对口的人才是有效的。随着社会日益向着综合化的方向发展，整个就业形势也发生了很大变化，复合型人才往往在就业中占据优势。因此，有人提出本科教育应该是通才教育，主要任务是拓展学生的知识面，“至于求深求渊的工作，应当留给研究生们去做，或者留给本科生毕业以后在终身学习中去做”[③]。为适应这种形势，许多高校明确提出“宽口径、厚基础、广适应、复合型”的人才培养目标，并试行按院招生，按大类培养，文理渗透，先打好基础，两年或三年后再分流接受专业教育。分流时间的选择正在成为高等教育改革的又一热点。诚然，过分强调专业对口、入学即分流的教育已经不能适应时代的要求。那么，是不是基础越宽越好，分流越晚越好呢？从我国各地最近发布的人才需求信息看，当前最缺乏的仍然是具有专业特长的人才，那些“外行眼中的内行，内行眼中的外行”实际上并不受欢迎。从合理分流的角度讲，应根据不同层次、不同类型与不同规格的人才要求，选择不同的分流时间。有的人应该一入学就分流，进行有针对性的专业培养；有的人可在一年后分流，在相对明确的专业教育中适度引进通识教育；有的人则应在两年或三年后分流，

① 张小萍，张浪．中国高质量大学入学机会和招生偏好研究［J］．高等教育研究，2015（7）：28-35.

② 郜丹丹．优质大学分省定额：实施现状、区域差异与优化路径［J］．重庆高教研究，2017（2）：37-47.

③ 童大焕．本科教育是以人文教育为基础的通才教育［N］．北京晨报，2002-12-01（3）.

在较为宽厚的通识教育基础上再进行专业教育。因此，改革不能盲目地一哄而起，而应以认真的研究、科学的试验为前提。二是分流次数的选择与时间的确定。我国传统的高考制度是“一考定终身”，即一次分流就固定专业，四年不变。由于很多学生报考前对社会的人才需求及各个专业的特点不够了解，对自我发展的潜能与优势的认识也不够全面，这就不可避免地使分流选择带有很大的随意性与偶然性，致使大学出现了很多“入学就厌学”、“未毕业就想转行”的“非本意学生”，不仅影响了个人的发展，也造成了社会人才资源的浪费。为了克服一次性分流的弊端，不少高校正在进行二次甚至三次、四次分流的试验，即允许兴趣发生转移的学生享有自由申请转系、转专业的权利，通过一定的考核就可以达到个人的目的。显然，实现多次分流有利于保护学生的兴趣爱好，有利于发展学生的个性特长，有利于调动学生学习的主动性，也体现了“以生为本”的管理思想。但多次分流也有许多值得研究的地方，如多次分流的时间、多次分流的人数比例，比例过低满足不了需求，比例过高易造成某些专业领域的发展失衡。

4. 分流形式的选择问题。伴随着时代的发展与高等教育大众化的进程，高等教育分流形式的多样化发展已成必然趋势，但其中也暴露出许多问题。一是交替式分流的效益问题。据报载，因大学生就业困难，技校生悄然走俏，许多技校已敞开大门广揽大学生，2016 年沈阳技师学院前来接受就业培训的大学生人数创历史新高，达到 810 人。专科生、二本毕业生“回炉”比例最高，在 2015 届技校毕业生中，大学生比例约占 45％，2014 届毕业生中大学生比例约占 23％①。从社会学的角度讲，大学生回炉说明社会用人不再是重视虚名，而是更注重实际能力，也说明大学生的择业观更贴近现实，能根据市场要求对自己的知识与能力结构做出新的调整，这是应该鼓励的。但从合理分流的角度看，这种分流显然是低效或失效的。二是普通高等教育与职业高等教育的沟通问题。我国高等教育分流系统中的一个重要问题就是不同类型的高等教育之间

① 封蔚，张思涵．大学毕业生到技校“回炉”学新技能：专科生、二本毕业生比例最高［N］．沈阳日报，2016-03-15（005）．

彼此割裂，互不沟通。现在职业高中的学生可以进高职院校，但仍无法进入正规本科院校，这是很多学生不愿意读职高和高职的重要原因之一。如何实现不同类型高等教育之间的相互沟通，除需要在宏观上研究教育管理体制的改革外，还需要在微观上研究教学的改革与管理等问题。三是面对多种分流形式与学生选择自由度增大的现实，如何处理好强制分流与自愿分流的关系问题。在计划经济时期，学生分流有很大的强制性。但随着社会主义市场经济的发展与高等教育大众化的推进，高等教育逐渐从“卖方市场”转向“买方市场”，学生的主体意识亦不断增强，传统的强制性分流显然已不合时宜，充分尊重学生的意愿，采用自愿性分流的方式已成必然趋势。许多高校已经实行学生自主选择专业的招生制度，允许入学一年或两年的学生转系，这也是自愿分流的一种补充形式。这一改革方向无疑是正确的，但要全面实行则需慎重。因为受“个人利益最大化”的驱动，教育需求方对高等教育的选择多集中在热门专业，二次分流也多是从冷门专业转向热门专业。倘完全按个人意愿分流，从目前来看，势必造成部分热门专业过分拥挤，教学质量难以保证，而部分冷门专业又会因人数过少而形成新的资源浪费；从长远来看，一些处于学术前沿的冷门专业或学科将面临萎缩，更严重的是将导致专业人才结构失衡。因此，如何做到既能尊重学生个人的意愿，又能较好地满足社会发展对人才的需求，如何引导学生在分流中作出正确的选择，还需要从理论与实践的结合上作认真的探讨。

5. 分流结构的优化问题。由于受多种因素的影响，我国当前高等教育分流结构存在着严重的失衡现象。从流型结构看，民办高等教育的发展先天缺失，后天不足；成人高等教育的发展也因取向偏颇、资源短缺等原因令人担忧。从流层结构看，本科层次发展较快，但专科层次独立性不强，研究生层次发展严重滞后。从流向结构看，生物技术、新材料、电子通信技术、自动化等急需科研类的人才培养突出不够，专业设置上的盲目跟风现象仍比较严重。从流域结构看，东部与西部高等教育资源配置极不平衡，中心城市与非中心城市的高校差距越来越大。大量实践证明，只讲规模扩张、不讲结构优化，比例失调、布局失衡的高等教育分流结构，不仅不能保障分流功能的有效释放和合理人才结构的形成，而且极大地降低了分流的整体效益。为促进合理分流，首先要研究高等教育分流结构的构成要素之间的界线划分、功能定位，以及相互之间的比例关系与衔接方式。其次要研究高等教育分流结构与社会经济结构、人才需求结构之间的相互关系，尤其是高等教育分流结构对社会经济结构、人才需求结构动态适应的特点与规律。最后要研究衡量分流结构是否优化的标准，以及优化的策略。优化的过程，实质是一个对影响高等教育的主要因素，如社会经济发展对人才的真实需求，国民对高等教育的合理期望与现行高等教育的培养能力等进行认真调查研究的过程，是一个对已经形成的高等教育分流结构不断调整的过程，是一个促进高等教育自身协调发展，进而促进高等教育与整个社会经济协调发展的过程。

6. 分流机构的定位问题。由于体制和某些政策的原因，尤其是受到一些错误的人才观、片面的发展观与扭曲的市场观的影响，如社会上许多人认为“受正规教育”、有“高学历”的就是人才，学校认为发展就是“上层次、扩规模”，适应市场就是“抢热门专业”等，同时由于对分流培养人才的规律缺乏研究，对时代发展及学校自身状况缺乏正确认识，许多分流机构在定位上出现了培养对象不清、服务方向不明、办学层次混乱等问题。如许多低层次的学校盲目攀高“升格”，不切实际地提高人才培养的层次，不顾条件地扩大研究生的规模，而一些名牌（重点）高校反过来大办高职班、大招专科生，使整个高等教育分流活动处于无序竞争状态，最终导致人才培养的错位与高等教育资源的浪费。实现分流机构的合理定位，必须加强两大层次的研究。从国家层面讲，当务之急是尽快制定出一个能反映高等教育发展规律、顺应世界高等教育改革潮流和符合我国国情的高等教育机构分类发展的目标与计划，以及相应的评估体系，同时采取目标引导、政策激励、经济调节与评价规范等措施，促进所有的分流机构分类发展，各安其位。从分流机构自身来讲，应着力于三种情势的研究：一是社会发展对高等教育需求的态势研究；二是国际、国内高等教育改革与发展的趋势研究；三是机构自身的优势与劣势研究。合理定位就是通过对机构外部的需求状况与制约条件分析、机构自身的优势与劣势分析、发展目标与障碍因素分析、资源配置的必要性与可能性分析，明确自己在社会经济发展中应承担的历史使命，确定自己在整个高等教育分流体系中的角色地位，以及在同层同类学校中的能级与特色。

此外，还有分流制度的建设问题、分流环节的畅通问题、分流机制的健全问题、分流条件的保障问题等。

怎样在立足我国国情，适当借鉴国外高等教育分流经验的基础上，建立起具有中国特色的高等教育分流理论体系和实践模式，促进教育更好地适应现代化建设和人才市场的需求，促进学生健康发展并妥善解决他们升学与就业的出路，实属当务之急。

本书正是根据上述需要，选择了高等教育分流的理论与模式这一研究课题。

本书在研究方法与总体思路上力图坚持以辩证唯物主义和历史唯物主义为指导，综合运用教育社会学、高等教育学、比较教育学等学科的原理与文献法、比较法、调查法及系统分析法等方法，遵循宏观研究与微观研究相结合、理论研究与实证研究相结合、立足国情与合理借鉴相结合、问题分析与对策探讨相结合等原则。

本书内容分为三个部分：

第一部分是理论研究，包括第一至四章。

首先，从教育分流的内涵入手，指出在我国教育分流已形成“三级分流”的格局，即初等教育分流、中等教育分流与高等教育分流。而随着高等教育大众化进程的推进，高等教育分流越来越受到人们的关注。高等教育分流是高等教育分流主体根据社会发展的需要和可能、分流对象的意愿和条件，由分流机构实施操作的对分流对象的有目的、有计划、有差别的培养高层次专门人才的活动。高等教育合理分流的主要特征，表现在分流取向的兼顾性、分流依据的科学性、分流时机的适宜性、分流形式的多样性、分流结构的协调性以及分流机构定位的合理性六个方面。

其次，从多学科视角对高等教育分流的理论基础进行了探讨。社会分工理论，包括亚当·斯密的“分工-专业化论”、马克思主义的“分工-效率论”、涂尔干的“分工-有序论”，是其社会学基础；个性差异理论，包括能力差异理论、气质差异理论、性格差异理论，是其心理学基础；人性-秩序论和生命类型-职业论，包括柏拉图的“人性-秩序论”、斯普兰格的“生命类型——职业论”，是其哲学基础；教育选择理论，包括特纳的“教育流动论”、霍珀的“教育选择论”，是其教育学基础。

再次，结合我国经济发展变革的实际，从五个方面对高等教育分流的实践依据进行了分析。从个性解放的要求分析了个性发展与高等教育分流的关系：个性发展具有重要的时代价值，高等教育分流是促进个性发展的基本途径；从适应市场的要求分析了供求平衡与高等教育分流的关系：人才市场的供求平衡呼唤着高等教育的分流，高等教育分流是实现供求平衡的有效手段；从适应社会转型的要求分析了社会分化与高等教育分流的关系：社会分化从多方面影响着高等教育分流的目标追求、价值取向、服务方向以及选择策略，高等教育分流是促进合理分化的重要前提；从可持续发展的要求分析了生态定位与高等教育分流的关系：在高等教育生态系统中，各分流主体都应有合理的生态定位，高等教育分流是实现合理定位的必要条件；从高等教育自身发展的要求分析了高等教育和谐发展与高等教育分流的关系：高等教育和谐发展是社会和谐发展的构成要素与实现途径，而高等教育分流则是实现高等教育和谐发展的有力举措。

最后，通过文献法研究了不同历史时期、不同地域的高等教育分流状况，对世界范围内高等教育分流的演变脉络进行了梳理。高等教育分流的发展阶段主要分为三个阶段：（1）高等教育分流的萌芽阶段。公元12世纪以前，国外的高等教育分流主要出现在古埃及、古印度、古希腊和古罗马地区；中国的高等教育分流活动最早产生于春秋时期，孔子在教学中倡导六艺，提倡因材施教，汉代的官学与私学，唐代的六学二馆，宋代的分斋教学等都是古代中国的高等教育分流活动。无论在古代东方还是在古代西方，高等教育分流都处于萌芽状态，主要表现为高等教育分流机构的单一性、高等教育分流选择策略的狭隘性以及高等教育分流任务的局限性等。（2）高等教育分流的拓展阶段。12世纪至18世纪，高等教育分流机构类型增多、布局拓宽，高等教育分流对象数量增加、选择性增强，高等教育分流结构层次更多、类型更广，高等教育分流得到政府的支持更多、经费渠道更广。（3）高等教育分流体系的形成阶段。19世纪至20世纪初，高等教育的大发展为高等教育分流体系的基本形成奠定了良好的基础。高等教育分流体系形成的主要标志：一是高等教育分流的结构体系基本形成，包括高等教育流层结构、流向结构、流型结构与流域结构的形成与逐步合理化；二是高等教育分流的制度体系基本形成，包括高等教育分流的选拔制度、资助制度、培养制度与管理制度的逐步完善；三是高等教育分流的机制体系基本形成，包括国家宏观调控机制、高等教育机构自主适应机制、社会主动适应机制的基本形成。

第二部分是模式研究，包括第五至八章。主要是对高等教育分流的模式构建和运行机制以及模式借鉴和策略比较进行了研究。高等教育分流模式主要包括价值目标体系、结构功能体系、操作策略体系与调适机制体系四个构成要素；制约高等教育分流模式的主要因素是经济发展与人才需求、政府认识与政策导向、教育基础与高校定位、文化传统与国民意向；构建合理的高等教育分流模式必须遵循满足需求原则、促进发展原则、整体优化原则与统筹兼顾原则。健全的高等教育分流运行机制应包括国家宏观调控机制、高校自主适应机制、学生流向指导机制和利益主体协调机制。国家宏观调控机制是指国家通过教育行政部门对高等教育分流活动进行引导、调节或控制的方式，主要有两种：一种是“计划调控”，另一种是“市场调控”；高校自主适应机制是指以各类高校为主体，通过高校自身内在的激励与约束力量调节和控制分流活动，使高等教育分流能更好地适应不断变化的外部环境对人才的需求，主要有自主办学、自我发展、自我调控、自主选择四种运作方式；学生流向指导机制是指各类高校主体会同其他主体尤其是政府主体，采取一定的措施，有目的、有计划地引导学生对个人的学科专业流向以及职业流向做出恰当选择的一系列运作方式；利益主体协调机制即以统筹兼顾的思想为指导，对决策主体、执行主体和参与主体的利益进行协调，从而实现高等教育分流协调、有序地运行。

“他山之石，可以攻玉。”为了借鉴世界各国尤其是发达国家高等教育分流的经验，促进我国高等教育分流的顺利实施，我们从模式和策略两个方面进行了比较研究。首先，对国外高等教育分流的主要模式进行了介绍，它们分别是“流层考升型”、“入学分流型”、“中期分流型”、“专业分岔型”、“适时转流型”、“工读交替型”、“学校配置型”、“学生选择型”，这些模式对于我国高等教育分流模式的构建具有重要的借鉴意义。其次，对国外高等教育分流的策略进行了研究。一是高等教育分流选择策略，对分流选择主体、对象和方式进行了比较；二是高等教育分化策略，对适时分化、适度分化和适才分化策略进行了介绍；三是高等教育分配策略，对学生自选策略、学校引导策略、企业参与策略、中介协调策略与国家调控策略进行了分析。这些研究能帮助我们“从认识别人而达到自我认识”，进而达到合理地借鉴与创造性运用国外分流经验的目的。

第三部分是发展研究，包括第九至十一章。世界高等教育分流呈现出一系列新的发展趋势：分流主体的多元化、分流对象的大众化、分流目标的综合化、分流结构的合理化、分流策略的科学化、分流过程的民主化以及分流机制的协调化。我国高等教育分流在改革与发展中也取得了多方面的成就，但还存在着诸多问题和矛盾，主要表现为：价值偏颇，目标冲突；结构失调，功能受阻；自主有限，策略僵化；机制不活，分流不畅等。因此，在理论研究和模式研究的基础上，通过借鉴比较，我们就促进我国高等教育的合理分流提出了四大对策：一是要提高思想认识，整合个人与社会、大众与精英、通才与专才、公平与效率的价值目标；二是要加强对人才需求和学科发展的预测和调查，分析高等教育布局失衡的现状，探索多元发展的途径，在此基础上不断优化高等教育分流结构；三是要继续深化高等教育管理体制、办学体制、招生制度、评价制度、考试制度与就业制度的改革，逐步完善高等教育分流的选择策略、分化策略与分配策略；四是要多方配合行动，综合运用各种调控手段，建立起政府、高校、个人与用人单位之间的利益关系链，扩大自主分流的权利，加强对学生的流向指导。

本书得出以下主要研究结论：

1．高等教育分流是高等教育分流主体根据社会发展的需要和可能、分流对象的意愿和条件，由分流机构实施操作的对分流对象的有计划、有差别的高等教育活动，目的在于造就各类专门人才。

2. 高等教育合理分流的主要特征可以概括为六个方面：分流取向的兼顾性、分流依据的科学性、分流时机的适宜性、分流模式的多样性、分流结构的协调性以及分流机构定位的合理性。

3. 高等教育分流的理论基础主要有：社会分工理论是其社会学基础；个性差异理论是其心理学基础；“人性-秩序论”和“生命类型-职业论”是其哲学基础；教育选择理论是其教育学基础。

4. 高等教育分流是社会转型与个性发展的迫切要求，具有多方面的实践依据。

5. 高等教育分流的形成与发展有其自身的脉络，它经历了萌芽阶段——拓展阶段——体系形成阶段。

6. 高等教育合理分流有赖于一定的模式。高等教育分流模式主要包括价值目标体系、结构功能体系、操作策略体系与调适机制体系四个构成要素。制约高等教育分流模式的主要因素是经济发展与人才需求、政府认识与政策导向、教育基础与高校定位，文化传统与国民意向。构建合理的高等教育分流模式必须遵循满足需求原则、促进发展原则、整体优化原则与统筹兼顾原则。

7. 高等教育合理分流需要有健全的机制。这一机制包括国家宏观调控机制、高校自主适应机制、学生流向指导机制和利益主体协调机制。

8. 高等教育分流受到世界各国的普遍关注，当今国外高等教育分流的主要模式有八种：“流层考升型”、“入学分流型”、“中期分流型”、“专业分岔型”、“适时转流型”、“工读交替型”、“学校配置型”、“学生选择型”。

9. 世界各国高等教育分流具有不同的策略。在选择策略上，有选择主体、选择对象、选择方式的差异；在分化策略上，有适时分化、适度分化、适才分化的不同；在分配策略上，有学生自选策略、学校引导策略、企业参与策略、中介协调策略与国家调控策略的区别。

10. 世界高等教育分流的发展趋势是：分流主体的多元化、分流对象的大众化、分流目标的综合化、分流结构的合理化、分流策略的科学化、分流过程的民主化以及分流机制的协调化。

11. 我国高等教育分流在改革与发展中存在的主要问题有：价值偏颇，目标冲突；结构失调，功能受阻；自主有限，策略僵化；机制不活，分流不畅等。促进我国高等教育合理分流的主要对策：一是整合价值目标，二是优化分流结构，三是完善分流策略，四是健全分流机制。

本书的创新之处是：在理论上率先提出了高等教育分流、高等教育合理分流、高等教育分流结构等概念，对高等教育合理分流的意义与特征、理论基础与实践依据、演变脉络与发展趋势、模式构建与运行机制进行了分析和概括；在实践上总结了高等教育分流模式的构成要素，分析了制约高等教育分流模式的因素，提出了高等教育合理分流的基本原则与运行机制，概括了国外高等教育分流的八种模式，揭示了我国高等教育分流的主要问题，探讨了我国高等教育分流的改革对策，这些对于我国高等教育合理分流都具有重要的指导作用。

诚然，高等教育分流问题是一个牵涉面极为广泛的高等教育社会问题，我们不可能对其进行面面俱到的研究，因此本书还存在着一些不足之处，如关于高等教育分流的理论体系的建构还不够完善，对我国当前高等教育分流的实证考察还不够充分，运用分流理论指导高等教育分流改革实践则较为薄弱，即使是研究中已涉及的问题，也显得十分浅陋，但愿能引起更多同仁对高等教育分流的关注，并欢迎对本书的批评与指正。

第一章　高等教育分流的内涵与特征

教育分流是现代学校教育系统的一个主要功能，高等教育分流则是教育分流中的一个重要部分。高等教育分流是否合理，不仅直接影响到每个接受高等教育者个人的就业与发展，而且影响到高等学校的育人功能和办学效益，还影响到社会的人才结构，乃至经济的发展、科技的振兴与政治的安定。因此，高等教育分流不仅是一个重要的教育问题，更是一个重大的社会问题。

第一节　高等教育分流的内涵

教育分流，即人才培养的分流，简称分流。它是指学校教育系统根据社会的需要和学生个人的意愿与条件，把完成一定阶段教育的学生，有计划、分层次、按比例地分成几个流向，分别接受不同类型的、不同层次的教育，以培养社会发展所需要的各级各类人才的活动。

在我国，教育分流已成“三级分流”格局，即初等教育分流、中等教育分流与高等教育分流。初等教育是人才培养的基础阶段，在当前义务教育已经普及的背景下，初等教育阶段的分流担负着学生的兴趣激发与保护、个性的发现与培养，以及学术性向的初步观察与指导的任务。中等教育分流一方面担负着传授基本知识、培养基本技能、为高校输送合格生源的任务；另一方面承担着向社会输送合格劳动者与初级专门人才的任务。高等教育分流则不仅担负着开发学生潜能、培养学生学术兴趣与能力等多方面的任务，而且担负着培养各级各类专门人才、优化人才结构、满足社会经济发展多方面需求的任务。因此，高等教育分流无论对社会发展还是对个人发展都具有极为重要的意义。

一、高等教育分流的横向构成

高等教育分流作为一种有计划、有目的的活动，在横向构成上必然涉及五个方面的八大要素：一是由谁分流，涉及高等教育分流的主体要素与操作机构要素；二是对谁分流，涉及高等教育分流的对象要素；三是为何分流，涉及高等教育分流的目的要素；四是怎样分流，涉及高等教育分流的策略要素与形式要素；五是分流结果，涉及高等教育分流的结构要素和功能要素。现简要分析如下：第一，高等教育分流的主体。政府是高等教育分流决策与调控的主体，教育部门和各类高等教育机构是执行的主体，企业、家庭与个人以及与高等教育分流活动相关的社会组织是重要的参与主体。第二，高等教育分流的对象。它是指所有愿意接受高等教育且符合一定条件的人，既包括符合一定录取标准的应届高中毕业生，也包括高考落榜生，以及各年龄阶段的有志于接受高等教育的成人。高等教育分流的对象在整个分流活动中，既是被分流的客体，也是参与的主体，具有双重属性。第三，高等教育分流的目的。从国家与社会来讲，是为了适应社会经济发展的需要，培养各级各类人才；从家庭与个人来讲，是为了开发个人潜能，促进个人更好地发展。第四，高等教育分流的策略。它是指高等教育分流的运作方式与实施步骤，包括选择策略、分化策略与分配策略。选择策略的关键是对分流依据的选择要公平合理；分化策略的关键是对分流时间的选择、分流比例的确定与分流对象的安排要适时、适度、适才；分配策略的关键是对学生的职业分配要尽可能做到人尽其才、才尽其用、岗能匹配。第五，高等教育分流的形式。主要有外分式与内分式。外分式是指依据一定的标准，对高等教育对象进行选拔的一种选择性活动，其目的是将符合标准的高等教育对象选拔出来并分流到各类高等学校中去。内分式是指进入了高校的大学生依据自身的需要和条件分别流向不同的学科、专业、课程、班组和课堂以及不同的年级和教育层次的活动。第六，高等教育分流的结构。它是指高等教育系统中学生分流进入不同形式、不同层次、不同类型、不同区域的高校（包括各类教育机构）的比例构成与纵横联结方式，主要包括流层结构、流向结构、流型结构和流域结构。第七，高等教育分流的功能。对学生来说，高等教育分流能充分考虑学生的兴趣爱好、知识基础及其他条件，更好地发挥因材施教的功能，促进他们的志趣、才能、专长全面而和谐地发展。对社会来说，它能全面反映国家的要求，对口培养社会所需要的各级各类人才，促进社会结构的优化，更好地发挥高等教育为社会主义现代化建设服务的功能。对协调社会与个人的关系来说，它能将学生个人、家庭与国家的利益尽可能地统一起来，更好地发挥高等教育分流的分化与整合功能。第八，高等教育分流的机构，即实施分流培养人才活动的单位。它包括所有的高等院校及其他具有实施职后或非正式高等教育资格的单位。

二、高等教育分流的纵向结构

高等教育分流在纵向构成上可分为三大层面：

第一，高等教育对象的分流。高等教育对象的分流具体包括四个方面：一是接受高等教育的形式分流，如有人希望接受全日制的正规高等教育，有人因经济等原因愿意接受非全日制的、非正规的高等教育；二是接受高等教育的层次分流，如有人希望进重点大学，有人愿意读普通本科，也有人愿意先读专科再图发展；三是接受高等教育的类型分流，如有人希望自己的综合素质全面提高，有人只想单项进修，有人愿意学理工，有人愿意学经管；四是接受高等教育的地域分流，如有人希望到外地深造，有人愿意在本地发展等。

第二，高等教育任务的分流。所谓高等教育任务的分流，是指不同的高等教育机构在培养对象、培养目标和方式上有相应的侧重与分工。任务的分流也可分为四个方面：一是不同性质的高等教育机构之间的任务分流。如普通高校以符合规定标准且尚未就业的青年为主要培养对象，成人高校则以那些因种种原因不可能进入全日制、正规高校学习的成人为主要培养对象。二是不同层次的高等教育机构之间的任务分流。如一流大学坚持教学、科研并重，以培养尖端人才为已任；一般大学以教学为主，兼顾科研，以培养一般本科层次人才为主；高职高专类学校以教学为主，主要培养实用型、技能型专科层次的人才。三是不同类型的高等教育机构之间的任务分流。如综合性大学可利用其多学科互相融汇的优势培养综合素质较高、视野广、创新能力强的学术型、工程型、管理型人才；单科性院校则根据各自的专业优势，主要培养具有必要的理论知识和较强实践能力的基层技术人才与管理人才。四是不同地域的高等教育机构之间的任务分流。如大城市的高校，特别是重点高校主要是为全国和本省（自治区）的发展培养人才和提供较高层次的智力支撑；地市高校则主要为本市及所辖县乡社会经济发展培养人才。

第三，高等教育资源的分流。高等教育资源是指高等教育分流活动赖以进行所必需的人力、物力、财力以及相关资源的总称。其中人力资源包括教师、管理人员和学生；物力资源包括教学场馆、仪器设备、图书资料与生活设施等；财力资源包括国家财政投入、学生缴纳学费、社会力量办学投入或捐赠、校办产业创收等；相关资源主要指在长期办学过程中形成的无形资产，如办学理念、管理经验、校园氛围与学校声望等。在上述各类资源中最关键的是财力资源，它对人力、物力资源起着决定性的影响。上述三个层面的分流相辅相成，共同构成高等教育分流活动的完整体系。其中，对象的分流是前提，任务的分流是途径，资源的分流是保障。

根据上述分析，可对高等教育分流的内涵作出如下界定：高等教育分流是高等教育分流主体，根据社会发展的需要和可能、分流对象的意愿和条件，由分流机构实施操作的对分流对象的有目的、有计划、有差别的培养高层次专门人才的活动。

第二节　高等教育合理分流的主要特征

合理的高等教育分流应体现在三个方面：一是合目的性，即分流既有利于社会生产力的提高，又有利于社会民主与教育机会均等的推进，还有利于青少年学生个性的发展；二是合规律性，即分流既能反映社会分工与职业结构的要求，又能遵循高等教育自身发展的规律；三是合条件性，即分流必须因地制宜、因时制宜、因条件差异而选择不同的分流策略。合理分流还具有多级多向、适时适度、自主竞争、沟通灵活等特征。因此，高等教育合理分流就是充分考虑、统筹兼顾社会发展、个人发展与高等教育自身发展三方面的需要及条件，而分别给予适度满足的分流。它必须与一定历史时期科技经济的发展水平、三大文明的进步水平以及高等教育的发展水平相适应，能够促进社会、个人与高等教育协调发展。高等教育合理分流既是一个相对的概念，也是一个不断发展、不断完善的动态的概念。这种合理性应反映在对象分流、任务分流与资源分流三个层面上，并显示出下列特征：

一、分流取向的兼顾性

分流取向是指分流主体对一定的分流活动的认识与评价，以及在此基础上做出的对分流发展的方向及重点等方面的选择。正确的分流取向对实现合理分流起着重要的导向作用。高等教育分流活动牵涉到国家、企业、社会团体、学校、家庭与个人等多方面的利益主体，多层次的培养目标与多类型的服务方向。因此，在分流取向上也具有多层次、多维度且相互冲突的特点。例如，从培养目标取向上看，有社会目标与个人目标的冲突，学术目标与职业目标的冲突，理想目标与现实目标的冲突，统一目标与多元目标的冲突等；从投资取向上看，有公平目标与效率目标的冲突，经济目标与政治目标的冲突，整体目标与局部目标的冲突等。这些冲突往往使分流主体在分流取向上面临两难选择的困扰。实现合理的高等教育分流，在很大程度上取决于如何正确处理上述种种目标取向的冲突，使众多对立的目标取向在一定条件下保持相对平衡。只有首先确立好能够统筹兼顾多方利益的目标取向体系，才能构建起合理的分流结构体系，整个分流活动才能显示出系统的效率与整体的功能。

二、分流依据的科学性

分流依据是高等教育甄别选拔人才并施以分层、分类培养时所采用的标准。高等教育分流的依据有客观与主观之分。客观依据是以外在的不以人的意志为转移的条件为依据的分流，如个人所属的阶级层、家庭的社会经济地位与地区差异等。主观依据是以通过个人的主观努力可以获得的条件为依据，如学业成绩、品德操行与专业兴趣等。分流依据的确定要受到时代的制约，如传统社会比较注重客观依据，现代社会比较注重主观依据，但任何时代、任何社会都不可能只考虑客观或主观某一方面的依据。所谓依据的科学性是指在特定的历史条件下，能较好地处理客观依据与主观依据的关系。我国当前正处于经济转型时期，分流依据的科学性应该体现在如何正确处理分数标准、金钱标准与地区标准等方面的关系上。

三、分流时机的适宜性

高等教育分流时机主要反映在三个方面：一是开始分流的时间，二是再次分流的时间，三是一次或再次分流后的时间段的长短。分流时机的适宜性是指对上述三个时间的把握要适当，能在对不同层次、不同类型人才的培养目标、培养规格、培养时间进行认真研究的基础上，对一次或再次分流的时间做出合适的选择。如有的可以一入学就分流，有的需要在一年、两年或三年后再分流；有的可一次分流到位，有的需要有两次或三次的选择才能确定；有的时间段可以长一点，有的时间段可以短一点。总之，就是通过对分流时机的恰当把握，确保分流培养的人才符合相应的规格，达到应有的要求。

四、分流形式的多样性

合理分流的目的是使分流能较好地适应纷繁复杂的社会分工与丰富多彩的个性发展的要求，这就需要有灵活多样的分流形式。概观中外高等教育分流的做法，至少有以下五种：一是外分式，亦称学校分流，指通过一定的考试或考核，并根据学生的意愿和条件，让学生分别流向不同性质、不同层次、不同类型与不同区域的高等教育机构。二是内分式，亦称校内分流，指学生进入同一学校后，根据学生的学习基础与专业意向进行的专业分流、课程分流，或同一课程中的教学进度分流等。三是交替式，亦称工读转换式，指允许学生自由选择和自主安排学习与工作的时间。四是参与式，亦称校企合作式，指高等教育机构与厂矿企业合作，共同承担分流培养人才的任务。五是沟通式，指分流后的学生可以根据自己的意愿和条件在不同的流层或流向之间流动。

五、分流结构的协调性

高等教育分流结构是指高等教育系统中学生分流进入不同形式、不同层次、不同类型、不同区域的高校（包括各类教育机构）的比例构成与纵横联结方式。它主要包括流型结构，即不同形式的高校及学生的构成状态及比例关系；流层结构，即不同层次的高校及学生的构成状态及比例关系；流向结构，即不同类型的高校及学生的构成状态及比例关系；流域结构，即不同地域的高校及学生的构成状态及比例关系。高等教育分流结构是实现一定时期高等教育分流活动的前提，合理的高等教育分流结构是保障学生合理分流进入不同层次、不同类型、不同形式的高等教育机构的基础。评价高等教育分流结构是否合理的标准，主要是看其是否具有三方面的协调性：一是与社会发展的要求及条件相协调，二是与社会成员个性发展的要求及条件相协调，三是高等教育分流结构自身的协调。

六、分流机构定位的合理性

所谓分流机构定位的合理性，是指分流机构能够根据时代发展的需要与自身的条件在分流培养人才的活动中找准自己的位置。这种定位主要包括七个方面：对象定位，即招收什么层次、什么类型的学生；形式定位，即运用何种形式的高等教育培养人才；区域定位，即培养出的人才服务的空间范围；层次定位，即培养何种层次的人才；类型定位，即培养何种专业或何种学科的人才；能级定位，即培养人才的综合实力在同层同类学校中所处的地位；特色定位，即培养出的人才与同层同类学校相比有哪些独特的优势。分流机构的合理定位，首先是分流机构自身发展的迫切要求。随着时代的发展，社会对高等教育分流的要求将愈来愈高。高等教育机构之间的竞争日趋激烈，每个机构要想在激烈的竞争中得到发展，必须通过合理定位，找到自己的优势，按“人无我有，人有我优，人优我新”的思路办出自己的特色。其中，合理定位是优化分流结构的必然趋势。整体的优化有赖于各构成要素自身的优化与各要素之间的合理配置。每个分流机构在分流培养人才上，都应有自己的最佳定位，即使是一流大学，也要坚持“有所为，有所不为”的原则，确定自己的育人优势。倘若每个分流机构都能做到各安其位，各司其职，各得其所，各展其长，自然会形成优化的分流结构，最终释放出最佳的育人功能。

第二章　高等教育分流的理论基础

教育分流是伴随着社会分工与人的个性发展而发展的，因此受到多学科的关注。本章从社会学的社会分工理论、心理学的个性差异理论、哲学的人性论与生命类型理论、教育学的选择理论等学科视角，对高等教育分流的理论基础进行探讨。

第一节　社会学基础：社会分工理论

社会分工理论认为：社会分工使人的劳动专业化，使生产效率提高并使社会团结加强，因此教育应根据社会分工的需要将社会中的人分流到相应的位置，发挥他们各自的作用，就能促使社会有序运行和进步。

一、亚当·斯密的“分工-专业化论”

亚当·斯密是英国著名的经济学家和社会学家，他在《国富论》等书中提出了社会分工理论。“劳动生产力上最大的改进，以及劳动在任何地方运作或应用中所体现的更大的技能、熟练、技巧和判断力，都是分工的结果。”① 亚氏提出的“分工-专业化论”有如下几个主要观点：其一，分工和专业化使得劳动生产者越来越将其生产活动集中于少数操作上，从而较快地提高了生产的熟练程度。其二，分工和专业化会使劳动者节约或减少因经常变换工作或变换生产活动中的不同操

① 亚当·斯密．国富论：上卷［M］．杨敬年，译．西安：陕西人民出版社，2001：7.

作而损失的时间，这方面的节约比想象中的节约要大得多。其三，分工和专业化的发展，使得劳动生产者可以节约物质生产资料。其四，分工和专业化使人们的工作在既定的技术水平条件下变得简单，这样可以减少工作的学习时间和培训时间，减少工作中的智力资源消耗和工作中的失误，减少高级技术和多面手人才的需求。其五，企业的分工和专业化可以降低企业管理工作的复杂程度，从而提高管理效率①。

二、马克思主义的“分工-效率论”

马克思主义的经典作家关于社会分工有下列主要观点：其一，一切生产的基本形式都是分工。其二，分工意味着力量的扩大，生产力水平的发展。马克思认为，人们如果不以一定的方式结合起来，共同活动，并相互交换其活动，便不能进行生产，而相互交换活动就意味着分工。人们一旦在分工的条件下进行生产，他们的力量就不仅有了量的扩大，而且有了质的突破。“一个民族生产力发展的水平，最明显地表现在该民族分工的发展程度上。”② 其三，分工具有不同的性质。“当人的劳动的生产率还非常低，除了必需的生活资料只能提供微小的剩余的时候，生产力的提高，交换的扩大，国家和法律的发展，艺术和科学的创立，都只有通过更大的分工才有可能。”③ 因此，在不同的历史时期，由于生产力水平的不同，社会分工的性质也不同。在历史上，分工有过自然分工、自发分工和自觉分工三个阶段，无论何种分工，其作用都是巨大的。其四，分工对社会发展具有极大的作用。社会分工提高了生产效率，造成了工具的专门化和机器的新发展，节约了劳动时间和人力，促进了科学技术的进步，扩大了人的体力与脑力，使人成为多能的人或全能的人。

---

① 亚当·斯密. 国富论：上卷［M］. 杨敬年，译. 西安：陕西人民出版社，2001：7-26.

② 马克思，恩格斯. 马克思恩格斯选集：第1卷［M］. 北京：人民出版社，1972：25.

③ 马克思，恩格斯. 马克思恩格斯选集：第3卷［M］. 北京：人民出版社，1972：221.

三、涂尔干的“分工-有序论”

涂尔干是西方公认的社会学家和教育社会学奠基人，他在《社会分工论》等著作中提出了他的理论。他认为，社会分工促进了社会团结和有序运转，不管离心倾向如何而创造着社会整体并促进社会保持整体的那种力量，是分工。“社会的凝聚性是完全依靠或至少主要依靠劳动分工来维持的，社会构成的本质特性也是由分工决定的。”① 这一分工理论具有如下观点：其一，分工促使两种社会类型产生。一种叫作“机械连带”社会，另一种叫作“有机连带”社会。其二，在机械连带社会，其成员之间的类似性或同质性相当高，社会分工不明显。换句话说，这种机械连带社会是一种相当排外的（exclusive）组织，在其中个人的人格特质已经被纳入团体的人格特质之中。其三，在有机连带社会，其成员之间的相似性或同质性较低，社会分工高度发达，犹如高等动物身上的器官一样，每个器官均有其特殊的功能与自主性。换言之，有机连带社会的和谐与团结基本上源于社会分工，每个社会成员依其利益而主动地合作。这种高度的社会分工不仅使社会越来越繁荣，而且逐渐成为社会有序运转的重要条件，并保持社会具有较强的凝聚力②。

上述社会分工理论对高等教育分流具有如下指导意义：其一，社会分工越发达，职业专业化程度就越高，生产效率就越高，生产力发展就越快，社会凝聚力就越强。因此，学校教育应对学生进行分流施教，分类培养，以满足社会分工对各种类型人才的需要。其二，在社会分工强调专业知识的要求之下，高等教育机构对于学生应该进行何种训练以及如何进行分流施教，才能满足未来职业上专业的需求？这将是学校教育需要考虑的重点。其三，既然社会有不同的分工，需要不同的人才从事不同的工作，以维持社会的正常有序运转，那么学校就必然要承担鉴别

---

① 埃弥尔·涂尔干．社会分工论［M］．渠东，译．北京：生活·读书·新知三联书店，2000：26.

② 埃弥尔·涂尔干．社会分工论［M］．渠东，译．北京：生活·读书·新知三联书店，2000.

与选择学生的责任，并施以适当的训练，即进行分流施教，分类培养，这不仅是合理的，也是合法的。正如帕森斯（T. K. Parsons）所言：对教育界来说，通过教育分流和课程的分化，以选择社会所需要的人才，不但是必要的，也是公平的①。

第二节 心理学基础：个性差异理论

如果说社会学理论是从社会分工发展的需要角度来揭示教育分流存在的合理性与合法性的话，那么心理学理论则是从人的个性发展需要角度来揭示教育分流的合理性与合法性。心理学理论很多，其中的个性差异理论充分说明了教育分流的必要性。个性差异理论向人们展示：人与人之间的个性是千差万别的，因而教育要根据人的个性差异，分流施教。

个性是哲学、社会学、心理学、生理学和教育学共同研究的范畴。不同领域的学者对这个概念有不同解释，同一领域的研究者对个性的认识也是众说纷纭。较通行的解释是将“个性”的内涵分为广义和狭义：广义的个性，与广义的人格（personality）同义，指“个人的一些意识倾向与各种稳定而独特的心理特性的总和”，即“个人的心理面貌或心理‘格局’”；狭义的个性，指“个人心理面貌中与共性相对的个别性(individuality)，即个人独有的心理特征”②。心理学中的“个性”是指“人们在生活过程中形成的某些稳固而经常出现的心理特性”，亦叫个性心理特性，包括能力、气质和性格。人的个性差异主要表现在能力、气质和性格三个方面；正是这些心理特性的差异，使一个个体的心理活动与另一个个体的心理活动彼此区别开来。

一、能力差异理论

心理学研究表明，人的能力差异表现在三个方面：一是能力发展水平的差异；二是能力表现早晚的差异；三是能力结构的差异。

---

① 塔尔科特·帕森斯．作为社会体系的班级［M］//张人杰．国外教育社会学基本文选．上海：华东师范大学出版社，1989：506-538.

② 中国大百科全书［M］．北京：中国大百科全书出版社，1985：289.

就能力发展水平而言，人们的注意力、观察力、记忆力、想象力、思维力等都是不同的。以智力为例，有智力超常、智力低下和智力中等之别。智力的高度发展叫超常，这种人的特点是：观察事物细致、准确；注意力容易集中，记忆速度快、准确而牢固；思维灵活，有创造性，不易受具体情景的局限。而智力低下的人则知觉速度缓慢、范围狭窄、内容笼统、贫乏；对词和直观材料的记忆都差，再现时歪曲和错误较多；他们的语言发展迟缓、词汇量少、缺乏连贯性；在认知活动中缺乏概括力等。智力中等的人又可以区分为不同的层次，如可以分为中上、中才、中下等。就能力表现时间的早晚来看，有的人能力表现较早，称作“人才早熟”；有的人能力发展在较晚的年龄才表现出来，叫作“大器晚成”，如英国著名生理学家谢灵顿、进化论创始人达尔文等。

人的能力差异性最主要表现在能力结构的差异上。人的能力有各种各样的成分，它们可以按照不同的方式组合起来，由于能力成分的不同结合，因而构成了结构上的差异性。心理学中能力结构差异理论较多，这里以美国心理学家塞斯顿提出的能力结构七因素理论来说明人的能力结构的差异性。“七因素理论”认为人的能力结构主要由七种因素组成：(1) 词的理解力；(2) 言语流畅性；(3) 数字计算能力；(4) 空间知觉能力；(5) 记忆能力；(6) 知觉的速度；(7) 推理能力①。每一个人在这七种能力结构因素方面的表现早晚及发展水平都是有差异的，有的人在某一方面发展快、水平高，在另一方面可能发展慢、水平低。

二、气质差异理论

气质是指表现在人的心理活动和行为的动力方面的、稳定的个人特点，这些特点一般不受个人活动的目的、动机、内容的影响。气质是个人最一般的特征，它影响到个人活动的一切方面。最早的气质类型理论根源于古希腊著名医学家希波克拉底提出的体液学说，他根据何种体液占优势而提出了四种气质类型，即多血质、胆汁质、黏液质、

① 黄希庭. 心理学导论 [M]. 北京：人民教育出版社，1991：608.

抑郁质。这四种气质类型各有如下特征：（1）多血质的人反应快速，活泼好动，适应性强，表情生动，行为主动，精力充沛等。（2）胆汁质的人反应快速；脾气暴躁，不稳重，好挑衅，但态度直率，精力旺盛；热心工作但缺乏耐心；可塑性差但兴趣较稳定。（3）黏液质的人反应缓慢，情感不外露；态度持重，交际适度，有自制力，遇事不慌不忙；可塑性差，不够灵活；对外界影响反应不明确。（4）抑郁质的人感受性较高而敏捷性较低；心理反应速率缓慢，动作迟缓，说话慢；多愁善感，情绪易波动但微弱持久；一般内倾，不善与人交际；主动性差，坚持性差，耐挫折性较差；但往往富于想象，比较聪明，对力所能及的任务表现出较大的坚忍精神，也能克服一定困难①。显然，这四种气质类型的特点有很大差异。

三、性格差异理论

性格是指由人对现实的态度和他的行为方式中表现出来的个性心理特征。美国心理学家霍兰德（T. L. Holland）根据人的性格特征与职业选择的关系，把人的性格划分为六种类型，不同性格类型的人在职业选择上具有明显的差异。（1）现实型：不重视社交，而重视物质的、实际的利益；遵守规则，喜欢安定，感情不丰富，缺乏洞察力；在职业选择上，希望从事有明确要求，能按一定程序进行的操作，如机械、电工技术等。（2）研究型：有强烈的好奇心，重分析，好内省，比较慎重；在职业选择上，喜欢从事有观察、有科学分析的创造性活动，如天文学研究等。（3）艺术型：想象力丰富，有理想，易冲动，好独创；在职业选择上，喜欢从事非系统的、自由的活动，如表演、画画等。（4）社会型：乐于助人，善社交，易合作，重视友谊，责任感强；在职业选择上，愿意选择教育、医疗工作等。（5）企业型：喜欢支配别人，有冒险精神，自信而精力旺盛，好发表自己的见解；在职业选择上，愿意从事组织、领导的工作，如厂长、经理等。（6）常规型：易顺从，能自我抑制，想象力较差，喜欢稳定、有秩序的环境；在职业选择上，愿意从事

① 郑慧玲．人格心理学［M］．台北：台湾桂冠图书股份有限公司，1995：572.

重复性、习惯性的工作，如出纳员、仓库管理员等①。

个性差异理论对教育分流的启示意义是：其一，既然人的个性是各种各样的，那么教育根据人的个性差异，实行因材施教，分流培养，这不仅是必要的，也是合理的。比如就能力差异而言，有的人记忆能力强，但言语能力或空间知觉能力不一定强，有的人可能正好相反，在此种情况下，如果用同样的内容、同样的方法来施教，甚至用同样的标准来衡量，势必使一些人受益，另一些人受损，这就不利于人才的培养和成长。其二，高等教育应该特别注意根据人的个性差异设置分流渠道，注意学生的自主选择。因为接受高等教育的青年或成人，他们通过基础教育和中等教育之后，其个性特征已经基本明显，他们的能力特点、气质类型和性格类型已基本稳定，这时根据他们的个性差异进行分流施教，不仅是必要的，也是可行的。

第三节　哲学基础："人性-秩序论"和"生命类型-职业论"

社会分工理论和个性差异理论分别从社会和个人两个方面揭示了教育为什么要分流，哲学理论则从综合整体的角度来论证教育分流的重要性，即教育分流既要根据社会的需要，也要依据个人的需要来进行。这方面的研究早已存在，最早可追溯到古希腊哲学家柏拉图（Plato）在《理想国》中对人性与社会秩序关系的讨论，以及德国文化教育学派学者斯普兰格（Spranger）在《生命类型》（*Lebens formen*）一书中对生命类型与职业关系的讨论。

一、柏拉图"人性-秩序论"

柏拉图在《理想国》中所表达的最重要的核心思想是：正义即秩序性，一个合乎正义的宇宙世界必须有合理的秩序。将这个观点推演到人类社会来看，人本就具有各种"天性"，应该各就其学，各展其长；然后各就其位，各司其职，这样社会才会有序。这就是柏拉图的"人性-秩

① 彭聃龄．普通心理学［M］．北京：北京师范大学出版社，1997：611-613．

序论”。这一理论可归结为如下几个主要观点：其一，人具有不同的秉性与资质。柏拉图在《理想国》中作了如下勾勒：“我们可以发现，有些人天性应该研究哲学，成为国家领袖；而其他天性的人，生下来就不能成为哲学家，应该是追随者，而非领袖。”① 这就是说，人的秉性与资质有异。如果人可以从事适合其天性的行业，那么他的能力将可以发挥到淋漓尽致。柏拉图解释说：“一个只是干一种适于自己天性的行业的人，而不管别的；那么他生产起来必然就多、较易而且品质较佳。”② 其二，社会有不同的阶层与职位。柏拉图认为，具有不同天性的人组成了不同的社会阶层，即国家有“执政、辅佐和工匠”三个阶层。一般大众属于第三阶层，主要是劳动者，即工匠，而哲学家属于执政阶层。既然国家是由具有不同秉性与资质的人组成三个社会阶层，人人应该各就其位，如此国家方能正常运作。柏拉图指出：“……我们城邦里的人性并非二元或多元的，是人人只做一件事。……而且在我们的国度里，鞋匠就是鞋匠，而非同时也是领航员；农人就是农人，而非同时也是法官；士兵就是士兵，而非同时也是商人。”③ 其三，教育应能依据人的天性和社会分工的需要，让人各就其学，各展其长；然后各就其位，各司其职，从而达到社会有序。柏拉图认为，在一个理想的社会中，为了维持社会的有序运转，每个人必须依其天性，发挥其角色的功能，以避免社会的混乱。那么教育就必须能发现每个人的特殊天赋而进行分流施教。为此，在《理想国》中，柏拉图提出了他的教育计划。按照他的计划，教育应该有三次分流：第一次是在教育系统的“入口”，依据“身份背景”进行分流。柏拉图的教育计划，不是针对一般大众的，而是针对哲学家与其辅佐的教育计划，这就导致了初次选择与分流，只有统治阶级子女才能流入教育系统。流入了教育系统的统治阶级子女，6 岁前应强调养护教育；6～18 岁教导音乐与体操；18～20 岁以军事训练为主。第二次是在 20～30 岁这个阶段，依据人的素质与能力进行分流。经过严

① 柏拉图. 理想国［M］. 郭斌和，张竹明，译. 北京：商务印书馆，2002：247.

② 柏拉图. 理想国［M］. 郭斌和，张竹明，译. 北京：商务印书馆，2002：60.

③ 柏拉图. 理想国［M］. 郭斌和，张竹明，译. 北京：商务印书馆，2002：134.

格挑选后，合格者继续学习，教导数学、天文与音乐。第三次是在30～35岁这个阶段，同样依据人的素质与能力进行分流。严格挑选后，素质与能力较差者派任国家低层机构；素质与能力较强者再接受5年哲学教育，35～50岁着重实务，以增加阅历，50岁以后成为哲学家，即统治者①。对于柏拉图而言，教育的实施本来就是为了选择人才，以筛选出治国的“哲学王”。

虽然柏拉图的教育计划只关注哲学家与其辅佐的教育，或者说只关注统治者或“精英”的教育，而不关注普通大众的教育，但是他提出的应依受教育者的天性与资质进行分流教育并使之从事相应的社会职业，即依据个性与社会分工两个方面来进行教育分流，是具有重要参考价值的。尤其是他的教育计划要到20～30岁这个阶段才进行选择与分流，并到30～35岁再次进行选择与分流，是值得我们深思的。也就是说，柏拉图所重视的是高等教育阶段的分流，而且即使是高等教育阶段的分流，也并不一定要分流得很早，特别是对于培养柏拉图的“哲学王”来说，可以在较晚的时间才进行分流。

二、斯普兰格（Spranger）“生命类型—职业论”

1914年斯普兰格出版了《生命类型》一书。斯普兰格受文化教育学派观点的影响，认为教育在根本上就是文化的传承和文化的创造的一种形式，人通过受教育接受文化，感悟文化，形成人格，这种文化人格在根本上决定了他去创造什么样的文化类型，而这种文化类型又规定了人生类型，于是，历史就在教育的文化传送中通过人格的塑造不断向前延伸②。人作为具有文化的生命，其人性也具有不同的价值类型，且各种类型都与特定的社会职业有关。因此，人应该有不同的发展方向，并从事相应的职业。这就是斯普兰格的“生命类型—职业论”。这一理论认为，依人类精神文化生活的活动方向，可将人性大致区分为六种类型，他们所从事的职业也与这六种类型大致对应：

① 柏拉图．理想国［M］．郭斌和，张竹明，译．北京：商务印书馆，2002：272-310．

② 王坤庆．现代西方教育哲学发展概观［J］．海军院校教育，2001（1）：37-39．

第一，理论型。纯理论型的人会整天沉浸在知识的海洋中，只有发现真理才会让他欢欣愉悦，他能感受到对问题的痛苦、对启蒙的痛苦、对理论的痛苦，无知将会使他感到绝望。理论型的人生活在一个不受时间限制的（永恒的）世界，他的视野既可以远观至未来，也可以上溯至过去。他深思熟虑，竭尽心智，把未来与过去梳理出一个有序的规则。

第二，经济型。这种类型的人完全依赖于自然的材料与力量来生活，比较关注欲望或需求的满足程度。这种人的职业并非只限于农业、手工或工业，也非只限于自然经济、金融或信托，而是把职业看待为一个介于主体世界与物体世界持续的功能一样，必须具有永远的经济动机。

第三，审美型。自我实现、自我完善以及自我享受是审美型人的生活目的。审美型的人会鄙弃某项行为，其原因并不是因为这项行为有害或矛盾，而是因为这项行为缺乏格调。他的所有行为都必须适度而且尽善尽美。纯审美主义者在他的社会关系中总是有太多的狂想或幻想。

第四，社会型。社会型的人具有光亮与温暖，他的爱会无限地散发出来，他能够设身处地站在别人的立场为人着想，遇到穷人、丑人或者平庸的人，他总是尽可能地给予帮助。在这种人的心中同时有一个扩大的“自我”，哪里有爱在发光发热，就会冲破原来自我的界限。

第五，宗教型。宗教型的人坚信最高的价值，完全满足于价值经验。这种人一般有三类：第一类被称为“内在”的神秘主义者，他整个的生命价值在于发现神的胚胎；第二类被称为“超验的”神秘主义者，他的生命价值在于能够与神对话；第三类是前两种的混合，他的每个生命领域同时出现“是”与“否”。宗教型的人最终的价值不仅在于个人生命的完整，还要臻于世界的完善。

第六，权力型。这种人的整个生命都处在权力与竞争的关系中。当人们陷于一种决定性的或紧要的危急关头时，这种类型的人就会出来扮演重要的角色。权力型的人总是而且必须不断地表达自我。纯权力型的人，其整个生命的价值就在于服从他的权力意志。

这一理论对人性类型的划分虽难免有牵强之嫌，但它提出教育应按照人性类型以及他们将来从事的职业进行分流培养的观点，对于教育分流具有一定的启发意义。尤其是它在很大程度上揭示了高等教育分流的合理性与合法性，因为接受高等教育的人都已通过一定的基础教育及文化的熏陶，他们已基本形成如上所述的较稳定的几种类型。所以依据他们的不同生命类型进行分流施教，并使其进入相应的职业领域，就很有必要。

哲学理论从整体综合角度讨论教育分流的必要性，这就启示我们：无论是在高等教育分流的实践还是在研究中，必须体现社会分工和个性发展两方面的需要，这样才能使分流合理，进而实现社会有序运转。

第四节　教育学基础：教育流动论和教育选择论

上述社会分工理论、心理学理论以及哲学理论所阐述的是教育分流存在的合理性与合法性。那么教育分流应如何运作，才能使不同的个体流入社会中适当的位置呢？教育学中的教育选择理论在一定程度上做出了回答。

这里主要讨论两种最为相关的教育选择理论。一种是特纳(R. H. Turner)提出的“赞助性流动”(sponsored mobility)与“竞争性流动”(contest mobility)理论，可称之为“教育流动论”，另一种是霍珀(E. Hopper)提出的教育制度类型理论，可称之为“教育选择论”。

一、特纳的“教育流动论”

英国学者特纳提出的“教育流动论”认为，教育流动有两种基本的模式，即“赞助性流动”与“竞争性流动”。赞助性流动是指精英的挑选由已经存在的精英或其他代理人来负责。精英的地位取决于已经设定好的一些标准，并非是人们的努力或付出所能决定的。特纳指出，赞助性流动模式下的教育制度通常强调早分化，因为这样有助于精英位置的准备；有利于早期评估性向、能力与天赋；再则较早进行精英的分化，有利于使其他人较早接受自己能力差的评判，从而拟定自己务实的而非幻想的计划。特纳认定英国的社会流动方式就是典型的赞助性流动。

竞争性流动是指精英的地位是一个开放的竞争情境下的奖励，而且取决于个人的努力与付出。就好像是一项体育竞赛活动一样，许多人只为了少数的奖品而竞争。竞赛取决于公平，而且所有的参与者要站在同样的立足点。在这样的情况下，竞争性流动倾向于延缓最后的奖励，以允许一个公平的竞赛。换言之，在竞争性流动的制度下，没有入学与学徒制度等的控制，因而也难以进行精英控制。特纳认为，美国的社会流动模式就是典型的竞争性流动[①]。

“教育流动论”揭示出社会流动的方式决定了教育制度的设计，也影响了教育分流的运作。例如在赞助性流动的社会，教育制度会倾向于早分流，而且注重于天赋能力，因而个人的努力与付出未必可以保证成功；在竞争性流动的社会，教育制度一般会倾向于延缓分流，将竞赛的时间拉长，以便让大家有机会通过努力来达到目标。这一教育选择理论启示人们，高等学校教育内部不应过早选拔与分流，而应该延缓分流，以便让学生能够有努力的机会来选择自己理想的专业以及将来的职业。

二、霍珀的“教育选择论”[②]

英国学者厄尔·霍珀提出的“教育选择论”有如下几个方面的要点：

第一，教育的选择如何发生？霍珀认为，教育选择如何发生与国家选择的意识形态有关。教育制度中央集权化程度高，教育选择过程的标准化程度就高；反之，教育制度中央集权化程度不高（非中央集权化），则教育选择过程的标准化程度可能不高（非标准化）。例如英国在“赞助性”的意识形态下，其目的是选择最优秀的人才，而且他们会对选择的过程作最佳的判断。相对地，在“竞争性”的意识形态下，教育选择不必通过中央集权的过程来决定，而是通过自由市场的自然法则来决定，如“适者生存”、“供给与需求”等，而中央行政的唯一任务就是维持市场的自由。当然，可能有一些教育制度会出现中央集权的选择，而非标准化的教育课程，反之亦然。

第二，何时对学生进行初步的选择？首先，教育选择的时间有两个维度：一是教育制度正式分化学生到专业的程度，通过选择、训练并引

① 拉尔夫·特纳. 赞助性流动、竞争性流动和学校教育［M］//张人杰. 国外教育社会学基本文选. 上海：华东师范大学出版社，1989：91-108.

② 厄尔·霍珀. 关于教育制度分类的类型学［M］//张人杰. 国外教育社会学基本文选. 上海：华东师范大学出版社，1989：113-127.

导到未来的职业；二是教育制度早期正式分化学生的程度。教育制度对学生进行正式分化与专门化的时间越早，由于筛选过程过于严厉，适合者被拒绝的可能性就越大；相反地，正式分化与专门化的时间越晚，由于选择过程的宽大，不适合者被接受的可能性就越大。其次，何时选择与实施教育选择的意识形态有关：一种为精英主义的意识形态，另一种为平等主义的意识形态。精英主义意识形态认为，每个公民可以接受教育到什么程度，应依赖他未来的能力可以对经济生产力有多大的贡献。此外，由于遗传因素已经决定了智力与可教育性，所以即使给予超过学生能力极限的教育，对他也无多大助益。因此其主张分化与专业化的时间就较早。相反，平等主义的意识形态则认为，公民接受最大量的教育应是他们的权利，与他们未来能对社会有多大的贡献无关；智力与可教育性取决于环境因素的作用，每个人都可以从适当的教育中获得利益。因此其主张分化与专业化的时间就较晚。

第三，谁应该被选择？为什么他们应该被选择？关于谁应该被选择，牵涉到管理者的意识形态是"特殊主义"的还是"普遍主义"的。特殊主义首先重视学生的天赋能力，然后才强调后天习得的能力；普遍主义首先重视学生后天习得的能力，然后才关注学生的天赋能力。至于为什么学生应该被选择，则有两个极端，一个为"集体主义"，强调社会的需要至上，另一个为"个人主义"，强调以个人的需要为主。依据这两个维度，霍珀描述了以下几种教育选择的意识形态类型：其一为贵族式的意识形态类型。这种类型以个人的权利为基础，依据天赋能力与特质来选择学生。其二为家长式的意识形态类型。这种类型以社会需要为原则，也依据天赋能力与特质来选择学生。其三为功绩式的意识形态类型。这种类型以个人的权利为基础，依据后天习得的技能来选择学生。其四为共产式的意识形态类型。这种类型以社会需要为原则，依据后天习得的能力来选择学生。霍珀认为，英国、德国、法国比较偏向于家长式的意识形态；美国、加拿大与澳大利亚倾向于功绩式的意识形态；苏联与瑞典属于共产式的意识形态。

关于霍珀的教育选择理论，虽然遭受过一些人的批评，如戴维斯（Davis）就批评霍珀的理论只从经济角度看问题，教育的功能不仅仅是职业方面的选择，还应该有道德价值、研究与知识的传递等，但是霍珀的教育选择理论仍然具有一定的参考价值，尤其对于高等教育分流来说，更是不容忽视的一个重要的理论基础。通过霍珀的教育选择理论，人们可以看到，由于国家意识形态的不同，高等教育如何选择和分流，何时选择和分流，谁将受到选择和分流，都是不同的。为了使高等教育分流合理，在这些问题上应该有一个正确的认识，那就是：高等学校既应该根据一定社会分工的需求，又应该按照人的个性或特长，同时考虑一定国家社会的意识形态因素，对学生进行分流培养。这样，既可以满足个体发展的需要，又可以满足社会发展对各类人才的需要。

第三章　高等教育分流的实践依据

当前，我国正处于社会大转型时期，这种转型主要反映在从传统计划经济社会向社会主义市场经济社会转型，从封闭社会向开放社会转型，从强调斗争的社会向注重和谐的社会转型，从同质单一性社会向异质多样性社会转型，从强调共性至上向注重个性解放转型等方面。总之，当今社会发展日益呈现出重个性发展、重市场主导、重合理分化、重社会和谐、重生态平衡等取向，这种社会背景也强烈地呼唤着高等教育合理分流。

第一节　个性发展与高等教育分流

个性发展既是人性发展的本质体现，也是社会发展的动力源泉，更是教育改革的目标追求。在“以人为本”科学发展观的指导下，重视个性发展已经成为教育改革的必然趋势。而高等教育分流最根本的目的就在于充分发掘人的潜力优势，促进人的个性发展。

一、个性发展的理论概述

（一）个性发展的基本特征

个性是指个体在一定的生理和心理素质基础上，在一定社会历史条件下，通过社会实践活动形成和发展起来的某些稳固的心理特性。个性发展主要表现为以下四个基本特征：

一是独特性。独特性是个性发展的本质特征。个性的独特性即个性的相对差异性，它包含两层含义：其一，指某一个体与他人的差异，即外部差异，包括智力的、情感的、意志的、性格的、能力的以及体质和外貌上的差异；其二，指个体内部在各种心理品质的发展上具有不平衡性，特别是兴趣、爱好和能力发展的不平衡。这种个性内部的差异性增强了个性的独立性，这就是“我就是我”。

二是自主性。自主性是个性发展的内在动力。自主性既包括个体要求独立自主的愿望，又包括个体进行自我设计，达到自我实现的能力。如果没有自主性，个体从事的活动就会失去能动性和创造性，个体在活动中就失去了任何愉快与满足的情绪体验，更谈不上才智的发挥，就只能处在被支配的地位，形成依赖、胆怯、呆板的个性，这就成了无“个性”的个性。

三是创造性。创造性是个性发展的最高形式。创造性是主体在产生新颖、独特和有社会价值的产品的活动中表现出来的超越原有水平、突破既定模式的一种能力。它是人的主体精神、主体潜能的集中体现。因此，创造性的发展对弘扬学生的主体精神，开发学生的主体潜能发挥着极其重要的作用。

四是和谐性。和谐性是个性健康发展的保证。它包括外在和谐性与内在和谐性。前者指个人与社会的要求及周围的环境要相互适应，和谐共处；后者指构成一个人完整个性的各种内在品质要素之间要彼此协调，相互促进。

以上四个特征是相互联系的。独特性是个性发展的核心，自主性是个性发展的动力，创造性是个性发展的目标，和谐性是个性健康发展的标志。四个特征互为补充，缺一不可，共同构成个性发展的全部内容。

（二）个性发展的实质就是差异发展

个性是相对于共性而言的，个性发展的实质就是个性差异的发展。这些差异表现在个人的兴趣、能力、性格、理想、价值取向与行为方式等诸多方面。正因为这些方面差异的存在，使得每一个人都成为具有丰富多样性的活生生的具体实在的个体，每个个体都是以自己的差异性来确认自己的合理存在。下面主要从生理差异和心理差异两方面进行分析。

1. 生理差异。生理差异根源于遗传基因（DNA）的差异，不同基因型的人在智力和行为倾向性上存在明显的差异。这些差异主要表现在视觉、听觉的敏感性，嗅觉、味觉的辨别力，数学能力，语词流利性，记忆，心理动态学特征以及内倾、外倾性等方面①。对学生的学习、成才影响最直接、最重要的生理差异是神经特质的差异。巴甫洛夫研究认为，人的神经类型差异可区分为艺术型、思想型与普通型三大类。不同神经类型的人，视其“神经特质”的差异选择成才方向就容易成才，反之，则难以成才。西方学习风格理论认为，学生学习风格的生理性因素包括学习时间偏爱、知觉反应、声音偏爱、光线偏爱、温度偏爱、活动性与坐姿偏爱等方面。根据每个人的偏爱可将学习风格分成若干类型，比如根据知觉反应表现出来的对不同感知通道的偏爱可分成视觉型学习者、听觉型学习者、动觉型学习者和混合型学习者等类型。如果能针对不同类型的学习者采取相应的教学策略，就有可能取得更好的教育效果。学生的生理差异还表现在男女性别差异和个体之间的体格差异。所以，在“因材施教”的同时，还要“因性施教”，这也是发展个性的有效途径。

2. 心理差异。个体的心理差异具体表现在个体之间的智力、能力、气质、性格、需要、兴趣、理想等方面，我们可以将其划分为智力因素和非智力因素两大方面：智力因素是影响成才的一个举足轻重的因素。学生的智力差异有多种表现形式：第一，从智力的类型差异来看，一般把智力因素分成感知力、记忆力、思维力、想象力、言语能力和操作能力六种成分。对它们不同的组合使用，就构成不同的智力类型。第二，从智力发展的水平来看，智力可以表现为超常、正常和低常的差别。通常认为智商（IQ）在130以上的为智力超常，这类人占人口总数的1%左右；智商在110～130的为智力偏高，约占人口总数的19%；智商在90～109的为智力正常，约占人口总数的60%；智商在70～89的为智力偏低，约占人口总数的19%；智商在70以下的为智力低下，约占人口总数的1%。第三，从智力表现的迟早来看，有显露较早者，亦称“早熟”；有“大器晚成者”，亦称“晚熟”。除此之外，还有许多关于智力差异的看法，目前在学术界比较流行的一种理论是多元智力（MI）理

① 江光荣. 对人性生物学基础的思考［J］. 教育研究，1993（6）：59-63.

论，有关这一理论的基本观点将在下文中详细阐述。

非智力因素具体表现在需要、兴趣、气质、性格等方面，有的人也将其称为情商（EQ）。非智力因素决定着人的心理活动的动力特征，对一个人的成功与否起着决定性的作用。马斯洛提出的需要层次论，将人的需要由低到高依次分为生理需要、安全需要、归属需要、自尊需要和自我实现的需要五个层次。不同个体对相同需要的感受强度存在差异，并且不同个体满足同一需要的方式也各不相同。每个学生在兴趣的倾向性、稳定性的广度与效能等方面都存在着差异。气质的差异是与生理差异密切相关联的，通常按照神经活动的兴奋性、平衡性、灵活性的差异把人的气质划分为胆汁质、多血质、黏液质和抑郁质四种类型，每个人都是这些气质类型的某种特殊组合。气质虽然不能决定一个人的社会价值和智力水平，但它影响着人的性格特征和智力活动方式。性格是个体表现出来的对现实的态度和行为方面的比较稳定的心理特征。一个人的性格对他的学习态度、学习方式、学业成败，以及对未来的职业选择都有较大的影响，所以有“性格决定命运”这一说法。

（三）个性发展的目的在于强化个人优势

充分挖掘和开发每个人的智能优势，是目前教育面临的最重要任务，而多元智力理论的提出为我们提供了新的视角。多元智力理论是 20 世纪 80 年代以来由美国哈佛大学心理学家加德纳（Gardner）教授提出的。在他看来，智力是一种或一组个人解决问题的能力，或制造出在一种或多种文化背景中被认为是有价值的产品的能力。智力是以组合的方式来进行的，每个人都是具有多种能力组合的个体，而不是只拥有单一的、用纸笔测验可以测出的解答问题能力的个体。由此，加德纳提出了智力多元论的观点。他认为人类的智力是多元的，至少包含七种基本的智力：言语/语言智力、逻辑/数理智力、视觉/空间智力、音乐/节奏智力、身体/运动智力、人际关系智力以及自我认识智力①。几乎所有个体身上都体现着这七种智力的不同组合，个体之间的差异就在于个体所拥有的多种智力在表现方式和表现程度上的不同。这七种智力代表了每个人不

① 霍华德·加德纳．多元智力［M］．北京：新华出版社，1999．

同的潜能，这些潜能只有在适当的情境中才能充分地发挥出来，而环境和教育则对开发和培育这些智力潜能起到重要作用。

多元智力理论给我国当代教育改革的主要启示有：一是树立积极乐观的学生观。每一个学生的智力都各具特点并有自己独特的表现形式，有自己的学习类型和学习方法。由此，加德纳的多元智力理论为我们树立积极乐观的学生观提供了一个理论上的新视角——我们的学校里再也不应该有所谓“差生”的存在，只应该有各具智力特点、智力表现形式、学习类型、学习方法和发展方向的可造就人才的聚集。这种积极乐观的学生观要求我们对所有学生都抱有热切的成才期望，充分尊重每一个学生的智力特点，使我们的教育真正成为“愉快教育”和“成功教育”。二是注重培养学生的创造能力。不仅现实生活需要每个人都充分利用自身的多种智力来解决各种实际问题，而且社会的进步需要个体创造出社会需要的物质产品和精神产品。从本质上讲，这种解决实际问题的能力也是一种创造能力，因为它是综合运用多方面的智力和知识，创造性地解决现实生活中没有先例可循的新问题特别是难题的能力。由此，加德纳的多元智力理论为注重培养学生的创造能力提供了一个理论上的新依据——从前教育教学内容的重点被定位为学生书面语言能力和抽象逻辑能力培养的情况再也不能继续下去了，我们应该注重培养学生的创造能力，充分挖掘教育教学内容中的创造因素，使学生的创造意识不断萌发，创造能力迅速提高。三是强调保证学生的全面发展。人的智力领域是多方面的，人们在解决实际问题时所需要的智力也是多方面的，现实生活需要每个人都充分利用多种智力来解决各种实际问题。由此，加德纳的多元智力理论为我们保证学生的全面发展提供了一个理论上的新支点——我们的学校再也不能片面地向学生展示某几个智力领域了，我们向学生展示的智力领域应该是全方位的，是能够在真正意义上保证学生全面发展的。四是充分展示学生的特殊才能。每一个体都有相对而言的优势智力领域，如有的人显露出过人的“音乐天才”，有的人则表现出超常的“数学天才”，而每一个体不同优势智力领域的充分发展才能使个体的特殊才能得到充分展示、个性得以充分体现，才能保证个体适应并立足于当今这个极具个性化的时代。由此，加德纳的多元智力理论为我们促进学生特殊才能的充分展示提供了一个理论上的新借鉴——人的智力特点和表现是不平衡的，我们的教育教学应该充分尊重每个学生的优势智力领域，并努力挖掘每一学生特殊才能的巨大潜力。

二、个性发展的时代价值

个性发展是个人潜能不断开发，个性品质不断生成，个性特征不断增强与自我价值不断实现的过程。个性心理学指出：只有个性的充分发展，才能促成人的聪明才智的最佳发展，才可能最大限度地开发人的潜能。

（一）个性发展是我国社会发展的迫切要求

我国曾经历漫长的封建统治，形成了尊儒读经、科考取士、桎梏思想、泯灭个性的封建教育传统。其间虽有过“顺天致性”（柳宗元）、勿障“童心”（李贽）、疗救“病梅”（龚自珍）的呼声，但在封建势力的重压下，难成时代之强音。辛亥革命推翻了封建帝制，但未能唤起国民的觉醒。五四运动唤起了民众的觉醒，鲁迅“救救孩子”的呐喊，蔡元培“尚自然”、“展个性”的教育主张，杜威等人进步教育思想的传播，陶行知、陈鹤琴等教育家的教育改革实验，给扼杀个性的封建教育传统以有力冲击。但个性解放始终受制于政治制度、经济基础和文化传统，在半封建半殖民地、积贫积弱的旧中国，民众和儿童都不可能获得真正的个性解放。社会主义制度的建立，使中国人民获得了政治上的解放和经济上的翻身，可是，单一的计划经济体制和“左”的思想政治路线的影响，使我国教育在价值取向上长期存在偏差，过于突出教育为无产阶级政治服务，强调教育的社会化而忽视教育在促进人的发展方面的价值，强调整齐划一而忽视个别差异，用服从、听话等单纯的思想行为范式锻造学生，漠视和压抑学生个性的现象较为普遍。改革开放以来，我国社会面貌和经济秩序发生了重大变革。社会民主化程度的提高，要求社会成员个性化程度增强；社会主义市场经济的建立，竞争、择岗、再就业等，要求劳动者素质提高；科教兴国战略的实施，迫切需要大批创新型人才。这些都要求教育培养具有自信心、责任感、创新精神、创造能力、善于学习、勇于进取等良好个性品质的人才。成功的个性教育，会使受教育者的个性得到全面和谐的发展，会使我们的民族有更加丰富的创造力，我们的国家也会因此而更有生机和活力。

（二）个性发展是我国教育改革的强烈呼唤

随着新时期思想解放和教育改革的进展，我国思想界、教育界开始反思片面强调社会化而讳言、否定个性化给人才培养带来的弊害。在关注人的发展的世界大潮冲击下，20 世纪 80 年代中后期，个性发展问题开始得到教育理论界的重视。十多年来，在个性发展与全面发展的关系、个性教育与素质教育的关系、个性化与社会化的关系等问题上展开了一些讨论，多数论者认为：个性发展与全面发展并不矛盾，全面发展在不同个体身上必然会有不同的组合，全面发展是个性发展的基础，个性发展是全面发展的核心；个性教育与素质教育是相辅相成的，只有真正摆脱“应试教育”的束缚，学生的个性才能充分发展，将个性发展作为素质教育的价值取向，恰好可以从更高层次上构建素质教育的框架，防止素质教育的平庸化；个性化与社会化是教育过程中既对立又统一的两个方面，社会化不能不是具体的个体的社会化，个性化也必然是在社会化的进程中实现的，个性化应与社会化同向。为此，我国还特别进行了一些影响较大的整体教改实验，如主体性发展实验、创造性教育实验、成功教育实验、情境教育实验等。在高等教育领域，为培养和发展大学生的个性，尊重大学生的兴趣以及追求自我价值实现的心理倾向，相继出台了一系列政策，如校园文化建设中开辟了多种形式的第二课堂活动；学校管理上将封闭式转化为开放式，留给学生更多的自我探索的时间和空间；教学模式上改变了传统的教学内容、教学手段、教学方法，实行了学分制、辅修制等。这些改革都充分说明了注重学生的个性发展，创造有利于学生个性发展的环境，已经成为学校教育改革深入发展的趋势。

（三）重视个性发展是国际教育改革的共同趋势

1972 年联合国教科文组织国际教育发展委员会发表的《学会生存——教育世界的今天和明天》这篇著名报告，其据以立论的“四个基本设想”之一就是：“人类发展的目的在于使人日臻完善；使他的人格丰富多彩，表达方式复杂多样；使他作为一个人，作为一个家庭和社会的成员，作为一个公民和生产者、技术发明者和有创造性的理想家，来承担各种不同的责任。”① 20 世纪 70 年代末以来，为迎接新的科学技术革命的挑战，许多国家把个性发展当做新的教育改革的基本点。例如，日本临时教育审议会发表的《关于教育改革的第四次咨询报告》(1987) 称“人格的完善，是教育努力的最终目标”，将“重视个性的原则”确定为“本次教育改革最重要的基本原则”，强调“必须对照‘重视个性的原则’，从根本上重新认识教育的内容、方法、制度、政策等整个教育领域”②。当今世界，科学技术突飞猛进，知识经济已露端倪，国力竞争日趋激烈，全球“冷战”虽告结束，局部“热战”时有发生，落后就难免挨打，“一个由没有个人独创性和个人志愿的规格统一的个人所组成的社会，将是一个没有发展可能的不幸的社会”③。中国作为世界上最大的发展中国家，要在激烈的国际竞争中站稳脚跟，赶上发达国家，就必须加快培育富有创新精神和创造能力的高素质人才，就必须全面提高国民素质，就必须高度重视人的价值，发掘人的潜能，发挥人的才智，发展人的个性。

三、高等教育分流：促进个性发展的基本途径

教育分流的根本目的就是充分发掘每个人的潜质，促进人的个性发展。尤其是在高等教育阶段，大多数受教育者都是 18～22 岁的青年，各项智力因素均达到相当高的水平，而且随着知识的拓展、经验的积累和思维能力的提高，个人的潜能优势也已得到部分的开发。若在此阶段能够使受教育者接受适合自身发展的各种形式的高等教育，必将有助于个性的更大发展，从而促进全社会人力资源的开发。所以，合理分流既能为每一个学生提供广阔的发展空间和自由选择的机会，又能培养学生

---

① 联合国教科文组织．学会生存——教育世界的今天和明天 [M]．北京：教育科学出版社，1996：2．

② 日本临时教育审议会．关于教育改革的第四次咨询报告 [J]．外国教育资料，1988 (1)．

③ 爱因斯坦文集：第 3 卷 [M]．北京：商务印书馆，1979：143．

的自主性和创造性，真正能做到自我选择、自我发展与自我实现。

1. 高等教育分流有利于培养学生的独特性。纷繁复杂的社会分工需要多种多样的人才，同时也需要多种多样的个性。这既反映了社会对千姿百态的个性独特性的要求，也体现了每个人独特的价值追求和行为追求。合理的高等教育分流能为学生提供多级、多次、多向的自由选择机会，有利于维护和培养学生的独立性。

2. 高等教育分流有利于培养学生的自主性。合理的高等教育分流改变了单一的教育目标和任务，设置了多层次、多维度、多样化的教育目标和任务。在达到最基本的统一标准的前提下，让学生根据自己的需要、愿望、兴趣、特长和其他条件，自主地选择适合自身的高等教育形式和类别，实现自身的主体性发展，使教育由外在的强制力量转化为学生内在的自觉追求。

3. 高等教育分流有利于培养学生的创造性。现代心理学研究发现，对创造活动起重要作用的不是人的能力，而是人的创造欲望。从大脑两半球的功能来看，更具创造力的是人脑中主宰欲望、情感、想象、灵感等非理性功能的右脑，主宰记忆、理智等理性功能的左脑只是为人的创造力提供条件。合理的高等教育分流能较好地满足学生的欲望，调动学生的热情，激发敬业的动机，有利于开发学生的右脑和培养他们的创造意识。

4. 高等教育分流有利于发掘学生的潜能优势。人的潜能是很大的，人的潜能的全面发展和充分展现，需要在广泛的领域中试探和开拓。合理的高等教育分流能为每一个学生提供广阔的发展领域和多次的选择机会。这样，既有利于学生发展自己的优势，也有利于学校为那些具有某种天赋的学生集中提供较好的发展条件，加以特殊培养，以促进其优势发展。

5. 高等教育分流有利于促进学生的职业规划。职业规划是职业生涯取得成功的第一步。做好职业规划，就必须根据自身的职业兴趣、性格特点、能力倾向以及自身所学的专业知识技能等自身因素，同时考虑到各种外部因素，经过综合权衡考虑，把自己定位在一个最能发挥自己长处的位置。合理的高等教育分流，有利于促进学生的自我了解，帮助学生确定自己的奋斗目标和职业目标，从而增强学习的动力，为个人的职业生涯发展做好充分的准备。

6. 高等教育分流有利于促进个性的和谐发展。合理的高等教育分流，既能让学生打下全面的基础，又能根据个体差异充分发挥他们的优势潜能；不仅能促进人的兴趣、特长、能力的充分发展，而且能使人自由选择、自我发展与自我发现，真正有利于人的个性全面和谐地发展。

第二节　供求平衡与高等教育分流

随着我国社会主义市场经济的发展与人才市场的建立，有效解决高等教育的供求问题已成为促进高等教育事业发展、深化高等教育体制改革的关键。就高等学校而言，要适应市场需求，就必须在对供求关系进行分析和对人才市场需求进行科学预测的基础上，实施合理分流；就受教育者个人而言，高等教育的合理分流也为受教育者在发展个性的同时，更好地适应市场需求提供了机会。因此，从供求关系角度分析高等教育分流的必要性和可能性，应符合以下推理逻辑：由于社会经济发展，市场上劳动力需求呈现多元化，影响着高等教育供给机构培养方式的创新，同时也影响着受教育者个人的高等教育选择，进而从供求两方面要求高等教育合理分流；与之相应，高等教育分流也逆向影响和制约着劳动力市场的供求关系，合理的分流能够促进劳动力市场的供求平衡，不合理的分流将会导致劳动力市场的供求扭曲，进而影响整个社会的经济发展。

一、供求关系的理论分析

（一）劳动力需求与劳动力供给

所谓劳动力是指劳动者从事生产劳动的能力，是“每个人生产某种使用价值时运用的体力和智力的总和”[①]。劳动力是特殊的经济资源，它同生产资料结合，能够转换为社会产品，增加社会财富。

---

① 马克思．资本论：第1卷［M］．北京：人民出版社，1975：190．

劳动力需求指一个国家或地区在一定时期对劳动力有支付能力的需要。影响劳动力需求的宏观因素有社会生产规模、经济结构状况、科技进步程度等，微观因素主要有企业生产规模、企业技术管理水平、边际劳动生产率。

劳动力供给指一个国家或地区在一定时期内所能提供的劳动者资源总量，它包括现实劳动力资源和潜在劳动力资源。劳动力数量由三部分组成：现在从业人员、正在谋取职业的人员和潜在劳动力中准备进入劳动市场的人员。而高等教育的主要任务就是培养潜在劳动力，为其顺利进入劳动力市场做好准备。

新古典主义经济学家认为，供给不能创造需求，相反，供给是由需求决定的，受需求制约。这个基本假设不仅适用于商品交易市场，同样也适用于生产要素市场。根据人力资本理论，生产要素中最重要的是人力资本，广义地说即劳动力，因此一般的供求法则在劳动力市场同样起主导作用。

劳动力供求规律，也称为劳动力价格规律，它是劳动力市场运行的基本规律。当劳动力需求大于供给时，劳动力价格呈上升趋势，在劳动力供求曲线图（图 3-1）上表现为沿 DD 曲线向下移动（或沿 SS 曲线向上移动）至均衡点 P_0；当劳动力需求小于供给时，劳动力价格呈下降趋势，在供求曲线图上表现为沿 DD 曲线向上移动（或沿 SS 曲线向下移动）至均衡点 P_0；由于存在均衡价格 P_0，因此，劳动力市场最终会朝着供求均衡方向发展。当然，劳动力市场的“均衡”不单指数量上的供求匹配，结构平衡与长远平衡也是“均衡”一词的应有之义。

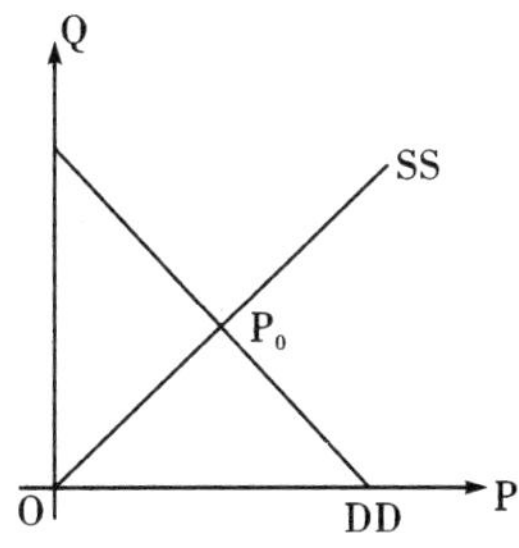

图 3-1　劳动力供求曲线

（二）劳动力供求关系的特殊性

与一般商品市场相比，劳动力市场有自身的特殊性，表现在如下几点：

一是劳动力供给几乎存在无限性（在劳动力供求曲线图上表现为SS曲线趋向于垂直）。由于劳动力适龄人口的增加，普通劳动者的供给已存在大量剩余；此外，在高等教育日益大众化的今天，接受过高等教育的劳动力市场新入者也存在着结构性剩余。据《2016年中国大学生就业报告》报道，2015年全国各层次大学毕业生总数约765万人，虽然2015年大学生毕业后半年的就业率达到91.7%，但还有63.495万人(即765×8.3%=63.495万人）未能就业。加上往年积累的未就业人数，可能有超过80万以上的大学毕业生未能就业①。各种统计数据不断验证着劳动力供给的无限性趋势。

二是劳动力需求存在相对有限性（在劳动力供求图上表现为DD曲线趋向于水平）。由于宏观经济态势的周期性、行业发展的波动性、技术进步与企业微观经营状况的差异性，劳动力需求与GDP增长呈现不断的相对下降趋势，即劳动力需求增长赶不上GDP增长。劳动力供给方，特别是培养专门人才的高等教育机构，将面临更多的外在压力。

三是劳动力需求的结构性。就整个生产结构而言，任何国家的劳动力需求存在着典型的三个层次，即高层次、中等层次与低层次。具体到我国，一方面，高技能、高素质人才供不应求，各技术等级的求人倍率(需求人数/求职人数）已连续多个季度大于1，高层次劳动力需求大于供给；另一方面，大量的一般性、低技能的求职者就业困难，低层次劳动力供给大于需求②。劳动力需求的结构性不平衡总体上使需求曲线DD向左移动，这进一步加剧了劳动力市场的供求矛盾。

---

① 2016年中国大学生就业报告．中国教育在线就业频道［EB/OL］．http://www.eol.cn/html/c/16dxsjybg/.

② 劳动与社会保障部．2007年第二季度部分城市劳动力市场供求状况分析报告［R/OL］．http://www.molss.gov.on/gb/zwxx/2007-07/30/content_189575.htm.

二、高等教育与劳动力供求

（一）高等教育在劳动力供给中的作用

伴随着知识经济的到来，以知识生产和传播为特征的新经济形态已初见端倪。工业经济时代，直接从事生产的工人占劳动力总数的80%，而知识经济时代这一比例不到20%，与此同时，从事知识生产和传播的人则占80%以上。面向知识经济，劳动力结构正经历着前所未有的变化，高等教育在劳动力形成机制中将逐渐占据优势地位。统计显示，我国受过高等教育的劳动者在就业人口中的比例呈逐年上升的趋势。到2015年，全国城镇新增就业人口1312万人中，各层次大学毕业生就业者总数达到701万人，约占新增就业人口总数的53.4%①。

高等教育在劳动力供给中的这一跃升趋势恰好可以运用劳动力市场分割理论进行解释。该理论认为，劳动力市场分为两个独立的二级市场，即“主要”部分和“次要”部分②。在主要劳动力市场，受教育年限与收入具有显著正相关关系；但在次要劳动力市场，受教育年限与收入没有显著性关系。主要劳动力市场的特点是：提供相对较高的工资和福利，工作和培训条件优越，晋升靠资历，岗位相对稳定；次要劳动力市场往往工资不高，福利很少，培训和晋升机会少，工作条件差，工作不稳定，经常辞职或遭解雇③。因此，潜在劳动力为了进入主要劳动力市场，必须接受高等教育，以获得就业优势，这样就形成了高等教育发展与劳动力素质提升的良性互动机制。

如果劳动力市场的供求关系是均衡、稳定的，那么研究其对高等教

---

① 中华人民共和国人力资源和社会保障部. 2015年度人力资源和社会保障发展统计公报［EB/OL］. http://www.mohrss.gov.cn/SYrlzyhshbzb/dongtaixinwen/buneiyaowen/201605/t20160530_240967.html.

② 郭海. 劳动力市场变化和高等教育系统的多样性［J］. 北大教育经济研究，2004（3）：1-11.

③ Ian M. McDonald and Robet M. Solow. Wages and Employment in a Segmented Labor Market. *The Quarterly Journal of Economics*, Nov., 1985.

育的影响就没有什么意义了。但实际上，劳动力市场，尤其是正在形成和发展中的我国劳动力市场，没有一刻不在发生变化，并且这些变化蕴含着复杂的社会转型变革的因素，因此，高等教育必须跟踪劳动力市场供求的变化，及时调整专业结构与人才培养结构，甚至改革自身的运行机制，以适应社会经济发展的要求。

（二）劳动力需求的变化对高等教育的影响

这种影响主要表现在以下四个方面：

一是市场对劳动力的素质需求，制约着高等教育的目的、目标、内容和方法。在知识经济初见端倪的今天，市场对劳动力的素质要求越来越高，越来越全面。例如，对技术人员而言，不仅应当具有良好的道德修养、丰富的专业知识，还应当具有创造能力、社交能力与应变能力等各方面的素质，以满足技术创新的要求。这就要求高校技术人才培养的目的不能仅仅停留在“技术员”水平上，而要使之成为像桥吊专家许振超一样的“技术专家”；教育内容也不应仅含技术内容，还应有人文内容；不应仅培养技术能力，还应培养管理能力。劳动力的素质要求迫使高等教育的发展必须有质的规定性。

二是市场对劳动力的数量需求，制约着高等教育的对象、范围、规模和速度。总体而言，就业劳动力绝对数应随着GDP增长而增长，经济增长将吸纳更多的就业人口。据统计，改革开放以来，我国年均GDP增长9.7%；而90年代以来，GDP每增加1个百分点，就可增加70万个就业岗位①。相对庞大的人才需求促使高等教育发展速度加快，招生比例上升，发展规模扩大。2000年以来，我国高等教育毛入学率以每年平均两个百分点的速度增长，从2000年的11%增至2004年的19%，现已进入国际通行的大众化阶段。一言以蔽之，劳动力的数量要求迫使高等教育的发展要有量的规定性。

三是市场对劳动力的规格需求，制约着高等教育的分类与价值标准。知识更新的速度急剧加快，技术老化的周期愈来愈短，一个人

① 张车伟．城镇就业、失业和劳动参与：现状、问题和对策［J］．中国人口科学，2003（6）：33-40.

终身只从事一种职业的模式将被打破。劳动力规格的智能型、复合型要求，定会引起高等教育培养价值标准的战略转移。因此，近年来许多高职院校在教授学生专业技术知识的同时，也开始注重扩充学生的高新科技知识和现代管理知识，以适应未来工作岗位不断转换的需要。

四是市场对劳动力的结构需求，制约着高等教育结构的构建与调整。劳动力就业中的结构性问题实际上是由于产业结构调整后劳动者的素质和技能水平与产业发展的要求不相一致引起的，即劳动力的供给状况与产业发展对劳动力的要求不相匹配。高等教育必须正视这个现实，及时调整专业结构与人才培养结构，进行相应的改革。

（三）高等教育供给与劳动力需求的失衡

供求平衡是劳动力市场的理想状态，但由于高等教育分流结构不合理，导致劳动力市场存在以下供求失衡现象：

一方面，毕业生供给总量增加，有效需求相对不足。自 1999 年到 2005 年，我国高校已经历了连续 6 年的扩招。2003 年是高校扩招后第一个毕业就业年，统计显示就业形势日益严峻，到 2015 年高校毕业生已达到 765 万人，就业形势更加严峻。从某种意义上说，由于劳动力供给的不断扩大，现在的高校就业市场已经演变成为一种买方市场。

根据国家“十五”重点课题“高等教育规模扩展与劳动力市场”研究大型调查的数据显示，扩招后第一个就业年里，毕业生的落实率在不同学历之间存在着显著差异：专科为 34.7%，本科为 77.9%，硕士和博士分别为 90.4%和 80.5%；此外，影响就业的各种因素共有 17 种，按照影响程度从高到低的排列顺序，前 5 位因素分别为：工作能力、学历层次、所学专业、学校名气和地位、就业信息和机会①。

从以上数据可以发现，在层次结构上，专科生就业困难最大，且就

① 闵维方：2005 年高校毕业生就业状况的调查分析 [J]. 高等教育研究，2006 (1): 31-38.

业难度基本上是随着学历层次上升而降低，这就要求高等学校合理分流，适当加大高层次人才培养的比例，并对就业困难者提供帮助咨询。此外，影响就业的前5个因素中的4个都与合理的教育分流有关系。科学合理的分流能提高学生的工作能力、提升学生的学历层次、优化学生的专业知识、提升学校的名气和地位，从而间接影响毕业生的就业率，并从源头上影响劳动力市场的供给数量与质量。

另一方面，劳动力需求结构变化，教育未能积极适应。经济转型是指一个国家或地区的经济结构和经济制度在一定时期内发生的根本变化。它是经济体制的更新，是经济增长方式的转变，是经济结构的提升，是支柱产业的替换，是国民经济体制和结构发生的一个由量变到质变的过程。

劳动和社会保障部劳动科学研究所副所长莫荣2005年在促进就业论坛上表示，未来20年，我国的经济结构将会发生重大变化。预计到2010年，第一产业将会加速向第二、第三产业转移，三类产业的就业比重将调整为40∶24∶36。到2020年，就业规模将达到8.88亿人，就业结构将得到进一步调整，三类产业的就业比重为30∶25∶45①。

尽管经济发展周期与高等教育培养周期并非同步，但经济结构转型必然会引起就业结构变化，这一点在发达国家和地区已有验证。如香港经济在1997年以后，制造业较高的失业率和较长的失业期主要是由于香港经济转型，即制造业向服务业的转移所呈现的一个重要特征②。在我国，传统产业加速升级，新兴产业不断涌现，这对大学毕业生知识结构多样化提出了新的要求。它要求大学生基础知识、专业基础知识和专业知识俱佳。只有通过调整优化课程结构体系、实施创新教育模式来实现合理的教育分流，再加上学生的个人努力，才能使毕业生适应经济结构转型的挑战。

① 专家指出未来20年我国就业结构将发生重大变化［EB/OL］. http://news.sohu.com/20050330/n224940362.shtml.

② 钟若愚，阮萌. 解析香港经济转型中的结构性困境［J］. 开放导报，2004（3）：70-73.

三、高等教育分流：实现供求平衡的有效手段

高等教育对劳动力市场需求能够准确预测、灵敏适应，使受高等教育者完成学业后都能够找到适当的工作岗位，这是一种理想状态。然而，现实中高等教育与劳动力市场的关系和这种理想状态之间存在着很大的偏差。随着近几年我国高等教育大众化的发展，越来越多受过高等教育的求职者开始进入就业市场并对劳动力市场人才的供求产生了剧烈影响。

我们认为，在高等教育大众化迅速扩展以及劳动力市场竞争越来越激烈的情况下，高等教育与劳动力市场之间的互动状况将取决于高等教育分流的成功与否。作为一种分类培养高级专门人才的活动，高等教育分流主要从以下几个方面，在改善劳动力供给方面影响着市场上劳动力的供求平衡。

（一）高等教育的纵向分流，为市场提供不同层次的人才

高等教育的纵向分流一般是指学生在不同教育层次之间的流动。随着社会生产力的发展，技术结构、产业结构与社会结构的变化，高等教育层次结构的多样化也成为必然趋势。各发达国家的高等教育都经历了一个由单一本科教育向研究生层次教育与专科层次教育两端扩展的过程。在我国，同样如此。研究生教育、本科教育和专科教育构成了高等教育的三个基本层次。它们之间既应相互衔接、比例适度，又应相互独立、层次分明，以满足社会对各种专门人才的数量以及层次比例的要求。因此，高等教育纵向分流主要是从改变劳动力供给层次结构方面，来影响劳动力供给曲线的变化，从而影响整个劳动力市场的均衡。

近年来，我国高等教育在规模不断扩大的同时，也逐步实现了纵向分流的整体优化。如表 3-1 所示，2009—2013 年，高等教育内部各个层次的毕业生在绝对数上不断上升，其中，博士生由 4.87 万人增至 5.31 万人，增加了 9.03%；硕士生由 32.26 万人增至 46.05 万人，增加了 42.75%；高层次研究性专门人才在毕业生中的比例每年都有增加，而成人本、专科生在毕业生中的比例平均每年都要下降 0.61%。这说明大

学毕业生的层次结构正逐步向高层次发展。通过有效分流，整个高等教育的纵向结构得到不断优化。

表 3-1 2009—2013 年高等教育各层次毕业生人数及比重

年份＼人数	博士生		硕士生		普通本、专科生		成人本、专科生		毕业生总数(单位：万人)
	毕业生数	百分比	毕业生数	百分比	毕业生数	百分比	毕业生数	百分比	
2009	4.87	0.64	32.26	4.23	531.10	69.64	194.39	25.49	762.62
2010	4.90	0.60	33.46	4.13	575.42	70.95	197.29	24.32	811.07
2011	5.03	0.60	37.97	4.51	608.16	72.24	190.66	22.65	841.82
2012	5.17	0.60	43.47	5.00	624.73	71.91	195.44	22.50	868.81
2013	5.31	0.60	46.05	5.18	638.72	71.78	199.77	22.45	889.85

注：数据来源于 2009—2013 年各年度全国教育事业发展统计公报

（二）高等教育的横向分流，为市场提供不同类型的人才

高等教育大众化的过程，既是高等教育改变办学模式，由精英教育转向大众教育的过程，也是毕业生全面走向劳动力市场、参与社会建设的过程。顺应社会的需要，高等教育已实现了从单纯的与生产劳动脱离、专门为政治或宗教服务，到为社会提供不同种类的劳动者服务的转变。这种转变与高等教育的横向分流密切相关。

高等教育的横向分流一般是指学生在不同教育专业之间的流动。目前我国高等教育学科门类基本可划分为文学、历史学、哲学、教育学、经济学、法学、理学、工学、农学、医学、管理学、艺术学 12 大类，400 多个小类。这基本上满足了市场对不同类型人才的需求。随着社会的发展，各学科门类、各专业每年的招生人数都在不断调整变化，以适应劳动力市场的改变。例如，伴随着我国买方市场的到来，劳动力市场要求有更多的市场营销人才，为适应这种变化，市场营销专业从无到有，早在 2001 年列入教育部专业目录开设市场营销专业的院校已有 213 所。

值得注意的是，不仅劳动力市场和毕业生就业率上的显性要求约束着高等教育的横向分流，劳动力市场人才储备和新科学、新技术、新产品的研发上的隐性要求也对学校的专业调整和人才培养规划起着导向作用。总之，高等教育的横向分流为劳动力市场提供了丰富的人才供给，满足了不同时期的劳动力需求，实现了劳动力供给结构的多样化。

综上所述，劳动力供求平衡理论是高等教育分流的重要经济学理论依据，我国现阶段经济结构的调整和高等教育发展的新特点也为高等教育分流提供了现实依据。劳动力市场的需求对高等教育的“产品”供给起着指示灯的作用。只有通过合理分流，根据社会需求生产出“适销对路”的“产品”，才能满足社会的需要，才能实现“产品”自身的价值，才能对社会经济发展做出应有的贡献。

第三节　社会分化与高等教育分流

社会分化是社会中存在的普遍现象，在社会变革时期更为显著。社会分化与高等教育分流的关系极为密切：一方面，社会分化影响着高等教育分流的目标、方向、价值取向以及选择策略；另一方面，高等教育对社会分化也有促进作用，表现在通过高等教育的合理分流，选择与培养人才，促进社会流动与合理的社会分化。

一、社会分化及其对教育分流的影响

“分化”一词源于生物学，指的是机体中担负多种功能的复杂单元，由于其内部要素的重组而形成担负单一功能的多个功能子单元的过程。这是一个由一般功能向专门化功能转化的过程。社会学意义上的分化——“社会分化”最初由斯宾塞提出，他把社会比作一个有机体，它分化为工人、商人、资本家、政府公务员等，他们各司其职，由此构成一个和谐的整体。从社会结构变迁的角度来看，社会分化就是对社会地位的变化及其发展过程的动态化描述[①]。社会分化使社会空间中居同一层次的个人或群体因拥有社会资源（物质资源、文化资源、关系资源、信

① 李路路．当代中国现代化进程中的社会结构及其变革［M］．杭州：浙江人民出版社，1992：11.

息资源等）的差别而发生类别或等级变化①。

社会分化有两种基本形式：一是横向的类别分化，这种分化又称为角色分化；二是纵向的层次分化，即社会成员个人或群体的地位与等级差别，它又称为垂直分化、等级分化或地位分化。角色分化与地位分化既相互联系，又彼此促进，但这种相互关系是随着时代的发展而变化的。在传统社会里，主要是先赋地位，亦即靠先赋因素形成的地位分化决定角色分化。在现代社会里，主要是角色分化影响地位分化，即个体必须通过自身努力获取某种社会角色，进而才有可能获得相应的社会地位。

社会分化具有双重作用，其积极作用主要表现在以下几方面：(1) 社会分化增强人类的生存、发展能力。社会分化使劳动专业化，劳动专业化意味着职业专门化，职业专门化增强了社会生产能力，为人类进一步发展提供了物质保证。(2) 社会分化逐步推动现代科层管理制的形成。角色分化使社会朝着横向日益发展，地位分化构成了社会纵向的层次分化，虽产生差别和不平等，但也产生社会权威和保证应有的社会秩序。角色分化和地位分化使社会日益形成庞大复杂的科层结构，为现代科层管理的实现打下基础。(3) 社会分化促进社会维系的合理转变。社会分化使业缘取代血缘、地缘成为形成其他社会关系的主导因素，有效地促进社会的功能整合，使社会的首要联系不再是共同的信仰、观念和道德责任，社会维系由机械团结向有机团结转变②。(4) 社会分化产生激励效应。适度社会差别能使人产生公平感，地位差别如果是人们智慧和努力程度不同造成的并在人们能接受的范围内，会让人感到社会是公平的。这种差别会使处于高位的人成为人们仿效的榜样，产生积极的激励作用。(5) 社会分化有利于人类的精神生产。社会分化为社会精神文明的生产提供了物质、闲暇和有闲人员，使人类很早就成为富于理智的动物。正如布鲁伯克所说的，“古代人们把最充分地利用闲暇看作是追

① 富永健一．社会学原理［M］．严立贤，陈婴婴，杨栋梁，庞鸣，译．北京：社会科学文献出版社，1992：206.

② 彼得·布劳．不平等和异质性［M］．王春光，谢圣赞，译．北京：中国社会科学出版社，1991：360.

求知识和对文雅教育的训练"[①]。尤其是教育的产生，使人类获得了一种"特殊的遗传机制"，从根本上克服了动物单纯的对种的经验的简单重复，达到了其他动物不可逾越的境界。(6) 社会分化引起从身份到契约的转变。职业多样化必然打破职业世袭，引起血统身份向职业身份、权力身份的过渡，使社会成员的身份包含更多的后天因素，具有一定的社会契约性。社会分化产生积极作用的同时也不可避免地会带来某些消极影响。职业专门化在使劳动日益简单与高效的同时，也必然使劳动变得单调与枯燥；不同功能群体的出现加强了社会成员间物质交换和关系协调等方面的联系，增强了社会的结构力，有利于社会稳定，但群体间的利益摩擦容易导致社会冲突与动荡；角色分化有利于发展个人特长，但又容易阻碍人的全面发展；地位分化能够产生示范效应，但激励超过了一定限度（如竞争不公平或难度过大），地位成为可望而不可即的东西，那么激励效应就可能走向反面。

社会分化是教育分流的外在依据，它对教育分流的影响主要体现在以下四个方面：一是社会分化的性质制约教育分流的服务方向。在资本主义社会里，生产资料的私有制与按资分配的制度决定了社会分化的不平等性，进而决定了教育分流为有产阶级服务的方向，西方一些教育社会学家也承认，资本主义国家的教育分流在很大程度上是根据"对应性原则"而进行的"社会编组"。大量事实证明，在接受高等教育与选择理想职业方面，贫困阶层子弟同富裕阶层子弟相比，明显处于劣势地位。在社会主义社会里，生产资料的公有制与按劳分配的制度，从根本上决定了人们基本利益和基本地位的一致性，这就在一定程度上为每个社会成员平均享受教育机会与按个人的志趣、才能分流创造了必要的社会前提。为保证合理分流的顺利实施，社会主义国家还采取了种种措施，以限制某些阶层在获得教育机会上的特权和帮助贫困阶层子女入学，从而使社会的弱势群体获得受教育的机会，并通过合理分流充分发展自己的职业，取得相应的社会地位。二是社会分化的方向影响教育分

① 约翰·S. 布鲁伯克. 教育问题史 [M]. 吴元训，译. 合肥：安徽教育出版社，1991：85.

流的目标追求。在重视垂直分化的社会里，人们最关心的是个人社会地位的升迁。而这种升迁一旦与学历挂钩，便会导致社会上的学历主义与教育上对高层次教育的需求膨胀，片面追求升学率与盲目追求高学历的现象便难以遏制。在重视水平分化的社会里，人们最关心的是如何选择适合自己兴趣、特长的职业。因此，在教育分流上，人们关注的是对学校与专业类型的选择，各种职业技术教育就会顺利发展。三是社会分化的频率影响教育分流的价值取向。在社会分化不足、社会流动缓慢的时期，人们的角色与地位处于相对凝固的状态，人们受教育所注重的仅仅是与身份相称的“象征性价值”。在社会分化加剧、社会流动频繁的时期，人们的职业角色与社会地位处于不断变迁之中，而且这种变迁与受教育的差异密切相关，因此，人们比较注重的是教育分流的“功利性价值”。四是社会分化的标准影响教育分流的选择策略。在注重以身份或阶级出身取人的社会，教育分流多强调推荐选拔，重在考察学生的家庭背景与社会关系，以确保某些阶层子女在分流中的优势地位。在注重以能力与成就取人的社会，教育分流多强调考试选拔，以利于录取确有真才实学、能为社会做出贡献的人才。

二、我国社会分化的现状与理想目标

我国当前正处于社会大转型时期，也是社会急剧分化的时期。这种分化主要表现在以下三个方面：一是阶层分化。改革开放以来，我国社会所发生的最深刻的变化可能就是社会阶层的分化。改革开放前，由于实行高度集中的计划经济体制，中国社会结构的分化只存在于城乡两大群体以及城市三大阶层或三大阶级，即工人阶级、知识分子阶级和干部阶层，其中农民占了绝大多数。这种分化不仅是一种职业和阶层的差异，更主要的是一种身份的差异，具有很强的先赋性特征。各个阶层之间界限分明，阶层结构相对简单。改革开放之后，由于人们在物质财富、权力以及社会关系方面占有的资源不同，社会阶层打破了原有的结构，阶层格局发生了较大的变化，不仅阶层内部出现了分化，而且涌现出许多新的阶层和利益群体。目前我国已分化为十大社会阶层，包括国家与社会管理者阶层、经理人员阶层、私营企业主阶层、专业技术人员阶层、办事人员阶层、个体工商户阶层、商业服务业员工阶层、产业工人阶层、农业劳动者阶层和城乡无业失业半失业者阶层。二是利益分化。利益是人类社会的基本要素。马克思认为，利益要求的根源在于对生产资料的占有，在于人们在社会结构中所处的地位。改革开放以前，我国是一个相对封闭的社会，由于实行高度集中的计划经济体制，国家控制了大部分社会资源的配置，在国家的统一调控下，其他组织缺乏获取资源的渠道，组织之间缺乏横向联系，各群体利益比较均衡，个人利益和国家利益高度整合。改革开放以来，随着市场经济的不断发展，不同社会群体和阶层有了不同的利益要求，尤其是 20 世纪 90 年代以来，多种利益主体和权利主体产生，对利益的追求成为人们社会行为的一种强大动力，而不同的利益要求又强化了群体之间的利益差异，利益的分化实际上也是利益格局重新调整的过程。“20 世纪 80 年代是一个资源扩散的年代，而 90 年代以来的中国社会则呈资源重新积聚的趋势。”三是观念分化。观念的分化是转型期社会的一个重要特征。急速的社会分化必然会带来人们思想观念和意识形态的变化。改革开放以前，人们的思想观念比较单一，当面临集体与个人、公私、义利等重大利益问题时，往往是集体利益优先、公而忘私、重义轻利。但随着改革开放的进一步深化，社会转型不断加速，社会阶层、利益、观念等日益分化，而观念分化尤为明显，主要表现为传统的主导价值观念衰落，不同的阶层、不同的利益群体都持有不同的价值观，比如集体观、公私观以及义利观等。社会分化的加速还使社会异质性特征日益突出，这必然会在社会成员的思想观念和意识形态中有所反映，尤其是随着外来文化的传播和扩散，人们的价值观念和意识形态结构将会不断趋于多元化，一些与主流意识形态不同甚至相反的价值观念也会大量涌现，致使各种观念发生相互碰撞与冲突。

社会分化是社会变迁的动力，没有分化社会就难以向前发展。但是，社会分化也不能无序地进行下去，否则就会对社会发展构成威胁。因此，我们必须构建一种促进社会合理分化的机制，以适应和促进社会由传统向现代转型，加快社会主义现代化建设的进程。合理的社会分化机制应具有以下基本特征：(1) 民主性与开放性。民主的政治、健全的法制与科学的用人制度使分化可以摆脱“身份”、“权力”和“财富”等因素的影响，使地位的获得与个人的能力、贡献相符，并使升迁的机会具有向全体社会成员公平开放的特点。(2) 适度性与稳定性。合理分化必须适度，即与一定历史时期的物质生产水平及社会政治经济制度相适应，能适合分化机制的发育程度。这样，分化才能稳定有序。(3) 业绩性与竞争性。社会地位的获得应贯彻“全体优于个别，业绩优于归属”[①]的原则，获得社会地位的过程是一个促进社会成员普遍进步的过程，个人的努力是地位升迁的依据。(4) 有效性与发展性。分化应能起到甄别优劣、奖勤罚懒、优化人才结构的作用，同时还应该是一个不断调适、修正和完善的动态过程。合理分化强调的是个人的聪明才智和主观努力，否定的是制度因素与先赋因素对分化的不合理影响，它具有鼓励强者，激发弱者，淘汰不求上进者，调动社会成员劳动的积极性与创造性，促进社会生产力发展与优化社会结构的重要功能。

三、高等教育分流：促进合理分化的重要前提

高等教育分流既受社会分化的制约，又能对合理的社会分化起到促进作用。首先反映在通过分流可以帮助个体获得某种自致角色，实现合理的角色分化。现代社会对各种角色在知识、才能、情感、态度、权利、义务和行为规范等方面都有明确的规范要求。分流教育可以帮助个体获得角色需要的知识与技能，理解与角色有关的权利和义务，培养与角色相适应的情感与态度等，从而使个体的条件逐渐符合某种角色的规范要求，有望获得与个人意愿及条件相符的社会角色。其次反映在通过分流可以相对公平地分配社会资源，实现合理的地位分化。除身份、权力、财富、声望等外，教育也是一种可以促进社会地位提高的重要资源。由于现代教育分流具有相对客观的分化标准与公平竞争的分化机制，因此在教育资源的分配上具有更多的合理性。个人因天赋及勤奋程度差异接受不同层次与类型的教育而拥有不同的教育资源，不仅是个人角色分化的必要条件，也是地位分化的重要依据。从宏观的角度来讲，现代教育分流不仅可以根据现实社会分化的需要来调整自身结构，而且

① 张人杰. 国外教育社会学基本文选［M］. 上海：华东师范大学出版社，1989：255.

能主动预测未来社会合理分化的趋势，主动地调整分流的目标与结构，以促进合理社会分化顺利实现。

强化高等教育分流的功能，促进社会的合理分化，既是社会发展的客观要求，也是教育改革的必然趋势；而高等教育分流功能的实现又在多方面受制于社会分化。只有努力形成一种社会分化与教育分流协调发展，相互促进的良性运行机制，才能促进二者同时向着合理化方向发展。这就必须从改革社会与改革教育两方面同时着手，一方面，为了建立正确的教育制度，需要改变社会条件；另一方面，为了改变社会条件，又需要相应的教育制度。

社会条件的改变是一项复杂的系统工程，它需要一个循序渐进的过程。从我国当前的情况看，为了统一人们对合理分化的认识，促进合理社会分化的有序运行，必须首先抓好两项工作：

一是尽快建立合理社会分化的价值标准。我国是一个发展中国家，需要以合理的社会分化来推动社会生产力的发展，也需要通过给有知识、有能力，并为社会做出较大贡献的人以较高的地位与报酬来激励一般社会成员，并鼓励广大青少年向他们学习，从而带动整个民族素质的提高。这就需要在破除传统的以“身份”定贵贱、以“权力”定尊卑、以“金钱”分高下等陈腐分化观念的基础上，确立按知识、能力与贡献大小进行社会分化的新的价值标准。确立新的分化标准，还要考虑到不同职业的特殊性、工作条件与艰辛程度，以及个人的才华与教育训练。对社会发展具有重要作用的职业、难以替代或不可替代的职业、条件较差或辛劳程度较高的职业、需要特殊才华与特别训练的职业，在社会分化中都要予以较优越的待遇和地位。这种社会分化标准的确立，既有利于人们从传统的“一切向权看”与“一切向钱看”等极端的价值选择中摆脱出来，找到一种符合社会需要和个人意愿及条件，实现自身价值的现实途径；又有利于整个社会形成价值取向多元化、个人地位结构多样化的富有弹性与充满活力的分化格局。

二是努力形成公平竞争的社会分化机制。公平竞争是以客观公正的分化标准为前提，以参与机会均等、资源开放平等为基础的竞争。实现公平竞争的目的在于从根本上解决因各种制度因素造成的不合理分化问题，形成对所有社会成员既有动力又有压力的激励方式。形成公平竞争的社会分化机制，关键在于改革各种不合理的社会分化制度，包括改革户籍管理制度，打破城乡二元结构，使身份不再成为职业分化与权力、待遇的主要来源；改革传统的就业制度、劳动制度与人事管理制度，建立和健全劳务市场，允许劳动力自由流动，让高校毕业生直接进入劳务市场，自主择业，各用人部门按标准择优录用；改革分配制度，理顺收入序列，健全监督机制，堵塞各种体制上的漏洞，严厉打击各种非法的致富行为，逐步建立起按能力高低与贡献大小合理分配的制度体系。只有通过改革，真正形成一种公平竞争的社会分化机制，才能充分调动全体社会成员的劳动积极性与创造性，才能为实现合理的高等教育分流创造出最佳的外部环境。

从教育系统自身的改革来看，为增强高等教育分流对社会分化的主动适应性，应努力抓好以下三点：

第一，充分发挥教育的价值导向功能，提高学生对教育分流的认识。正确的价值观念是支配人们产生正确行为的价值准则。学校教育应充分发挥自身在价值观念导向上的优势，消除学生对教育分流的错误认识，如分流违背教育机会均等原则、分流妨碍学生个性全面发展等；阐明马克思主义的社会分化原理与教育分流的历史必然性。要教育学生正确处理个人发展同社会需要的关系，既能客观评价自己，又能正确认识社会，在教育分流中，能较好地把个人志趣与条件同社会的需要及可能统一起来。要让学生懂得，社会需要与个人发展既有统一的一面，又有矛盾的一面。当个人面临这一矛盾时，应主动调整自己的期望目标，有时还需要牺牲一定的个人利益来维护社会的整体利益。总之，要通过价值观念导向把广大青年学生引导到努力为社会进步多做贡献的目标上来。

第二，加强对合理社会分化趋势的预测，优化教育分流的结构。合理的社会分化趋势反映着一定时期社会生产力发展、社会分工与社会进步的客观要求，是制定科学的教育分流规划与优化教育分流结构的基础。为了推动社会生产力的迅速发展，我国还需要有进一步的角色分化与适度的地位分化。我国角色分化的基本趋势是：随着第一产业在国民经济中的比例下降，纯粹农民角色的比例将大幅度减小；第二、第三产业发展，新行业增多，对一般技术性职业角色的需求比例增大；随着科学技术的发展与科技成果在社会上的广泛运用，对专门受过职业技术教育的中、高级技术人才的需求将不断增加。因此，优化的高等教育分流结构应具有“多流层、多流向、多流型、多流域”的特征。

第三，深化学校教育的各项改革，强化教育分流的功能。从我国当前学校教育来看，一是要改革单一化的办学模式，使教育分流的对象具有普遍性。我国现在每年约有200万高中毕业生不能升学又未经专业训练而直接进入职业社会，这无论是对社会还是对个人都是重大损失。为使所有的学生在就业前都能接受必要的分流教育，既要办好普通高等教育，又要大力发展高等职业教育，并且所有这些高校都应向着学制灵活与办学形式、招生渠道、文凭证书发放多样化的方向发展。二是要改革升学与考试制度，使教育分流的选择策略具有科学性。也就是要改变传统的“以分取人”与“一考定终生”的选择策略为考试成绩、考察成绩、智力及性向测试成绩与推荐评语结合的选择策略，实现耦合积分，分类择优。三是要改革教学与评价制度，使教育分流的结果具有权威性。由各个学校签发的不同文凭和证书，是学校对分流培养结果的最后认定。为使学校的这种认定在社会上具有权威性，学校一方面要通过教学改革提高教学质量，另一方面要改变单纯由校内教师评价的制度，实行聘请校外专家参与对学生的知识与技能的考评，发放由校外专家签名认定的职业技能证书；同时要采取有效措施制止学校滥发文凭的倾向，以保证学校评价的信度和效度。这将有利于促使学校签发的文凭和证书逐步成为社会录用人才的主要依据，从而减少社会不当干预对合理社会分化的影响，使高等教育分流更好地发挥优化社会人才结构的功能。

第四节 生态定位与高等教育分流

可持续发展战略是实施人类长期生存和发展的战略模式，也是我国加快实现现代化的必然选择。可持续发展就是建立在生态平衡基础之上的发展，它要求正确处理人类与自然环境内在的辩证统一关系，使眼前利益与长远利益、局部利益与整体利益辩证地统一起来。从生态平衡促进可持续发展的观点来看，高等教育也是一个不断矛盾运动的生态系统，在整个高等教育生态系统中，学校和学生等教育生态主体之间也存在着复杂的共生与竞争的关系。这种关系归根结底是由教育中的生态位决定的，恰当的生态定位必然要求高等教育的合理分流。

一、教育生态位的基本理论

（一）共生与竞争

不同教育生态主体之间的相互关系。在教育生态主体与环境的互动过程中，不同教育生态主体之间发生着复杂的关系，这种关系主要表现为共生与竞争。共生，在生态学中指的是两种不同生物之间任何形式的共同生活。生活在同一群落的同种或异种生物利用共同的资源，当资源不足以满足所有生物的需求时则会出现竞争。从广义上说，生活在一起的任何两个种群的联合，由于它们享有共同的生存空间，所以种群间各种形式的相互作用，甚至竞争，都是共生关系。早期芝加哥学派在对居住于一定社区环境中的人口进行研究时，就曾引入生态学的共生概念，以此来表明各种不同的人口单位之间存在着相互依存的状况[①]。在教育生态系统中，我们依然可以发现这种共生关系的存在。它突出体现在各级各类学校之间的相互关系上，如在高等教育系统中，各种类型、各种层次的高等教育机构相互依存。但它的特殊性在于，这种共生关系往往表现为单向度的依存，如较低层次的本科教育可以为较高层次的研究生教育提供合格的生源。当然，我们也不否认反向依存关系的存在，只不过前者的表现更为经常和广泛而已。

不同学校组织之间的共生关系更多地表现为竞争，这种竞争首先存在于同类同级的学校之间，这些学校在教育经费、师资、生源等各个方面都面临着竞争。今天，公立学校一统天下的格局正面临着异军突起的私立学校的挑战。此外，竞争也存在于同级不同类的学校之间。如人们对普通高等教育的高度重视，使得其他形式的成人高等教育的各种资源投入相对减少。在终身教育思想日益为大众所接受的今天，各种非制度

① 刘尔明，张郭奎．教育生态学论纲［J］．人大复印资料·教育学，1993（4）．

化教育机构的地位正在不断上升。对学校来讲，不仅面临着如何与这些非制度化教育机构相互协作的问题，同样也面临着如何迎接这些机构的挑战，与之平等地竞争各种教育资源（特别是师资等）的问题。当然，竞争本身也是为了发展，对于教育生态主体来说，优化内部生态环境，提高自身适应环境的能力，又是提高竞争能力，获得持续发展的重要方面。因此，不同教育生态主体之间合理的竞争，将会促使整个教育生态系统持续、协调发展。

（二）教育生态位

不同教育生态主体关系的决定因素。不同教育生态主体之间这种共生与竞争的关系，归根结底是由教育中的生态位决定的。生态位是指一个生物种类或个体在生长环境中所代表的确切单位、所占据的自然空间，以及该生物在生长环境和生物群落中所起的作用。简单地说，生态位就是一个物种不同于其他物种的时间和空间位置。“生态位现象”是由俄罗斯的一位叫格乌司的生态学家发现的，所以也称之为格乌司原理。这种现象是指在大自然中，亲缘关系接近的具有同样生活习性或生活方式的物种，不会在同一地方出现。如果它们在同一区域内出现，大自然将会用空间把它们各自隔开，如虎在山上行，鱼在水中游，猴在树上跳，鸟在天上飞；如果它们在同一地方出现，它们必定会利用不同的食物生存，如虎吃肉，羊吃草，蛙吃虫；如果它们需要的是同一种食物，那么它们的寻食时间必定会相互错开，如狮子是白天出来寻食，老虎是傍晚出来寻食，狼是深夜出来寻食。在自然界里没有两个物种的生态位是完全相同的，有些物种亲缘关系接近或相似而使生态位出现部分重叠，这时就会出现严酷的竞争，如一山不容二虎。如果强者进入弱者的生态领域就会出现“龙陷浅滩受虾戏，虎落平阳遭犬欺”的情况；如果弱者进入强者的生态领域中就会出现大鱼吃小鱼、小鱼吃虾米的状况。因此，强者在自己的生态位上是强者，弱者在自己的生态位上才能自由生存。这些都是生态位现象。

生态位现象不仅在自然界具有普遍意义，对于教育也具有一定的启发意义。将“生态位”的概念运用到教育生态学中，就容易得出教育生态位的含义。“教育生态位”是指教育者或受教育者个体、一个学校乃至一个特定区域内教育工作的基本状态及其发展水平。在教育系统内部，“教育生态位”主要包括某一个体、某一学校、某一社区教育的状态、趋向，也包括这种状态和趋向与其他个体、学校、社区教育水平的关系和差距等。当然，“教育生态位”并非是对区域环境的被动选择，其工作状态和发展趋向是可以调节和控制的。

二、高等教育生态系统中的“错位现象”

众所周知，现在的高等学校绝不是一个模子里刻出来的，它们也像大自然的生物一样是多种多样的，是有各种类型和层次之分的。从类型上看，按照学科门类可分为综合大学、多科大学和单科大学；按照科研规模可分为研究型、研究教学型、教学研究型以及教学型；按照培养人才的职能可分为学术性大学和职业性大学；按照学校资产属性可分为公办高校和民办高校。从层次上看，按照授予学位的不同可以分为博士授予级、硕士授予级、本科授予级和专科授予级；按照重点程度的不同可以分为国家重点高校、一般重点高校和地方高校。虽然我国目前高等学校的分类尚不十分明晰、准确、合理，但是谁也不能否认高等学校是一个层次、类型纵横交错且错落有致的“生态系统”。

然而，在高等教育生态系统中，我国不少高校却没有进行准确的“生态定位”，以致出现角色混乱或错位，主要表现在以下三种情况：

（一）高位低移——目光短浅的功利倾向

高位低移是指处于高层次的学校降低办学水平的一种错位现象，是某些名牌大学或重点大学基于功利目的的一种不良倾向。高位低移一方面表现在成人教育、网络教育以及各种自考等办学形式的盲目扩张上。在网络教育飞速发展的今天，我国目前已经有68所重点高校开办了网络教育，但其中一些高校只是打着“网络教育”的幌子牟取暴利，教学质量低下，师资力量薄弱，网络资源严重不足，导致毕业生在就业时困难重重。2004年，清华大学宣布退出网络学历教育，实际上就是为了避免高位低移，“不想让低质量的网络教育砸了清华的牌子”①。另一方面表

① 周春林，周靖．高校网络教育——洗牌还是转型［N］．北京青年报，2004-11-09．

现在盲目扩招上。目前不管是名牌高校还是一般高校，大多数学校本科生的在校生人数都远远多于研究生，一些名牌大学为追求短期利益而大量扩招，不仅仍旧以本科教育为工作重心，甚至紧紧攥着大专、专升本教育以及成教、自考不放，试想在这样超负荷运转的大学中，用什么追求卓越的文化？用什么挑起精英教育的重担？用什么在大众化教育中保持精品的角色？高位低移现象的存在，虽然在短期内既有社会需求，又有利益驱动，似乎具有存在的合理性，但是，从长远来看，它将不利于形成公平有序的高等教育竞争格局，最终必然是对有限教育资源的浪费。

（二）低位高攀——不切实际的盲目跟风

低位高攀是指低层次和低水平的高校盲目模仿高水平大学做法的现象，是某些一般高校基于功利目的的一种不良倾向。低位高攀现象主要表现为高校不切实际地盲目“升格”与“合并”。前几年，国内高校纷纷追赶“升格”与“合并”的风潮，表现为原来是专科的学校，极力跻身于本科院校，而一般的本科院校又想方设法向重点高校和名牌大学看齐，而名牌高校往往以国外著名高校为参照系。这种愿望是好的，这种想法也无可厚非，因为不管是个人还是社会组织，都有向上发展的需要。实际上，每一所学院都希望变成大学、变成研究型大学，国际上都有这种风气。但事实上呢，大学需要很多类型，每所大学都要有角色定位的意识，形成自己的特色，在所属的那一个类型里达到最强，即在自己的“生态位”上永远是强者，而不是都朝一个方向走，都向一个标准看齐。不切实际的高攀，是以牺牲个性和特色为代价的。比如，以某学科为主的多科性大学，如果盲目追求“综合性”、“大而全”，就可能失去学校原有的主科优势和特点，在相当长时间里难以办出新的特色。同样，单科性大学盲目追求“多科性”、“综合性”，搞“小而全”、“多而杂”，就可能“舍本求末”，丧失学科特色和优势，结果造成学校水平不仅没有上升，反而下降甚至更糟。

（三）同位相类——缺乏特色的重复建设

所谓同位相类，主要表现为类型和水平相似的相同层次的高校之间差别不大，特色不鲜明，个性不突出，趋向于千校一面。竞争是大自然的生存法则，但竞争都是在处于同一类型或水平的群体和个体间发生的。在高等教育生态系统中也同样如此。处于不同位置的高校，由于面临的问题不同，隶属关系不同，经费渠道不同，具体功能不同，因而在一般情况下不会发生竞争。竞争主要是发生在同种类型或同等水平的高校之间。虽然市场竞争是客观存在的，然而，无论什么时候，采取竞争策略总是要遵循这样一条原则：只要有可能，就得避开竞争对手的制约，避免双方无谓的争夺。而避免竞争的主要途径是利用自身的优势，形成自己的特色和个性。其实，任何一所大学都可以在历史的积淀中形成自己的办学特色。因此，决不能以同位相类的综合性来淡化或牺牲同位相异的个性与优势。

可见，若要在日益激烈的高校竞争中不至于落伍甚至被淘汰出局，就要求处于不同条件、水平和能力的高校必须找准自己所在的“生态位”，并在自己的位置上担负起自己的使命。为此，高等教育的合理分流就显得尤为重要。

三、高等教育分流：实现合理定位的必要条件

格乌司对“生态位”的重大发现，对我们今天研究高等教育的发展及其存在的种种问题具有重要的启示作用。竞争是大自然的生存法则，生态位原理告诉我们，每一个个体在教育生态系统中都有一个合理的定位，都有其存在的合法基础。在高等教育系统内部，各种层次、各种类型的高等教育机构和形式具有自身的特色和优势，各种学科、专业也有自己的特色，而且每一个接受高等教育的个体同样也有自己的特点，高等教育的合理分流正是促使这些不同的教育生态主体不断展现其生态位优势的有效途径。

（一）不同教育机构的合理定位

高等教育机构要根据时代发展的需要与自身的条件，在分流培养人才的活动中找准自己的位置，进行合理的定位。这种定位主要包括以下七个方面：对象定位，即招收什么层次、什么类型的学生；形式定位，即运用何种形式的高等教育培养人才；区域定位，即培养出的人才服务的空间范围，是面向全国、面向区域，还是面向本部门、本行业；层次

定位，即培养何种层次的人才，是以研究生教育为主，还是以本科教育为主，或是以专科教育为主；类型定位，即培养何种专业或何种学科的人才；能级定位，即培养人才的综合实力在同层同类学校中所处的地位；特色定位，即培养出的人才与同层同类学校相比有哪些独特的优势。例如名牌大学的角色定位问题。名牌大学在大众化教育中应该保持精品的角色，要能挑起精英教育的重担，为国家培养更多的高层次拔尖人才，承担更多的高精尖科研任务。而让一般学校承担更多的本、专科教育以及成教和自考，这样不仅可以避免因生源紧张导致的教育质量下降，也充分利用了一般高校和民办高校的教育资源。只有每个分流机构做到各安其位，各司其职，各得其所，各展其长，才能使整个高等教育系统充满生机和活力。

（二）不同学科专业的合理定位

面对日益激烈的竞争局面，错开生态位应是高校竞争最主要的策略，也就是要利用自身优势形成自己的特色。高等学校是以学术组织为核心构建起来的社会组织。作为学术组织，学科、专业是高校组织的基本构成单元，高校之间错开生态位主要就是要凸显自身的学科特点，遵循有所为、有所不为的指导原则。如霍普金斯大学特别厚爱医学科学，这是它领先世界的优势所在；哈佛大学至今在工科方面无所作为，因为这不是它的强项；加州理工学院甚至不设人文、社会科学学科，因为它要把所有的力量集中在理、工两个学科领域。与之相对比，我国的许多高校追求的则是“大而全”、“小而全”，高校之间生态位严重重叠，经常是两所高校同时争夺同样的市场，这必定会造成两败俱伤。从每年的高校招生大战中，就可见一斑。因此，为了避免这种无谓的竞争，竞争的各方都应牢牢抓住自己的优势学科和特色专业，尽可能地实现生态位的互补，做到“人无我有，人有我优，人优我新”。

（三）不同受教育者的合理定位

不仅高等教育机构具有自己的生态位，而且每一个接受高等教育的个体也有自己的生态位。每个学生都有自己不同的潜能，他们的兴趣爱好、智力特点、学习强项以及家庭背景各不相同，因此，在选择接受高等教育的类型和途径上，可能各不一样。然而，现今的状况是每个人都想读本科，都想上名牌大学，每个人都想读所谓的热门专业，当然，这也与家长们“望子成龙”的美好愿望有关，可是这种不考虑自身条件的做法，最终只会抹杀了人的个性，埋没了人的潜质。所以，我们说人性的弘扬是建立在自我选择、自我发展与自我实现的基础上，而这一切的前提条件都是要对自己有一个合理、正确的定位。只有找准了自己的生态位，才能选择适合自己的高等教育机构和形式，才能真正实现个体的不断完善和发展。

总之，社会是一个生态系统，教育也是一个生态系统。在教育生态系统中，不同的教育生态主体有着各自的生态位，它们之间既相互依存，又相互竞争。因此，必须遵循自身的生态规律，充分利用各自的特色和优势，促进整个教育生态系统更加合理、有效地运行。

第五节　高等教育和谐发展与高等教育分流

构建社会主义和谐社会，既是我国新时期的一项战略决策，也是我国社会发展的重要目标。高等教育和谐发展既是构建和谐社会的基本要素，也是推动和谐社会发展的重要动力，而高等教育和谐发展有赖于高等教育的合理分流。

一、高等教育和谐发展的表征与意义

和谐，自古以来就是人类的一种追求。“和”即和衷共济之义，“谐”有协调顺畅之义。和谐的哲学依据是“和而不同”的思想，即和谐的前提是承认“不同”，也就是承认事物的多样性、差异性、矛盾性与竞争性。“和谐”就是相互矛盾的各方在一定条件下达到内和外顺、协调发展。和谐发展的实质就是追求差异中的相互兼容、矛盾中的对立统一、竞争中的平衡互动、多元中的统筹协调。高等教育是一个多主体、多目标、多层次、多类型的复杂系统，高等教育的和谐发展是指在发展中能够协调高等教育内部各要素之间及其与社会之间的关系，突出人的主体地位，实现目标合理、结构优化、功能完善、制度健全、持续有序的发展目标。

高等教育和谐发展的主要表征如下：

一是目标性和谐。目标是人们在一定价值观念支配下做出的对发展某些事物的选择或是人们行为所希望达到的结果。正确和谐的目标体系对于实现高等教育和谐发展具有重要的导向作用。高等教育的目标和谐，首先体现为所有的高等教育都要以促进人的和谐发展为目的。教育公平是和谐社会的基石。高等教育的发展要尽可能多地满足人民群众日益增长的文化需求；同时，要把培养同和谐社会要求相适应的高素质人才作为首要目标。其次体现为各级各类高等教育统筹兼顾、和谐发展。和谐的本质是指异质事物的多样统一。社会需要的多样性与个体发展的差异性决定了高等教育层次不同、类别多样，正是各级各类高等教育机构在发展目标上的合理定位，才能实现高等教育在整体上的相辅相成、和谐发展。最后体现为各高等教育机构自身发展的各项具体目标之间的和谐，也就是能正确处理改革目标、发展目标与稳定目标之间，教学目标、科研目标与社会服务目标之间，近期发展与长期发展之间以及硬件建设与软件建设之间的关系，总之要使学校确定的目标与社会的要求、人才的全面发展、学校的实际情况相适应。

二是结构性和谐。高等教育结构是指高等教育系统内部各组成部分之间的联系方式及比例关系。其宏观结构包括层次结构、类型结构、形式结构和布局结构等，微观结构包括学科结构、人员结构、权力结构等。高等教育结构性和谐从宏观上看，体现在层次结构和谐，即专科(高职)、本科、研究生教育比例适当；类型结构和谐，即不同类型的高等教育如公办高等教育和民办高等教育，普通高等教育和成人高等教育，综合性大学、多科性大学和单科性大学共同发展；形式结构和谐，即正规教育和非正规教育，自考、函授、电大、夜大、业大等多种形式的高等教育相互补充；布局结构和谐，即东西部之间、发达地区和偏远地区之间、城乡之间的高等教育的发展差距渐小。从微观上看，体现在高等教育机构内部学科结构更加合理；人员构成在年龄、性别、学历、职称等方面比例协调；权力配置更加科学，行政权力与学术权力之间既有明确分工，又能相互统一。

三是功能性和谐。高等教育功能是指高等教育系统经过自身运作而产生的促进社会、个人及教育系统自身发展的功用和效能。高等教育的功能相应也可分为外适功能、个适功能与自适功能。高等教育的功能性和谐首先表现在外适功能和谐，即高等教育通过培养高素质人才，能起到优化人才结构、推动科技振兴、维护政治稳定、促进经济发展、增进文化繁荣与建设生态文明等多方面和谐发展的作用。其次表现在个适功能和谐，即高等教育在招生、培养、就业等各个环节与教育、教学、管理等各个方面都能够以生为本，充分调动学生的积极性、主动性和创造性，有效促进学生的和谐发展。最后表现在自适功能和谐，即高等教育能够遵循自身发展的规律，正确处理自身改革、发展与稳定的关系，有效促进规模、质量、结构与效益的协调发展。

四是机制性和谐。机制是指影响事物运行的各个要素之间的相互联系及互动方式。高等教育的宏观运行机制主要体现在国家、地方、社会和高校四者的关系上。高等教育的宏观运行机制的和谐也相应地反映在上述四方面既能各行其权、各尽其责，又能相互协调、彼此配合，形成健全的宏观调控机制、地方统筹机制、社会参与机制和高等教育的自主适应机制，真正达到政府调控有力、市场调节有度、区域统筹有效、社会参与有序、高校自主有方的和谐运行局面①。

高等教育的和谐发展具有多方面的意义：首先是对构建和谐社会的教育应答。高等教育和谐发展不仅是社会和谐发展的重要组成部分，更重要的是能够加速和谐社会主体的培育。和谐发展的高等教育既可以为社会主体创造公平竞争、平等发展、充分发挥聪明才智的社会环境；又可以为实现社会和谐发展提供数量更多、结构更优、质量更高的人才支撑；还可以通过传播先进文化、创新变革理念和强化价值引导为和谐社会的创建提供重要的舆论支持。

其次是促进社会主体和谐发展的必由之路。作为社会主体的人的和谐发展，既是社会和谐发展的目的，也是社会和谐发展的条件。人的和谐发展包括整体的和谐发展与个体的和谐发展两个层次，而整体的和谐

① 董泽芳．坚持科学发展观，促进高等教育合理分流［J］．华中师范大学学报（人文社会科学版），2004（6）：87-91．

发展又包括数量的增加、质量的提升与结构的优化，个体的和谐发展则包括共性发展与个性发展。因此高等教育的和谐发展应表现在大众化教育与精英化教育的并重，统一性要求与多样化发展的统一。大众化的高等教育有利于满足更多人接受高等教育的要求，精英化的高等教育则有利于少数拔尖人才的培养；高等教育的统一性有利于促进人的共性发展，高等教育的多样性则有利于促进人的个性完善。

最后是解决高等教育发展中各种矛盾的迫切要求。随着规模的扩张、结构的调整与改革的深化，高等教育自身所积累的矛盾也越来越多，如高等教育的规模迅速扩张与办学条件不足的矛盾，政府行政部门监管与高校自主办学的矛盾，社会发展对高层次人才的需求结构与高等教育的人才培养结构、输出结构的矛盾，高等教育的理性追求与现实功利取向的矛盾等。这些矛盾是高等教育发展失谐的必然产物，也只有在实现高等教育和谐发展的过程中才能逐渐地解决。

二、高等教育发展中的失谐及原因

对照上述高等教育和谐发展的标准，可以发现我国高等教育发展中存在着诸多失谐问题。

一是重物轻人，目标偏颇。受传统发展观的影响，高等教育在发展中存在明显的重物本、轻人本的价值取向。表现在发展取向上，重规模扩张，轻育人效益，造成数量攀升而质量下滑；在功能取向上，重派生功能，轻育人功能，在派生功能中，又重经济功能，轻文化功能，造成功能失调，本末倒置；在经费取向上，重硬件建设，轻软件建设，造成大楼林立但大师稀少，仪器设施先进但育人思想落后；在专业取向上，重技术学科，轻人文学科，造成功利思想泛滥，人文精神失落；在职能取向上，重科研，轻教学，而对科研成果的评价是重指标考核，轻积累效应，造成教学环节弱化，泡沫学术泛滥。价值取向片面，必然导致整个高等教育发展目标的偏颇，如重数量目标轻质量目标，重结果目标轻过程目标，重效率目标轻公平目标，重现实目标轻未来目标，重精英目标轻大众目标，重学术目标轻职业目标等。偏颇的目标取向使人的发展目标被对物的发展追求所湮没。

二是盲目攀比，结构失衡。重物轻人的取向、急功近利的心态，加上国家宏观调控的不足和微观指导的乏力，导致近年来我国高等教育领域的盲目攀高、升格之风。一时间，大学规模越办越大，大学城越建越多，升格之风愈演愈烈，“跨越式发展”的口号愈喊愈响。有些高校为了达到升格的目的，不惜采用一些非正常手段，造成竞争失序；有些高校不顾条件盲目扩招，造成师资、设施短缺，培养质量下滑；有些高校盲目追求热门专业，造成专业的重复设置；有些高校为了扩张而大量借贷，造成巨额负债，极大地影响了学校的可持续发展。盲目攀比导致我国高等教育结构的失衡。从层次结构上看，本科教育发展过快，但专科教育独立性不强，研究生教育发展严重滞后；从类型结构上看，民办高等教育发展先天缺失，后天不足，成人高等教育的发展也因取向偏颇、资源短缺而令人担忧；从区域结构上看，东部与西部高等教育资源配置极不平衡，中心城市与非中心城市的高校差距越来越大；从形式结构上看，非正规高等教育发展缓慢，前景不畅。结构失衡是高等教育难以适应社会需求的重要表现，也是造成高才低用、学非所用、有才不能用等一系列就业困难的重要原因①。

三是使命模糊，功能失调。教育是时代的产物。高等教育功能也应随着时代的发展而不断拓展。急剧变革的现代社会为高等教育的发展提供了前所未有的挑战与机遇。高等教育要在战胜挑战和抓住机遇中发展自己，就不能仅仅被动地适应社会，而应该担负起超越社会、引领社会的使命，并据此重构自身的功能。基于这一认识，就会发现我国高等教育在发展中因使命感不强，而导致功能的严重失调。首先是外适功能的失调。面对科技迅速发展、经济全球化、信息网络化、政治多极化与文化多元化的现代社会，高等教育机构不仅应成为社会物质领域的“创造源”、“人才库”与“孵化器”，更应成为社会精神领域的“思想库”、“评判场”与“导航灯”。但当前的高等教育受传统发展观和功利取向的影响，过分强调对经济与科技发展的适应，虚化了对政治方向的引导，弱化了对不良文化的批判，忽视了对精神价值的追求，在一定程度上丧

---

① 董泽芳，李晓波. 试析我国高等教育分流结构中的失衡问题 [J]. 教育研究，2003 (10)：25-30.

失了引领社会进步、推动三大文明协调发展的功能。其次是个适功能的失调。为了培养适应时代要求、和谐发展的一代新人，高等教育负有开发人的潜能、弘扬人的个性、陶冶人的情操、提升人的生命价值等功能。但客观存在的“四重四轻”现象阻碍了这些功能的释放：一是在观念上，重成才教育，轻成人教育，使许多学生成为有高深知识却没有高尚人格的片面人；二是在内容上，重知识灌输、技能培养，轻心灵塑造、人格构建，把学生全面发展降格为片面发展；三是在活动中，重统一要求，轻因材施教，使学生的个性发展受到压抑；四是在制度上，重强制管理，轻自主选择，学生的主体性发展没有得到应有的重视。最后是自适功能的失调。使命意识的模糊使高等教育过多地顺从市场需求而忽视遵循自身的发展规律，不能很好地处理自身改革、发展与稳定的关系，导致自身发展中诸多失调问题，如重外部调控轻自我调适、重规模扩大轻结构优化、重数量增加轻质量提高等。这些都影响着高等教育自身的和谐发展。

四是体制制约，机制缺失。在传统发展观支配下形成的教育管理体制具有重集权、重规范、重强制等特征。体制是机制的基础。20 世纪 80 年代以来，高等教育体制的变革一直是高等教育发展的焦点问题。虽然这一变革已取得令人瞩目的成就，但因受政治体制与经济体制的制约太深，这一改革并未完结，集权与分权、规范与放开、强制与自主，至今仍然是高等教育体制改革的主要矛盾。这一体制现状使我国高等教育运行机制至今仍然存在诸多缺损。首先是国家宏观调控乏力。表现在权威性调控机构缺失，教育行政主管部门单打独斗，权力有限；调控手段不完备，主要依靠行政命令和直接干预；调控内容不全面，重经费安排轻事业规划，重局部平衡轻整体统筹。其次是区域统筹低效。表现在有些地方没有把区域高等教育发展纳入区域经济社会发展的规划之中；有些地方政府与地方高校之间良性互动机制尚未形成；有些地方政府对高等教育提供的政策、经济支持不够；有些地方高等教育为当地经济社会发展提供的智力支持不足等。再次是高校自主有限。经过多年的体制改革，高校的自主权有所扩大，但依然有限，主要表现在：招生办法自主有限、专业设置权力有限、教师评聘与干部选调权力有限、学校机构设置与调整权力有限、教师学术自由与精神独立有限等[①]。最后是社会参与不够。一方面，因政府和高校权力空间的出让有限，社会力量参与高等教育的积极性尚未充分调动；另一方面，由于相关法律不健全和教育市场不完善，社会力量参与高等教育的规范性又不够。此外，因政府引导不力、支持不足以及自身发展历史短暂、基础薄弱，我国教育中介组织普遍存在定位不准、专业性差、独立性不强、公允性差等问题，使得社会力量难以真正参与高等教育的监督和评估活动之中。

三、高等教育分流：实现高等教育和谐发展的有力举措

高等教育的合理分流，就是充分考虑、统筹兼顾社会发展、个人发展与高等教育自身发展三方面的需要及条件，而分别给予适度满足的分流。这种“合理”具体表现在分流取向的兼顾性，分流结构的协调性，分流形式的多样性，分流体制的统筹性等方面。通过高等教育合理的分流，有利于实现高等教育的和谐发展，进而促进人的和谐发展与社会整体的和谐发展。

（一）分流取向的兼顾性，有利于实现高等教育发展的目标性和谐

分流取向是指对分流发展的方向及重点等方面的选择。高等教育的合理分流，首先表现在正确的分流取向上。高等教育分流活动牵涉到国家、企业、社会团体、学校、家庭与个人等多方面的利益主体、多层次的培养目标与多类型的服务方向。因此，其分流取向也具有多层次、多维度，且相互冲突的特点。因此，正确处理种种目标取向的冲突，使它们在一定条件下保持相对平衡，必须建立兼顾多方利益的目标取向，从而实现高等教育发展的目标性和谐。

具体而言，具有兼顾性的分流取向在如下目标方面能达到相对的平衡。一是兼顾社会目标与个人目标的和谐。高等教育的形式、层次、类型分流，无不是综合考虑个人之间千差万别和社会需求的千姿百态而采取的优化措施；二是兼顾公平目标和效率目标的和谐。高等教育分流一方面是对教育公平理念的应答，使每个受教育者都能得到全面发展，另

① 曹汉斌．我国高校办学自主权研究的历史、现状与问题［J］．内蒙古民族大学学报（社会科学版），2005（1）：107-110.

一方面也满足了高等教育培养人才的效率目标；三是兼顾统一目标与多元目标的和谐。高等教育分流一方面是为了确保党的教育方针和人的全面发展这一统一目标得以实现；另一方面使具有差异性的个体素质和高校特性得到其应有的发展，保证了多元目标的实现。

（二）分流结构的协调性，有利于实现高等教育发展的结构性和谐

高等教育分流结构是指高等教育系统中学生分流进入不同形式、层次、类型、区域的高校及其他高等教育机构的比例构成。合理的分流结构是保障学生进行合理分流的基础。如前所述，高等教育的和谐发展，包含有结构和谐的内容。具有协调性的分流结构，主要体现在三个方面：一是和社会成员个性发展的要求与条件相协调；二是和社会发展的要求与条件相协调；三是高等教育分流结构自身的协调。

和社会成员以及社会发展的要求与条件相协调的分流结构，能让不同形式、不同层次、不同类型、不同地域的高校及学生的构成状态及比例关系相对合理，从而确保高等教育发展的层次结构、类型结构、形式结构、布局结构以及学科结构相对和谐，最终实现高等教育发展的结构性和谐。

（三）分流形式的多样性，有利于实现高等教育发展的功能性和谐

合理分流的目的是使分流能更好地适应社会分工和个性发展的要求，因此要有灵活多样的分流形式来保证其实现。功能和谐是高等教育和谐发展的重要组成部分，要实现高等教育的外适功能、个适功能与自适功能的和谐，必须有多样性的分流形式作保证。

一般而言，高等教育分流的主要形式有外分式、内分式、交替式与参与式等。外分式又称学校分流。通过学校分流，让学生流向不同性质、层次、类型与区域的高等教育机构，能基本实现高等教育分流的个体适应功能；让每位学生都能得到适当的学校教育。内分式又称校内分流式，通过校内的专业、课程与教学进度分流，能让学生在一次分流的基础上，根据自身的优势和学校的特点，得到恰当的专业教育，能进一步实现高等教育分流的个体适应功能。交替式和参与式又分别称为工读转换和校企合作，这是在学生充分认识自己特点和学校充分认识自身优势的基础上实现的，它们完善了高等教育分流的自适功能与外适功能，优化了人才结构，创新了人才培养模式。总之，具有多样性的高等教育分流形式，有利于实现高等教育发展的功能性和谐。

（四）分流体制的统筹性，有利于实现高等教育发展的机制性和谐

分流体制的统筹性，是关系高等教育分流能否成功的关键。它要求分流依据要科学、分流时机要适宜、分流机构的定位要合理，以便于高等教育发展和谐机制的形成。

分流体制的统筹性，首先表现为有力的高等教育宏观调控机制。它能保证高等教育在快速发展中规模与质量的平衡、规划与投资的协调；其次表现为合理的高等教育地方统筹机制。它能实现高等教育与地方政治经济良性互动，一方面，地方政府为高等教育提供更多支持，另一方面，高等教育机构也能为地方的经济与社会发展献计献策；再次表现为积极的社会参与机制。社会各方力量积极参与高等教育的举办，各种教育中介组织也积极发挥自身作用。上述各方面的统筹协调，都有利于实现高等教育发展的机制性和谐。

第四章　高等教育分流的演变脉络

高等教育分流是随着高等教育的发展而发展的。本章对世界范围内高等教育分流的演变脉络进行梳理，总结其经验，分析其教训，对于我们认识高等教育分流的规律，顺应高等教育分流的发展趋势具有重要意义。

第一节　高等教育分流的萌芽阶段

一般人们认为现代意义的高等教育最早产生于12世纪的欧洲，发源于法国和意大利。但12世纪中世纪大学出现以前，东方和西方也都出现过形式多样的传授高级学问的高等教育机构。尽管这些机构不能与现代意义的“大学”相提并论，但它们确是古代的学术机构或学术中心，都传授当时最高水平的知识与学问，培养最高层次的人才。这些机构都承担了高等教育分流的任务，综观高等教育分流的演变和发展，公元12世纪前这段时期应属于高等教育分流的萌芽阶段。

一、古代国外的高等教育分流

公元12世纪以前，国外的高等教育分流主要出现在古埃及、古印度、古希腊和古罗马地区。

（一）古埃及的寺庙对高级僧侣的培养

在历史发展的悠悠长河中，古埃及农业逐渐发达，城市开始出现，文明日益繁荣。公元前3787年到公元前1580年间，尼罗河流域已经形成了比较有计划、有系统的教育制度①。后来其教育制度日趋完善。传授高级学问的高等教育承担机构主要是寺庙，如海力浦里斯神庙、卡拉克庙和孟菲斯庙等。在古埃及，寺庙是集中进行最高层次教育的地方。由于古埃及的神权政治，僧侣阶层垄断了一切文化教育活动，此时的高等教育具有较明显的等级性和宗教性，高等教育分流目的单一，主要是为了培养高级僧侣。

（二）古印度的“塔克西拉”和“那烂陀”传播宗教教义

据史料记载，古印度从公元前16世纪开始形成传授高级学问的中心，其任务主要是传播宗教教义。古印度较有代表性的高等教育中心有两个，一个是“塔克西拉”（公元前1000—公元前500年），另一个是“那烂陀”（公元425—公元1205年）。“塔克西拉”最初以传播婆罗门教教义为主，公元前6世纪以后，随着佛教的兴起，“塔克西拉”发展成为著名的传授和研究佛教教义的学术中心。在“塔克西拉”，围绕着著名学者和教师形成了许多学习或研究某一特定领域的学术中心。公元5世纪中期后，古印度的高等教育活动中心转移到“那烂陀”，传播佛教文化和高深学术。国王、印度教徒和佛教徒相继在“那烂陀”建立了大批校舍。到公元11世纪，“那烂陀”逐渐发展成为南亚乃至整个亚洲著名的高等学术中心，众多印度教、婆罗门教和其他教派的学者纷纷聚集于此，设坛讲道，招纳门徒，成为当时传授高级学问的著名学府。

古印度高等教育分流主要是按照种姓制度进行选择的，如在“塔克西拉”，只有属于上层的“婆罗门”、“刹帝利”和中层的“吠舍”才能接受高等教育；在这三个阶层中，唯有“婆罗门”阶层的人才有权利学习《吠陀经》。从某种意义上说，“婆罗门”阶层几乎完全垄断了高等教育中的道德和文学教育，低于“婆罗门”的其他两个阶层只能学习实用的职业性内容，以便将来成为从事专门行业或职业的艺人或工匠。后来的“那烂陀”在高等教育对象的选择上有了较大的进步，即通过入学考

① 黄福涛．外国高等教育史［M］．上海：上海教育出版社，2003：2．

试招收学生，考生年龄不能低于20岁。由于考试严格，一般只有20%的考生能通过入学考试进入“那烂陀”学习①。入学后，“那烂陀”为学生免费提供住宿和学习用品，免收学费。

从高等教育对象分流的流域结构来看，“塔克西拉”和“那烂陀”由于负有盛名，吸引了许多来自中国及中南亚的大批学生和学者，当时的高等教育分流对象甚至出现国际化的苗头。

（三）古希腊形式多样的高等教育分流机构

古希腊的教育大致可以分为两个时期：前期为希腊古典时期，即公元前6世纪中叶至公元前4世纪初；后期为希腊化时期，即公元前338年到公元30年。古典时期，希腊经历了由专制转向民主、学术达到空前繁荣的阶段。希腊化时期是古希腊文明发展史上的最后阶段，也是古希腊文明发展史上的集大成时期。由于马其顿国王亚历山大建立的横跨亚、非、欧的庞大帝国客观上促进了东西方文化的交流，与希腊古典时期相比，希腊化时期的雅典已经出现了上下衔接、比较正规的学校教育体系。这一时期，西方高等教育在教学内容和组织机构方面粗具规模。希腊化时期，哲学和雄辩术是高等教育的核心内容，出现了正规的、固定的高等教育机构。随着社会政治、经济、文化的变化，不同阶段的高等教育发展呈现出不同的特征，出现一定规模的高教分流。

此时，古希腊出现了若干形式的高等教育分流机构。公元前5世纪后半叶出现了一批以新形式进行高等教育的智者派。他们并不在固定的教育场所传道授业，而是从一个城邦流向另一个城邦灵活办学，他们进行的高等教育没有特定的教育对象，而是面向一切社会阶层，并通过收取授课费筹集经费。公元前393年苏格拉底开办修辞学校。公元前387年柏拉图创办“学园”。这所“学园”既是当时哲学研究的中心，也是柏拉图通过系统的教学手段，传授自己的学说，培养未来城邦领导者的高等教育机构。除此之外，还有亚里士多德的“吕克昂”、伊壁鸠鲁和芝诺的哲学学校等。直到古罗马时期，上述高等教育机构一直作为古代西方世界传授哲学和修辞学的高等学府，培养了大批人才。

---

① 黄福涛. 外国高等教育史［M］. 上海：上海教育出版社，2003：8.

从高等教育任务的分流角度讲，柏拉图创办的“学园”和苏格拉底创办的修辞学校分别代表了当时两种不同类型的高等教育机构。以柏拉图的“学园”为代表的古希腊高等教育主要进行哲学教育；以苏格拉底的修辞学校为代表的教育主要进行修辞学教育。

古希腊的高等教育分流对象不像古印度那样实行严格的等级制度，但仍带有浓厚的宗教神秘色彩和明显的阶级性。例如柏拉图的“学园”严格限制学生的家庭出身。不过其他许多高等教育机构则没有严格的限制，如苏格拉底的修辞学校，基本面向所有社会阶层开放，招收十六七岁的学生入学，学生交纳学费后即可入学学习 3 至 4 年。伊壁鸠鲁的学校也是面向社会所有阶层开放，而且对弟子是否接受过严格的中等教育并没有严格要求，平民百姓、妇女甚至奴隶、妓女等都可以在他的学校接受有关哲学的教育。

这一时期，高等教育资源主要是靠个人筹集，因此高等教育资源的分流尚未真正形成。如亚历山大里亚博物馆是由国王亚历山大里亚所建，因此获得了大量的高等教育资源，聚集了来自东西方许多国家和地区的精英，不仅有诗人、文学家、历史学家、语法学家和哲学家，还有几何学家、天文学家、物理学家等研究自然科学的专家与学者，此外，博物馆还拥有附属的植物园、动物园、解剖室、天文观测台以及其他可供科学研究的仪器设备，也吸引了东西方大批学生前来就读。而“学园”和其他修辞学校也都依靠个人财力办学。

（四）古罗马的教会大学和世俗大学

公元前 3 世纪，罗马帝国在征服古希腊雅典之后，开始接受希腊文化教育，但他们并不是全盘吸收，而是根据自己的民族特色，有选择地吸收，形成了一套具有古罗马特色的高等教育。古罗马的高等教育分流主要表现在教会高等教育与世俗高等教育之间的分流上。

公元 338 年，罗马帝国分裂为西罗马帝国和东罗马帝国，随着基督教的兴起，西罗马帝国的世俗学校教育，特别是建立在希腊文化传统基础上的罗马高等教育受到极大打击。后来西罗马的世俗高等教育日益衰退，基督教神学逐渐取代了世俗的三级学校教育。公元 4 世纪开始，罗马的高等教育中心逐渐转移到东罗马帝国，即拜占庭帝国。拜占庭帝国的高等教育分流表现得较为明显。首先，拜占庭教会比较重视教育，开办了许多教会学校。教会学校进行分层次培养人才，其中属于高等教育性质的机构是附设于诸教堂里的座堂学校。座堂学校是培养神职人员的学校，教学内容主要是神学，也有世俗学科。拜占庭最高级的教会学校是君士坦丁堡大座堂学校，得到帝国的支持和人民的捐赠，大座堂学校的教师需经过严格考试方可胜任。其次，拜占庭的封建统治者和城市商人为了处理世俗政务和管理工商业及贸易活动的需要，也很关心发展世俗性教育，因此世俗高等教育中的法律教育、医学教育、哲学教育等都受到重视。于是，教会高等教育与世俗高等教育都有了一定的发展，然而，在宗教至上的年代，还是教会高等教育的发展更为完备。

在罗马共和时期，国家为了培养法官成立了两所法律学校，专门拨款设立讲授法律课程的教师职位。由此，古罗马出现了一些新型的高等教育分流机构——单科学校。此后，古罗马既有为培养国家高级官吏的综合性大学，如君士坦丁堡大学；又有单科性大学，如亚历山大里亚的医学和哲学学校、贝鲁特的法律学校和各地的修辞学校等。在首都君士坦丁堡和其他一些城市中还有其他一些高等世俗学校，如雅典大学、亚历山大里亚的医学和哲学学校、贝鲁特的法律学校和各地的修辞学校等。

古罗马时期，高等教育分流主要体现在教会高等教育与世俗高等教育之间。尽管当时世俗高等教育得到一定的发展，出现了新兴的高等教育分流机构，但由于当时的宗教原因，高等教育流向主要倾斜于教会高等教育。

二、古代中国的高等教育分流

中国古代高等教育于殷商时代有了雏形，至汉朝便有了比较定型的高等教育系统[①]。高等教育分流活动最早产生于春秋时期，孔子创办私学，打破了商周时代“学在官府”的局面，高等教育分流初见端倪。至汉代，高等教育结构基本定型，高等教育便呈现出一定的分流态势。

（一）孔子的“六艺”之分

“六艺”，即礼、乐、射、御、书、数，最初是周代官学教育的学科

① 蔡克勇．高等教育简史［M］．武汉：华中工学院出版社，1982：9．

分类。礼，即礼仪教育、等级名分教育、伦理规范教育；乐，即音乐教育，类似今天的美育，还包括诗歌、舞蹈、戏剧等内容；射，即射箭，军事体育；御，即驾驭战车，亦为军事体育；书，即文字教育，识字与习字教育；算，即算术、数学，还包括天文、历算等自然科技知识。后来，孔子在教学中倡导“六艺”，提倡因材施教，这是较早的高等教育分流状态。

（二）汉代的官学与私学

汉代的高等教育分流主要是官学与私学之间的分流。官学分中央官学和地方官学。中央官学主要由中央政府举办，具有较高的权威。武帝时期吸取秦朝不设官学，忽视学校教育的教训，接受董仲舒“兴太学，重选举，独尊儒术”的三大建议，于公元前124年正式创立太学，从而确立中央官学的地位，充分发挥“养士”功能。太学的内容主要是进行“五经”教育，主要为了培养“仁人”、“君子”、“圣贤”。太学的建立为以后历朝历代的中央官学奠定了基础。西汉太学受到统治者的高度重视，配备了较强的师资力量。汉代也很注意物的学问、方技基础，即现代所谓的科技教育与艺术教育。如鸿都门学，应是中国最早的艺术专科学校，所培养的学生或出任刺史、太守、尚书、侍中，或被封侯赐爵，受到了较高的礼遇。

汉代的私立高等教育机构主要由学有所成的学者开办，教师都是明师硕儒，教学形式灵活。如东汉马融曾“设帐讲学”，即讲堂中挂着赤色的纱帐，他在帐前讲课，帐后有人伴乐。汉代私学中亦有方技教育，主要以“世世相传”的方式进行，即所谓的“父子畴官”。以父子相传为主，师徒相传为辅。

（三）唐代的六学二馆

唐代到“贞观之治”时，中央官学“六学二馆”盛极一时，“广学舍千二百区”，学生曾达8000人[①]。其中“六学”主要指国子学、太学、四门学、书学、算学和律学，“二馆”即崇文馆和弘文馆。虽然都是中

① 喻本伐，熊贤君．中国教育发展史［M］．武汉：华中师范大学出版社，1999：178．

央官学，但从类型上看，“六学二馆”的性质也不尽相同。崇文馆、弘文馆和国子学属于皇胄性质的学校，只有高官贵胄子弟方可入学；太学、四门学属于普通性质的学校，律学、书学和算学则属于专科性质的学校。

唐朝除了上述学校，还有些具有科技专业教育性质的机构，如司天台、太仆寺、门下省的校书郎、属于中书省的内文学馆以及太乐署等。这些机构分别培养统治阶级需要的人才。

（四）宋代的分斋教学

宋初统治者非常重视书院的发展，对书院拨给学田，为书院赐额、颁发经籍，赠给书院管理者一些财物，以表示支持，书院曾兴盛一时①。胡瑗提出在书院教育中实行分斋教学，这应是我国最早的高等教育内的分流活动。所谓“分斋教学”是指在书院内部分成几个书斋，根据不同的培养目标向学生教授知识。胡瑗提出分斋教学时只设立了两斋，即经义斋和治事斋。经义斋以学习六经经义为主，目的在于将学生培养成在政、治、刑、教等方面有所作为的官吏。治事斋分为治民、讲武、堰水和算历等科，目的是培养精干实用的技术管理人才。分斋教学逐渐在国子学、太学中得到推行，并受到官方认可。后来，王安石在胡瑗提出的分斋教学基础上，创立三舍法，把原来平级的两斋向纵深发展，把原来的两舍分为外舍、内舍、上舍三个层次的班级，学生则根据自己的考试成绩依次升舍，使得同一学校的学生既有横向分科，又有纵向分层。

三、古代高等教育分流的特点

处于萌芽状态的古代高等教育分流，具有以下特点：

（一）高等教育分流机构的单一性

无论是古代东方还是古代西方，高等教育分流机构都较少，形式单一。在东方，由于浓厚的宗教性和等级性，高等教育分流的承担机构主要是寺庙和宫廷，如古埃及的海力浦里斯神庙、卡拉克庙和孟菲斯庙，

① 喻本伐，熊贤君. 中国教育发展史［M］. 武汉：华中师范大学出版社，1999：217.

古印度的“塔克西拉”和“那烂陀”等。古代西方一些高等教育分流结构单一，分流机构基本上都是单科性的专门机构，文法学家开办文法学校，教授文法；雄辩学家主要从事培养雄辩家的活动；数学家则在自己创办的数学学校传授数学；哲学家在自己创办的哲学学校讲授哲学。这些机构教授一些单纯的知识，相互独立，互不联系。

（二）高等教育分流对象的狭隘性

古代高等教育分流的对象主要是依据家庭出身来选择高等教育对象的。一般只有统治阶级子弟才能接受高等教育，下层人民的子弟没有机会接受高等教育。当时接受高等教育的人是少之又少。一些高等教育在选择教育对象时，对分流对象有严格限制。如古印度的“塔克西拉”，只接受属于上层的“婆罗门”、“刹帝利”和中层的“吠舍”；这三个阶层中，也有严格的学习限制，唯有“婆罗门”阶层的人才有权利学习《吠陀经》，低于“婆罗门”的其他两个阶层只能学习实用的职业性内容，以便将来成为从事专门行业或职业的艺人或工匠。在古希腊和古罗马，一般的哲学学校等高等教育机构都接受统治阶级子弟，如柏拉图的“学园”等。古代唐代的“六学二馆”招收学生时也有严格的等级限制，如崇文馆和弘文馆只招收“皇宗缌麻以上亲，皇太后皇后大功以上亲，中书门下三品同中书门下平章事，六尚书，功臣身食实封者，京官职事正三品供奉官三品子孙，京官职事从三品，中书黄门侍郎子”。国子学招收“文武三品以上子孙，若从二品以上曾孙，勋官二品，县公，京官四品带三品勋封之子”等①。

当然整个古代社会，并非所有的高等教育分流对象都有严格的限制，也有一些例外，如苏格拉底的修辞学校和伊壁鸠鲁的学校，基本面向所有社会阶层开放。中国古代的孔子创办私学，提出“有教无类”的思想，他的学生曾达到 3000 人，其中有耕田之人，有贵族子弟，有市井之徒。然而这些例子毕竟为数极少，在等级森严的古代社会显得难能可贵，并不能改变高等教育分流萌芽期的分流对象狭隘性这一特征。

---

① 喻本伐，熊贤君. 中国教育发展史［M］. 武汉：华中师范大学出版社，1999：217.

有必要指出的是，古代有些高等教育分流开始依据考试来选择学生，如“那烂陀”通过入学考试招收完成中等教育的学生，考生年龄不能低于20岁。由于考试严格，一般只有20%的考生能通过入学考试进入“那烂陀”学习①。中国宋代的分斋教学依据学生考试成绩让他们依次升舍，这是中国最早的高等教育内分流形式。

（三）高等教育分流任务的局限性

古代的高等教育分流主要是为了培养官吏和僧侣，因此具有很大的局限性。柏拉图曾在《理想国》中谈到，“学园”的办学目的主要在于培养政治家，为治理国家出谋划策的“哲学王”或最高统治者②。这确实道出了古代东西方高等教育目标的真谛。东罗马帝国时期，教会学校的主要目的是培养高级僧侣。罗马共和时期成立了两所法律学校，主要是为了培养法官。古代中国的国子学、太学主要是为了培养统治阶级所需要的管理人才。

第二节　高等教育分流的拓展阶段

12世纪至18世纪是一个很漫长的历史时期，其间西方发生了几件影响深远的大事。首先是人类文明史上萌发了瑰丽奇葩——大学；其次是文艺复兴；然后是宗教改革运动；最后是始于18世纪的第一次科技革命。这几件事也是高等教育发展史上的几次分水岭，然而综观高等教育分流的发展过程，本书把公元12至18世纪作为一个历史时期，描述高等教育分流的发展。

从公元12世纪开始，西欧社会在政治、经济和文化等方面得到初步恢复与发展。王权日渐巩固，社会趋于稳定，经济得以大发展。这一时期，手工业逐渐成为专门的职业。一些地方开始出现工商业者所居住的城市，商业的发展使城市聚集了大量财富，为大学的出现及大批学者的游学奠定了雄厚的经济基础。新兴的城市市民阶层成为推动社会向前发

① 黄福涛. 欧洲高等教育近代化［M］. 厦门：厦门大学出版社，1998：8.

② 柏拉图. 理想国［M］. 郭斌和，张竹明，译. 北京：商务印书馆，2002.

展的主要力量，原先处于社会底层的市民、手工业者、商人和城市贵族等世俗势力成为一支不可忽视的力量登上历史舞台。他们要求享有经济和政治上的权利，同时迫切要求接受教育的权利，希望能在教育领域占有一席之地，培养符合自己利益的各种人才。另一方面，基督教神学一统天下，垄断文化教育的局面受到挑战，世俗封建势力与教皇之间的摩擦和斗争不断，原来的教会学校已不能适应社会的发展，这一切迫切需要发展世俗性的文化教育。这些矛盾都为中世纪大学的产生及其取得的一系列自治权提供了契机。中世纪大学产生的另一个重要因素是欧洲经院哲学的发展，经院哲学是基督教神学家或哲学家试图通过理性思考和抽象推论证明上帝存在和基督教永恒合理性的学问。于是“唯名论”与“唯实论”之间产生了大辩论，进一步动摇了基督教神学不可侵犯的理论基础，开拓了人们的视野，启发并促使当时的学者以一种较为理智的眼光和科学的思维方式对自然和神学作进一步的思考和探索。正是在一些哲学问题辩论的中心荟萃了西欧以及来自其他地区的学者，其中一些著名学者各自设坛讲学，招纳弟子，传播自己的学术思想。中世纪不少大学都是在这些学术研究和学术辩论中心逐步发展形成的。

中世纪大学在教育理念和课程内容等方面继承了古代东西方，特别是古代希腊、罗马以及阿拉伯世界的教育遗产，构成了世界近现代大学和高等教育机构的基本原型。从世界高等教育发展史特别是欧洲高等教育发展史来看，16—18 世纪是西欧中世纪大学向近代高等教育过渡，即高等教育近代化的早期或起步阶段①。在席卷欧洲的文艺复兴、宗教改革以及近代科技革命等因素的影响下，欧洲大学开始了近代化的进程，这一时期，高等教育分流也得到进一步拓展和深化。

一、高等教育分流机构类型增多、布局拓宽

中世纪，为了满足社会与经济发展的不同需求，出现了不同类型的高等教育机构。

随着社会经济基础发生变化，封建统治对人才素质的要求也随之发生变化。于是高等教育有了新的任务，出现了新的高等教育分流机构，

① 黄福涛. 欧洲高等教育近代化［M］. 厦门：厦门大学出版社，1998：8.

即中世纪大学。欧洲封建社会末期，由于国家在司法、宗教、财政、军事等方面的事务日益繁多、复杂，大学开始承担为国家培养有一定专门知识素养的公职人员的任务。如早期意大利的波隆那大学，素以法学研究著称，旨在培养律师，这与其因商业发达而引起的商务诉讼案件繁多有关，12 世纪中期以后，它不仅是欧洲研究罗马法的中心，而且成为讲授“教会法”，训练教会管理者的重要机构。意大利萨来诺大学以医学研究见长，关注医师的培养。中世纪大学产生后，除了国家希望通过高等教育培养所需人才外，教会在与封建主做斗争的过程中也对大学寄予厚望，力求通过大学培养人才。如法国巴黎大学十分重视祭师的培养，有厚实的神学研究传统。中世纪大学早期主要是单科学校，主要分神、医、法、文四科，随着时间的推移，有的大学兼容数科，如 14 世纪后波隆那大学增授医学和神学。

从 16 世纪开始，除了传统大学，欧洲还出现了专门学院（academy）、学院（college）和独立学院等类型的高等教育分流机构。16 世纪中期，由于新教改革的直接影响，天主教垄断神学教育局面受到挑战，各种教派，特别是新教、卡尔文教派和耶稣教派等纷纷创办自己的神学院，培养本教派的教师和神职人员。此时的欧洲除神学院外，还有一种传授古典人文教育的人文学院。人文学院开设的课程以“人文学科”（liberal arts）为核心，排斥实用和功利教育内容，目的在于培养人格完善的社会精英。凡较大的地区和较大的城市都企图成立多种语言的宗教组织和支委会组织，并企图把培养教会的政府工作人员的教育工作控制在自己所设的大学内。因此，在 16、17 世纪，天主教地区和新教区都建立了许多大学。专门学院主要以某一特定学科领域或按照某一职业开设相关课程，实施专业和职业教育，强调教育的实用性和实践性，主要培养专家型人才。随着社会经济的发展，还出现了按照不同学科或职业设定的专门学院，主要有外科学院、军事学院、炮兵学院、兽医学院、行政学院、矿业学院、农业学院、语言学院和商业学院等。

17 世纪兴起欧洲科技革命，然而中世纪初期形成的许多传统大学未能及时回应科技革命的呼唤，导致欧洲产生各类新型的高等教育机构，专门学院、技术学院等新型高等教育机构不断涌现。同时，传统大学的保守性最终不能抵制高等教育必须适应社会发展的规律，在科技革命的推动下，“有关近代科学的部分内容也开始逐步进入传统大学的课程之中”①。

综上所述，12—18世纪，由于各民族国家、各种教派相继建立自己的高等教育机构，各种形式的高等教育机构逐步扩展到地中海文化圈以外的欧洲其他地区。高等教育机构分布日益广泛。

二、高等教育分流对象数量增多、选择性增强

12—18世纪，高等教育分流对象数量迅速增加。中世纪高等教育分流对象人数大幅度增加，此时能够接受高等教育的人已经不再局限于统治阶级子弟，城市手工业者、市民等子弟都能够接受高等教育。至文艺复兴时期，由于对人的发展及教育作用的极大重视，加上资本主义工商业发展的需要，教育对象的范围扩大了，在封建主及僧侣子弟以外，新兴资产阶级的子弟都要求进学校接受教育，少量的中下层城市平民的子弟也获得一定入校受教育的机会。宗教改革中为了宣扬本教派教义，很多宗教重视平民教育。德国宗教改革的发起人路德认为，应使每一个儿童，不分男女贫富都受到教育，教育应在所有等级的儿童中普及。这些都导致高等教育分流对象数量大幅度增加。

随着大学数量的增多，有着不同培养目标的大学在对学生加以选择的同时，学生对不同类型大学的选择亦不断增强，如有人愿意进法学院，有人愿意进神学院，由此形成了不同类型的高等教育对象的分流。由于高等教育机构设置更加多样化，学生在选择时有了更多的余地。当时的高等教育机构中，教会型高等教育机构设置主题不同，主要着眼于培养为本教派服务的神职人员，因而只招收信仰本教派教义的学生入学，传授本教派教义。另外有一类高等教育机构虽然由教会创办，但对不同教派教义持宽容态度，其中大多数属于天主教教会，如奥尔良大学、蒙特利尔大学、帕都亚大学等。不同信仰的学生可以选择这种高等教育机构接受高等教育。世俗型大学类型多样，受宗教的羁绊不大，学生可以选择不同的大学、专门学院以及独立学院接受高等教育。

① 黄福涛．欧洲高等教育近代化［M］．厦门：厦门大学出版社，1998：8．

从另一个角度看，学生选择不同地域的高等教育机构，从而形成高等教育分流对象的流域结构。随着各国社会经济的发展与国家间相互交往的增多，中世纪大学的开放性和国际性不断增强，学生来源不局限于某一地域，而是遍布欧洲各国或各地区。学生既有出身名门的贵族少爷，也有生活艰难的寒门子弟。高等教育对象的分流呈现国际化、多样化的趋势。然而值得注意的是，这种国际化、多样化并不是一帆风顺的，后来西班牙、葡萄牙等一些国家不断向海外扩张，建立大量殖民地，他们的大学也逐步为国家控制，成为迎合国家、民族利益，培养国家官僚的国家机构。大学以往所具有的世界性和国际性已不存在，普遍带有地区性质。伴随着欧洲各地大学间交流和流动的减少，特别是各民族国家纷纷建立自己的大学，大学中来自外国的学生和学者人数不断减少。16 世纪以后，许多欧洲大陆国家都明确制定各种保护本国大学的法令或条例，如禁止本国学生到别国留学等，随着由于本国高等教育机构数量的增加，接受高等教育的人数总量也不断增加。

三、高等教育分流结构层次更多、类型更广

高等教育的分流结构主要体现在流层结构的复杂化与流型结构的多样化方面。流层结构的复杂化主要指大学内部机构的分层及其学位制度的形成。在许多综合大学中，文学院为初级学院，文学院结业时授予学士学位，凭此可以升入神学、医学、法学三种层次更高的学院学习，其中以神学院地位最高。中世纪后期，大学出现了学位制。大学初步有了内部的层次结构。一般学生进入大学先学习文科 5 至 7 年，学习内容有拉丁语和“七艺”。学生在修毕“七艺”，通过考试分别取得学士和硕士学位后，最后才能够选学一个专门的学科。分科的专业学习结束后，可获得博士学位，若获得博士学位即可担任大学教授①。

这一时期，高等教育流型结构的多样化主要反映在大学设置的多样化方面。这一时期高等教育在设置形态方面更加多样化，世俗王权创办或控制的高等教育机构数量不断增加，高等教育机构可以划分为世俗型

① 王天一，夏之莲，朱美玉．外国教育史［M］．北京：北京师范大学出版社，1993：93．

和教会型大学。世俗型高等教育主要是宫廷教育，如法国面向上层贵族子弟培养善于应变接物的官吏的宫廷教育一度成为各国的样板。除了宫廷教育，还有技术教育得到较大发展。由于社会政治、经济的发展，特别是商业的发展和科技革命的影响，专业技术的使用价值越来越受到重视，在技术方面，宗教势力对之控制较弱，一些技术专门学校得以建立。如法国建立的路桥学校、矿业学校、皇家军事学校以及各兵种的专门学校等①。这些世俗型高等教育机构的出现为分流培养各类专业技术人才做出了重大贡献。教会型高等教育又可分为三种类型，即天主教教会创办的机构、新教各教派创办的机构以及面向所有教派开放的机构。传统大学没有得到很大的发展，但仍然占据高等教育中的重要位置。这一时期还出现了很多非传统大学机构，如各种神学院纷纷出现。

四、高等教育分流得到政府的支持更多、经费渠道更广

中世纪大学为自己的生存独立和研究自由进行了不懈的努力，由此取得了许多特权。政府也认识到大学为本国或本地区的社会、经济和文化的发展带来了许多契机，所以他们愿意为大学的发展提供财政、地理位置以及其他方面的支持。因此很多城市不惜花费税收的半数来维持大学的存在和发展。如“波隆那对大学支付的款项比佛罗伦萨更要多些，据说以税收的半数慷慨地用于支付教授的薪金和其他临时费用，为数20000打开特”②。1229年，英王亨利三世就乘巴黎大学罢教迁校之机，致信巴黎大学的全体师生说：“如果你们乐意转移到我们英国来，并留在这里学习，我们可以给你们安排居留的城市、郊区和市镇，任你们选择，用一切合适的方式使你们能以处在自由安静的环境而感到高兴。这样会使上帝满意，并也充分适合你们的需要。”③ 此外，许多国家还给予大学师生免税权，从而在一定程度上保证师生无经济之忧，使之专心致

① 吴式颖．外国教育史教程［M］．北京：人民教育出版社，1999：229.

② E．P．克伯雷．外国教育史料［M］．武汉：华中师范大学出版社，1991：178-179.

③ E．P．克伯雷．外国教育史料［M］．武汉：华中师范大学出版社，1991：170.

志于知识学习和学术研究。由此可见，当时推动高等教育培养人才的经费渠道是多元而畅通的。

第三节　高等教育分流体系的形成阶段

一、高等教育分流体系形成的历史背景

1840年英国率先完成工业革命，其他欧洲大陆国家也相继完成工业革命，机器大生产代替了手工工厂，极大地提高了生产力；由于第一次工业革命和资本主义的迅速发展，自然科学的研究工作在19世纪空前活跃并取得重大突破。19世纪末20世纪初完成的以电力和石油、天然气等能源的广泛应用为标志的第二次工业革命在美国爆发，随后在世界范围内产生巨大影响，人类社会跨入了电器时代。第二次工业革命的新科技成果被广泛运用于工业生产，促进了工业的高速发展，极大地促进了生产力的发展①。同时也促进了世界范围内资本主义制度的逐步确立和发展。正是在这样的背景下，高等教育得到很大的发展，形成了近代高等教育机构。在此基础上，高等教育分流体系也得以确立。

资本主义政治制度的确立及资本主义经济的发展对高等教育提出了新的要求。高等教育必须进行改革，以建立适应社会发展需要的新的高等教育分流体系。一方面，资本主义制度的确立使得资产阶级成为统治阶级，他们要求打破以往的封建贵族、神职人员的教育特权，要求高等教育向广大资产阶级的子弟开放；另一方面，各资本主义国家进行的产业革命推动了经济的高速发展，也要求高等教育在培养目标与课程设置上进行根本变革，以便为经济发展培养多层次、多类型的实用型专业技术人才，因此诞生于中世纪的古典大学在理论、课程、规模、结构等方面均不能适应新时代的要求。于是，欧美各国为了顺应历史发展的要求，通过改造古典大学、创建新型大学、发展高等专科学校等途径使高等教育发展进入新的阶段。到19世纪末，兼容多种教育价值取向，包含

---

① 吴于廑，齐世荣. 世界史·近代史编［M］. 北京：高等教育出版社，1992：255.

不同层次、类型和形式的近代高等教育逐渐取代了以往单一的、为极少数人服务的注重宗教神学的中世纪大学，新的高等教育分流体系初步形成。

英国最早形成了古典大学与近代大学并行不悖的高等教育分流体系。18世纪以前，英国以牛津、剑桥为典型的6所古典大学均受教会控制，训练人们为教会服务；在招生对象上排斥不信奉国教者，大学教育仍是少数贵族的特权；在教学内容上，以神学和古典学科为主，自然科学和近代科学以及外国语、历史、文学、经济学的地位没有得到承认；在管理上，因循守旧、故步自封。为改变古典大学越来越不能适应时代要求的格局，19世纪初英国开展了“新大学运动”。在著名诗人汤玛斯·凯普贝尔的提议下，1828年具有民主主义、自由主义色彩的新大学伦敦大学学院得以诞生，开设了数学、物理学和医学等一系列课程。1829年英国国教会又建立英王学院，除继续开设古典语文、宗教与道德外，还开设了自然科学、经验哲学、伦理学、商业原理、近代外语等新课程。新大学运动促进了一些工业繁荣、文化集中城市的地方大学的诞生与发展。在开展“新大学运动”的同时，古典大学也进行了改革。1852年(一说1850年)，英国成立了两个皇家委员会，分别对牛津、剑桥两所古老大学进行调查并着手改革。1854年至1856年分别制定和颁布了“牛津大学法”与“剑桥大学法”，开始建立学校领导新机构“校务会”并强调其权限；积极增加近代学科，如牛津大学增设自然科学、近代史、英国文学、近代外语等学科；剑桥大学在自然科学讲座中重视学科的分化，从动物学中分化出比较动物学，从机械学中分化出应用力学，从生物学中分化出外科医学、病理学等；1870年开始招收女生；1871年两所大学都规定除神学专业外，废除在取得学位时对学生的宗教审查。英国古典大学与近代大学的同时发展，为高等教育分流培育适应传统文明与现代文明的两类人才起到了重要作用。

1789年开始的法国大革命较英国的资产阶级革命具有无比的彻底性，也形成了法国中央集权的体制。中央集权的体制和大学自治的传统在斗争与融合中并存，形成了法国高等教育分流的一大特点。18世纪后，为适应经济和科技发展的要求，法国在继续发挥法兰西公学、耶稣会学院、法兰西文学院、法兰西科学院等传统学校的优势外，又发展了一批新兴高等专科学校，如路桥学校、皇家军事学校和矿业学校等。这类学校重科技、重实践、重应用，有严格的入学选拔和毕业考试，学生质量高，适应性强，从而为资产阶级培养了大批高级专门人才。拿破仑建立第一帝国后，于1806年颁布《帝国大学令》，建立“帝国大学”并将其作为“唯一从事全帝国教育与培养之机构”，由国家垄断高等教育。法国的教育中央集权体制逐渐形成之际，大学自治的传统也逐渐被削弱。19世纪70年代以后，法国总结普法战争失败的教训后，重启教育改革之门。1896年国会通过法令，宣布每个学区的各个学院可以组成一所大学，给大学以法人资格，扩大其在分流培养各类人才，以适应各地经济发展的不同需要而自主办学方面的权力。从此，法国构建了中央集权与大学自治互相制约、调控分流的高等教育分流体系。

德国高等教育始于14世纪，但发展迅速，到18世纪末，全国已有42所大学，是大学最多的欧洲国家之一。18世纪初德国的教育部部长威廉·冯·洪堡提出了“大学自治”、“学术自由”、“教学与科研结合”等办学主张。以这些思想为指导，德国于1810年建立了既重教学又重科研的柏林大学，开创了现代大学教育的先河。柏林大学的建立为高等教育提供了一种新的模式，对当时及随后世界各国的高等教育都产生了深远的影响。19、20世纪，资本主义的发展要求各种专门人才，于是德国的工科大学开始发展起来。新型大学和工科大学的出现加上传统大学，形成了德国高等教育分流体系的基本格局。

美国、俄国和日本的高等教育都起步较晚，但发展迅速。美国殖民地时期只有9所学院，这些学院大都是宗主国英国教育模式的移植。美国建国至19世纪中期大力发展了一批专业学院。南北战争后，美国加快了资本主义工业化的步伐。1862年国会通过了《莫里尔法案》，按规定拨给各州一定数量的土地，以资助和维持至少一所学院。《莫里尔法案》大大推进了美国公立教育的发展，堪称世界高教史上的一大创举。与此同时，综合大学也获得较大的发展，一些学院实现了向大学转变。到19世纪末，美国已初步建立起多类型、多层次的高等教育分流体系。俄国17世纪末18世纪初彼得一世改革时期创建了一批实科学校，也创建了科学院。18世纪中期建立了第一所综合型大学莫斯科大学，确立了综合型大学的模式。进入19世纪后，受政治经济局势的影响，俄国的高等教育在进步与倒退的反复中缓慢地发展。日本的高等教育是在19世纪明治维新时期逐步发展起来的。明治维新时期，日本政府提出“求智于世界”、“文明开化”的文教政策，恢复了原幕府直属学校、医学所、昌平坂学问所和开成所，并将其改称为大学，发展了一批近代高等教育机构，从而形成近代高等教育分流体系。

二、高等教育分流体系形成的主要标志

19—20世纪初，高等教育的大发展为高等教育分流体系的基本形成打下了良好的基础。高等教育分流体系形成的基本标志是：

（一）高等教育分流的结构体系基本形成

19世纪末20世纪初，为了适应社会、经济与科技发展的需要，许多国家和地区采取种种措施鼓励、支持大学的发展。一些国家开始关注高等教育的发展，创办了更多类型的学校，以培养所需要的人才，促进社会发展，各国高等教育机构越来越多。为了适应社会发展的需要，求得生存与发展，它们十分注重分流任务的合理定位，越来越重视自己的办学特色。如有的高等教育机构将自己定位于综合性大学，培养综合素质较高、创新能力较强的管理人才，而有的高等教育机构则将自己定位于专门学校，培养一些技术人才等。这些高等教育机构在竞争和发展中依据自己的目标和设想创办自己的特色。因此，各种不同层次、不同类型、不同性质的高等教育分流机构在世界范围内应运而生。于是这些机构在形式、类型方面定位更加协调、更加合理，高等教育流型结构得以完善；根据社会发展需要和市场需求对学生进行分配，同时由于各国高等教育机构的规模、历史、地理位置及社会影响等综合因素的作用，使高等教育的流向结构、流层结构、流域结构、流型结构都更加协调。上述因素都推动了高等教育分流结构体系的形成，以及流向结构、流层结构、流型结构和流域结构的逐步合理化。

首先，高等教育流层结构逐步形成和合理化。诞生于中世纪甚至更早时期的古典大学，主要以培养国家精英为目标。伴随着工业革命、法

国资产阶级革命，欧洲不少国家开始注重培育各种中低层专业技术人才。于是在不少国家逐步形成类似大学—学院—专科学校等多层次的高等教育结构，同时有了不同层次的高等教育机构之间的分流。英国至18世纪末，共有7所大学。进入19世纪以后，英国开展了“新大学运动”。在著名诗人汤玛斯·凯普贝尔的提议下，1828年在伦敦建立了具有民主主义、自由主义色彩的伦敦大学学院。1829年英国国教会又建立英国学院，进行“一般教育”。课程中除古典语语文、宗教与道德外，也开设了自然科学、经验哲学、伦理学、商业原理、近代外语等学科。1836年伦敦大学学院与英王学院经王室批准合并为伦敦大学，并致力于研究考试与授予学位。新大学运动也促进了各地方大学的诞生与发展，在一些工业繁荣、文化集中的城市相继建立了许多学院。伦敦学院创办以后，经英国议会通过法案，在英格兰北部设立达勒姆大学。1851年在曼彻斯特设立欧文斯学院，后又创立埃克斯特大学学院、训兹约克那学院、步里斯托尔大学学院、伯明翰梅逊学院、利物浦大学学院等。这些传统大学和新大学以及地方大学形成了完整高等教育分流机构的流层结构。

其次，高等教育流向结构的逐步形成和合理化。科技、经济与政治、文化的迅速发展不仅需要多层次的人才，更需要多类型的人才。由此推动高等教育流向结构的形成与不同类型的高等教育机构之间的任务分流。进入18世纪以后，由于科技革命的影响，高等教育的任务进一步扩大，法国的大学以传授古典知识为主的教学已经不能适应社会发展的趋势。大学不再只为统治者培养管理者和神职人员，还要培养大批具有现代科学技术知识和工艺技术的人才，于是1789年大革命后，由各类专门学院、综合理工学院和各学部等构成的高等教育机构主要从事培养专门人才，以自然历史博物馆为代表的研究机构则专门从事研究，教学机构与科研机构各自独立，存在着明确的职能分工。此时，不仅教学和科研相互独立，教学机构内部和科研机构内部由于隶属不同的管理部门，其培养目标和研究领域也存在差异，如法国1794年成立的综合理工学院主要培养目标是国家工程师；1802年创立的炮兵和工兵学院，培养目标是炮兵军官和军事工程师；1747年成立的桥梁道路学院主要培养民用工程师；1783年成立的矿业学院培养矿业工程师；1856年创立的中央工艺与制造学院主要培养工程师和技术员等。为适应经济和科技发展的要求，发展了一批高等专科学校，如路桥学校（1747 年）、皇家军事学校（1751 年）和矿业学校（1778 年）等。这类学校重科技、重实践、重应用，有严格的入学选拔和毕业考试，学生质量高，适应性强，能为资产阶级培养高级专门人才。这成为高等教育对象分流的一个重要依据。法国资产阶级大革命后，相继关闭了巴黎大学所属的学院和学校，取消了法国全部 27 所大学，继续兴办专业学校。拿破仑建立第一帝国后，于 1806 年颁布《帝国大学令》，建立“帝国大学”并将其作为“唯一从事全帝国教育与培养之机构”，由国家垄断高等教育。教育中央集权体制形成，而大学自治的传统被削弱。19 世纪 70 年代以后，总结普法战争失败的教训，教育又开始了改革。1896 年国会通过法令，宣布每个学区的各个学院可以组成一所大学，给大学以法人资格，扩大自主权，从而确立了高等教育的基本格局和高等教育分流的基本形式。

再次，高等教育流型结构的逐步形成与合理化。众多高等教育机构的形成导致不同性质的高等教育机构之间的分流。其中公立学校与私立学校、国办高校与地区高校、综合性大学与专门学校之间明显区别开来。日本明治维新时期，私立大学发展较好，如私立明治法律学校，后来在私立明治法律学校基础上有了明治大学。1862 年美国国会通过了《莫里尔法案》，大大推进了美国公立教育的发展，堪称世界高教史上的一大创举。19 世纪时资本主义的发展需要各种专门人才，于是工科大学开始发展起来，这些大学实施有关实用性和工艺技术性的科学教育。由于工业革命的影响，在当时一些经济生活部门中，特别是工业和运输以及商业等部门中，科技工艺发展惊人，这就要求这些部门的工作人员必须事先具备充实的工艺科学知识。为了满足这个要求，政府和资产阶级只能设立相当于大学水平的科技学校，于是工业高等学校应运而生，经过不断发展，这些工业高等学校最终取得和大学同样的地位。此后采矿学院、林业学院、农业和兽医学院相继出现。由于德国的政治和战争需要，这一时期，军事专业和军事学院、炮兵学院、军工学校也得以发展。于是德国的综合大学与专门学校并行发展。

最后，高等教育流域结构的逐步形成与合理化。城市与农村、发达地区与落后地区之间的高等教育机构分布逐步合理化。这里不得不提到美国联邦政府颁布的《莫里尔法案》，该法案规定拨给各州一定数量的土地，以资助和维持至少一所学院。这些学校大都建立在农村地区，那里地域宽阔，主要进行农业、林业等专业的教育。这些赠地学院的建立为高等教育流域结构的合理化做出了重要贡献。

（二）高等教育分流的制度体系基本形成

随着资本主义政治制度与教育制度的逐步确立，为了促进和保障高等教育分流活动的顺利实施，欧美许多国家逐步确立合理的高等教育分流制度体系。

首先，高等教育分流的选拔制度逐步完善。中世纪以前，高等教育分流对象的选拔主要依靠社会等级和家庭出身进行，只有统治阶级子弟才有资格接受高等教育，处于社会底层的劳动人民子弟一般是没有资格接受高等教育的；到了19世纪，资产阶级民主政治推进了高等教育分流选拔的公平程度，使高等教育的选拔制度渐趋完善。高等教育分流的选拔制度得以完善。之前的高等教育分流一般是依据个人所属的阶级、阶层和家庭地位以及家长意愿进行的，如中世纪时高等教育一般都是为统治阶级和教会培养人才，进入高等教育机构学习的学生一般都是封建贵族子弟和僧侣子弟，并依据各自的家庭地位和阶层进入相应的学校学习。进入19和20世纪，资产阶级在许多国家获得统治地位，由于资本主义的发展需要大批有知识、有文化并受过高等教育的人才，同时，高等教育入学已经没有了家庭、阶级的限制，学生是根据自己的实际能力、成绩和专业兴趣选择学校，一些国家的大学依据严格的考试来选拔学生。因此，这一时期高等教育的分流依据更加合理、更加科学。美国的《莫里尔法案》的通过大大扩大了受教育的对象，使一大批下层资产阶级、收入较低家庭的子女获得了接受高等教育的机会。1890年通过的第二个《莫里尔法案》规定：接受联邦政府拨款的大学院校必须杜绝种族歧视。这一规定又为不同种族的人民、黑人与白人平等地接受高等教育提供了法律上的依据和保证，充分体现了其“民主性”的一面。正因为如此，美国的高等教育从欧洲贵族化高等教育的传统中脱颖而出，从此走上了其独具特色的发展道路，为今天堪称世界高等教育的典范奠定了基础。

其次，高等教育分流的资助制度逐步完善。德国进入18世纪，许多旧大学仅有二十几位教授和几百镑的微不足道的基金，但进入19和20世纪，教授人数特别是哲学院和医学院的教授人数已增加十倍以上，除了教授，还有大量的教学助理人员、行政管理人员、各种职员和服务员从事大学管理工作。大学比以往更富裕，大学在自然科学和医学方面有了充足的设备和现代科学组织，从事化学研究的组织和工艺实践联系起来。日本政府非常重视帝国大学的建设和发展，在1881年一年之中，就把40.49%的文教经费拨给了帝国大学。在高等教育发展的初级阶段，教师多是重金聘请的外国人。随着留学生学成归国，便有相当一部分人接替了外籍教师的职务。英国新大学有很强的地方性，许多大学都是由地方实业家捐资兴办的。牛津、剑桥大学收费较高，资源充足，自然科学实验室得以创建，条件较好。

再次，高等教育分流的培养制度逐步完善。如德国于1810年建立的柏林大学，开创了现代大学教育的先河，为高等教育提供了一种新的模式，对当时及随后世界各国的高等教育都产生了深远的影响。此后，又有几所大学依据教学与科研相结合的原则得以创建，其中有1811年创建的布勒斯劳大学，1818年创建的波恩大学，1826年创建的慕尼黑大学等①。为了科学研究，许多大学还创建了大学研究班，为高等教育机构注入新的血液和活力。这一时期，高等教育内部的学位制度和结构层次也日臻合理、完善，能够授予学位的大学越来越多。

最后，高等教育分流的管理制度逐步完善。如日本于1947年成立大学基准协会，公布《大学基准》，四年制大学的设置申请以此为审批标准。此基准成为日本文部省大学设置委员会审查大学设置申请的主要依据。同年，日本成立大学设置委员会，审批大学的设置，还先后制定了其他层次、类型高等教育机构（如短期大学、研究生院）等的设置申请审批标准，完善了高等教育机构的设置申请审查规定。1950年10月，文部省设立了私立大学审议会，与大学设置委员会一起审批私立大学的

① 吴式颖．外国教育史教程［M］．北京：人民教育出版社，1999：229．

设置申请。这些机构的设置和制度的颁布也促使高等教育分流规范化。而美国的赠地院校形成了一套自己的分流管理制度。虽然赠地学院的课程包括所有的传统学科，但他们将教学的重点放在工业、农业等实际应用的学科上。通过《莫里尔法案》，联邦政府对高等教育的对象、高等教育的任务、高等教育的课程、实施的方式等诸多方面均有导向性。这一时期高等教育的管理已形成较为完善的制度。

（三）高等教育分流的机制体系基本形成

高等教育分流的正常运转除了需要完善的制度保障外，还需要一套健全的运行机制，即在高等教育分流中如何协调国家、社会（包括家庭与个人）与高等教育分流机构之间的关系问题。健全的高等教育分流机制是一个体系，主要包括国家的宏观调控机制、高等教育机构的自主适应机制和社会的主动适应机制。

19 世纪末 20 世纪初，高等教育分流机制体系基本形成。

首先，国家宏观调控机制基本形成。纵观各国的宏观调控机制，主要有法律机制、经费机制。美国建国以来一直实行联邦制共和国的政治体制。根据美国宪法修正案第十条“保留条款”规定“本宪法所未授予合众国或未禁止各州行使之权力，皆由各州或人民保留之”，美国实施和管理教育事业的主要权力和责任在于州政府。总体而言，美国的教育行政实行地方分权制，州负有主要责任，地方承担具体责任，联邦具有广泛影响。正因为如此，在高等教育的发展过程中，尤其是在一大批州立、市立的公共高教机构的分流上，各州政府是立下了汗马功劳的。作为整个联邦来说，虽不具体实施和管理教育，但并不意味着其对教育漠不关心。联邦可以间接行政，主要是通过制定全国性的教育法、加强与地方合作项目、增加对地方教育的拨款等措施，把联邦政府的教育政策渗透到各州，以加强对各州教育的实际控制。这些措施也对高等教育的分流产生了深远的影响。如 1862 年国会通过的《莫里尔法案》，堪称美国高教史上的一大里程碑，大大促进了美国高等教育的分流。该法案规定，各州在国会每有一个议员席位便可以有权出售公地 3 万英亩来资助教育，用这笔售地所得款每州至少要建立一所大学。

英国1919年成立大学拨款委员会（University Grants Committee, UGC），使英国政府与大学之间发生联系。此前，英国大学的经费多由捐赠和收取少量学费维持，政府与大学之间很少有经济联系，政府只是给大学颁布办学许可证。到19世纪末，一些大学经济拮据，开始呼吁国家给予帮助。为了解决高等教育面临的问题，政府成立高等教育拨款委员会，为高等教育机构争取和分配资金，为资助高等教育提供了一条正常渠道。大学拨款委员会建立后，英国政府对高等教育经费的资助逐渐增加，1919年为100万英镑，到1936年达250万英镑①。

其次，高等教育机构自主适应机制基本形成。为了自身的完善和发展，高等教育机构开始资助确立培养目标，资助选择培育对象等。如英国新大学招收学生无教派及性别限制，采用住宿与走读两种制度，重视科学教学与商业科目。新大学的开办为工商业资产阶级的子弟提供了充足的入学机会。但英国高等教育机构中最出名的两所大学即剑桥、牛津，它们招收的学生主要是上层社会青年，资产阶级革命后仍然如此，一般职员、小商人和富裕的自耕农人家的子弟微乎其微，而贫困的劳动群众更不能入学。剑桥大学从1870年开始自主招收女生。1886年，东京大学改名为帝国大学。帝国大学为适应国家发展的需要，教授学术、技术理论，研究学术及技术的奥秘。帝国大学由大学院及分科大学两部分构成。大学院侧重进行学术和科学研究，分科大学则以传授专门知识为主，培养应用型人才。帝国大学的文、法、理、工、医五个分科大学中，法律大学占有突出的地位。

最后，社会主动适应机制基本形成。如日本在东京大学改为帝国大学后，毕业生的就业情况很好，据统计，1888—1897年间帝国大学培养的697名毕业生中，66%进入官厅担任行政官或司法官；当时日本政府的大藏次官、法务次官、各县知事几乎全被帝国大学毕业生垄断。一战前日本政府总理大臣25人中，8人是帝国大学毕业生。从此，帝国大学获得了凌驾于其他高等教育机构之上的权威地位，日本逐渐形成以帝国

① 弗·鲍尔生. 德国教育史［M］. 滕大春，滕大生，译. 北京：人民教育出版社，1986：126.

大学毕业生为金字塔顶层的“学历社会”[1]。在这个金字塔形的“学历社会”中，学生都希望进入处于金字塔上层的学校，以期得到好工作。由此可见，社会的主动适应机制对学生的自主选择和高等教育分流起到了很大作用。

第四节　从演变脉络中得到的启示

纵观中外高等教育分流的演变脉络，高等教育分流是随着高等教育的发展而逐步发展和完善的。高等教育分流在不同历史时期有着不同的特点，其功能和作用在不同的国家有着不同程度的表现，对今天的高等教育分流有着很大的启示。

一、高等教育分流主体应具有广泛性

高等教育机构自身在高等教育分流过程中固然重要，但仅靠学校自己的力量是远远不够的。在高等教育分流过程中，需要国家与社会、家庭的广泛参与。国家重视是保障高等教育分流实施的重要因素。社会和家庭的参与是保障高等教育分流实施的主要因素。在古代和中世纪时，高等教育分流都是以学校为主体，学生参与的分流形式。这种形式缺乏宏观层面的调控、微观层面的政府支持等，很大地限制了高等教育的发展。此外，各高等教育分流主体间要加强联系与合作。在早期的高等教育分流中，分流主体一般都只有学校或教育系统内部的机构，有些家长比较关心自己子女的发展问题，会关注一下教育分流，但国家政府和社会并未完全参与到教育分流中。参与高等教育分流的主体越广泛，分流主体之间交流越深入，这些分流主体越能够顾全大局，而不各自为政的话，越有利于分流的合理性，避免有限的高等教育资源的浪费。

二、高等教育分流对象的选择应具有科学性

纵观世界各国高等教育分流选择策略演变的历史，大致经历了从身份选择向考试选择，从注重成绩向注重能力综合发展的过程。高等教育

---

① E. P. 克伯雷．外国教育史料［M］．武汉：华中师范大学出版社，1991：178-179．

对象分流的依据应科学，不能根据分流对象的家庭地位、所属阶级进行分流。在上述几个历史时期中，接受高等教育的学生主要根据所属阶级、阶层、家庭地位以及家庭经济状况进行分流，这样使平民子弟失去了接受高等教育的机会，而能够接受高等教育的学生也不能按照自己的爱好、兴趣、特长选择自己的专业以及将来所能从事的职业。现代社会，为了实现教育均等和提高教育效率，一个很重要的途径是要根据学生的爱好、兴趣以及特长进行教育分流。同时高等教育机构能够根据学生的爱好、兴趣、特长以及能力挑选自己的学生，更好地发挥教育的作用。

三、高等教育分流形式应具有多样性

根据历史经验，高等教育分流应形式多样，不拘一格。这样才能更好地完成高等教育分流的任务，发挥高等教育分流的作用。无论高等教育分流采用何种模式，都应注意高等教育的多向、多次分流，上下衔接，内外融合。高等教育分流要注意充分利用资源。在阿拉伯和拜占庭，高等教育的承担机构除了大学，还有图书馆和清真寺。清真寺既是教徒礼拜和宗教法事的圣地，实行政令的要地，也是高等教育的场所。许多清真寺邀请著名学者讲学，讲授神学、哲学、法学、文学、数学和天文学等。在阿拉伯的图书馆，由具有高深学问、知识渊博的教师为学生讲解、传授知识。图书馆藏书丰富，设备齐全，聚集了许多文人学士争辩学术问题，学习气氛很浓厚。图书馆还为外国学生的听课和研究提供资助和食宿。因此，高等教育的机构应是多样化的，应充分利用各种资源进行知识的传授和科学研究。

四、高等教育分流结构应具有合理性

高等教育分流结构包括高等教育内部分流和外部分流的结构。高等教育的主要目的是培养人才，为社会和国家的发展服务。社会和国家发展需要不同层次、不同类型的人才。为了经济发展，需要经济管理人才和技术人才；为了统治者统治的需要，需要政治家；为了国计民生，需要服务人才等。根据这些目的，高等教育有了任务的分流，从而有了不同层次、不同类型、不同性质和不同地域的高等教育机构。这些机构培养不同的人才，以满足社会发展的需要。如中世纪早期，宗教在西欧社会一统天下，需要大量的神职人员以维护和巩固其统治地位，而教会学校为了满足这一需求，培养了大批神职人员。除了教会学校，封建地主阶级也需要教育其子弟以继承其统治，于是除了教会学校，宫廷教育和骑士教育也发挥了重大作用。中世纪大学产生以后，大学占据了高等教育的主导地位。高等教育分流不仅仅是高等教育机构之间不同类型、不同层次、不同性质和不同地域的分流，还应实现高等教育内部结构层次的分流。中世纪大学的内部层次已经形成，出现了学位制，法国大学的神、医、法、文四部有着明确的分层。对于现代高等教育分流而言，为了使分流更加科学、更加合理，可以实行先入学、后分流的内部分流形式，即让学生先学习一年或两年的基础学科，在打下夯实的基础，找准自己的特长和兴趣之后再进行科学、合理的分流。

第五章　高等教育分流的模式构建

高等教育分流的实施有赖于构建一定的高等教育分流模式。“模式”是在一定的思想指导下建立起来的由若干要素构成的，具有系统性、简约性、中介性、可仿效性和开放性特征的某种活动的理论模型与操作式样。模式作为一种科学认识手段和思维方式，它是连接理论与实践的中介。完整意义上的高等教育分流模式是在一定教育指导思想支配下建立起来的，有关设计和调控高等教育分流活动全过程的理论模型与操作程序，兼有阐释分流理论与指导分流实践的两种价值。

第一节　高等教育分流模式的构成要素

高等教育分流模式主要包括价值目标体系、结构功能体系、操作策略体系与调适机制体系。

一、价值目标体系

价值是人们对于能够满足自己某种需要的客观事物的认识与评价；目标是人们在一定价值观念支配下作出对发展某些事物的选择。价值目标体系起着调节人们的情感态度与指导行为的作用，与活动的成效有着密切关系。高等教育分流活动牵涉到多方面的利益主体、多层次的培养对象与多类型的服务对象。因此，高等教育分流的价值目标体系也具有多维度、多层次的特点。这些多维度、多层次的目标追求，既有统一的一面，也有矛盾的一面。

从分流的利益主体看，一是有“社会本位目标”与“个人本位目标”的选择。前者强调分流首先是保障国家政治结构的稳定和促进经济发展的工具，应根据国家和社会的需要来确定分流结构，制定分流政策，通过分流培养为社会服务的人。后者则强调分流的首要目的是促进人格充分的、全面的、自由的、和谐的发展，而不应屈从或依附于某一政治目的或经济目的，以及某一职业的特殊需要。二是有"学校本位目标"与"企业本位目标"的选择。前者强调学校是专门的育人机构，是由有经验的教师按照一定的目的，选择适当的内容，利用集中的时间，有计划、有系统地向学生传授知识技能的场所。后者认为学校本位的分流教育（主要指职业教育）有其自身的局限性，如不能对技能需求的变化做出快速反应，缺乏真正合格的教师，设备投资与维修成本比较高等，而以企业为本位的分流教育则在上述几方面占有明显的优势。

从培养对象看，一是有精英目标与大众目标的选择。前者强调高等教育分流应首先满足现代科技发展对适当数量的尖端科技人才的需求，而且水平越高越好，如果高等教育向所有人开放，质量降低了，尖子学生的发展就会受到影响。后者认为教育分流应优先考虑经济发展对普遍提高劳动者素质和受教育程度的要求，高等教育应该是平等的、大众的，高等教育分流应该从保障普通人民群众的政治和经济权利出发，并努力消除精英教育与大众教育之间的差别。二是有通才目标与专才目标的选择。前者认为为了适应现代科技向高度综合化发展，技术与设备不断更新，职业变换速度加快的趋势，分流应向着培养通才的方向发展。后者认为在有限的教育经费和较短的教育周期中，专业化甚至片面化的技术训练有利于用人部门获得更快甚至更多的经济效益。三是有能力本位目标与人格本位目标的选择。前者强调以适应职业能力需求为基点，构建课程体系，通过可以量化的能力与知识的培训，使受训者具备从事某种职业的能力与资格。后者强调以培养社会的人为基点，社会处在不断发展中，人作为社会的主体，为了适应社会也需要不断发展，分流教育对每个人都是主体构建的过程，而这个构建过程又依据社会的需要。人格本位的高等教育分流体系在课程设置与建设中，强调按照知识与技能、智慧与方法以及理想与道德三个层次来构建，它反映出人格发展是一个螺旋式运动上升的过程。

从服务方向看，一是有经济发展目标与社会稳定目标的选择。从经济发展目标出发，高等教育分流应充分发挥其促进社会经济效益提高的功能。为此，教育不仅要培养学生的竞争意识与角逐本领，而且自身也必须有强烈的市场意识，这就必然导致学校之间与学生之间的激烈竞争与等级分化。从社会稳定目标出发，高等教育分流应追求人的和谐发展、教育的民主与社会的平等。而过分的竞争分化与功利主义取向，不仅有悖于教育民主化的趋势，还会削弱和危害教育促进社会稳定之功能的发挥。二是有公平目标与效率目标的选择。从公平目标出发，把受教育看成是全体社会成员的权利，教育机会必须对全体学龄人口均等提供。要满足这种要求，唯一的办法是扩大教育规模，增加教育机会总量，把有限的教育资源十分稀薄地平摊到每个适龄人口身上。从效率目标出发，考虑的是如何以尽可能少的教育投入获得尽可能多的经济效益。要满足这一目标，主要措施是把有限的受教育机会重点投放在被认为可以得到有效发展的学生身上。显然，这种效益是以牺牲多数人的发展为代价换取的。三是有远期目标与近期目标的选择。从远期目标看，教育是面向未来的事业，且人才的培养又需要经历一个较长的过程，教育应重视基础知识、基本理论的传授，使人才具有广泛的社会适应能力，高等教育分流的重要使命是通过对未来社会创造者的培养架设起由现实通向未来的桥梁。从近期目标看，当今世界新学科不断涌现，新技术、新工艺层出不穷，知识信息急剧增加，智力物化周期愈来愈短，特别是市场经济的推动，企业为了取得近期经济效益，在激烈的竞争中站住脚，往往对受教育时间短、应用性强的专业人才的需求更为迫切。

此外，从分流的形式看，有统一性目标与多样性目标的选择、外分流目标与内分流目标的选择、低重心目标与高重心目标的选择等。

不同的价值目标指向不同的教育需求，不同的教育需求要有不同的分流形式予以满足，并由此决定了高等教育分流具有不同的结构与功能。从世界各国高等教育分流的发展看，分流在价值目标取向上的种种矛盾不仅是永恒的，而且是有益的。正是这些矛盾的不断解决与不断深化，推动着高等教育分流的改革与发展，也促进着人们对分流价值的认识不断提高。高等教育分流模式构建的前提，在很大程度上取决于如何正确处理上述价值目标取向上的种种矛盾，使多种对立的目标取向在一定条件下保持相对平衡。价值目标体系在分流模式的诸要素中居于核心地位，起着重要的导向作用。只有首先确立好能统筹兼顾多方面利益的价值目标体系，才能构建起较为合理的结构功能体系，分流活动才能显示出系统的效率与整体的功能。

二、结构功能体系

结构即事物的构成形式及各构成要素之间的比例关系。整个宇宙无论是自然界还是人类社会，各种具体事物都有各自的结构。有些事物，即使是构成要素相同，但由于不同的排列次序、空间配置、聚集状态与联系方式而形成不同的结构。功能是指具有特定结构的事物在满足或服务于某种目标时所显示出的作用或效果。功能是由结构决定的。高等教育分流结构是指高等教育系统中学生分流进入不同形式、不同层次、不同类型、不同区域的高校（包括各类教育机构）的比例构成与纵横联结方式；高等教育分流的功能主要表现在高等教育分流结构所显示的反映社会人才需求结构的比例关系及满足社会人才需求的程度。

高等教育分流结构主要包括四个方面：

1．高等教育流层结构，即不同层次的高校及学生的构成状态与比例关系。高等教育流层结构反映着高等教育的发展水平，它在很大程度上是由国民经济的技术结构、产业结构与社会结构所决定的。随着社会生产力的发展，技术结构、产业结构与社会结构的变化，高等教育流层结构的多样化也成为必然趋势，各发达国家的高等教育都经历了一个由单一本科教育向研究生教育与专科教育两端扩展的过程。我国当前的流层结构可分为专科教育、本科教育和研究生教育三个层次。它们之间既应相互衔接、比例适度，又应相互独立、层次分明，以满足社会对各种专门人才的数量以及层次比例要求。

2．高等教育流向结构，即不同类型的高校及学生的构成状态与比例关系。高等教育流向结构是高等教育的各个层次按科类划分的纵向结构，它是由社会经济发展水平、产业结构以及社会分工状况决定的。合理的高等教育流向结构应是能反映社会发展对专门人才需要的、种类相对齐全的学科专业构成。从总体看，高等教育按学科门类可划分为文学、历史学、哲学、教育学、经济学、法学、理学、工学、农学、医学、管理学共11个学科门类。而高等院校的构成也可分为工科院校、文科院校、理科院校、农科院校等。衡量流向结构是否合理的主要标志有二：一是是否与产业结构的变化相适应；二是是否与就业结构相适应。

3. 高等教育流型结构，即不同形式的高校及学生的构成状态与比例关系。它所反映的是性质不同的高等学校的构成形式与比例关系。我国当前的高等教育流型结构主要有四个部分：全日制普通高校、成人高校、民办高校、高等自学考试。合理的高等教育流型结构应与国民经济所有制、消费结构以及社会对高等教育的要求相适应。为了满足社会及国民的多样化要求，美、英、韩、日等许多国家都是通过开办了部分时间制的开放大学、电视大学、夜大、业余大学、函授大学和自学考试等多种形式的继续教育与远程教育机构来拓展高等教育空间的。在我国，形成合理的流型结构既是社会经济发展的迫切要求，也是促进高等教育大众化的主要途径。

4. 高等教育流域结构，即不同地域的高校及学生的构成状态与比例关系。高等教育流域结构的形成既与高等教育发展的历史有关，也受到政治、经济、文化基础及人口因素的影响。合理的高等教育流域结构，既要面对已经形成的历史格局，更要充分考虑与我国各地社会宏观经济发展的要求相适应。优化流域结构的目的在于通过对现有高校分布作必要的调整，形成能带动地域政治、经济、文化发展和缩小地区差别的高等教育布局。

从宏观的角度讲，高等教育分流结构还包括分流经费的投资结构与分流管理的体制结构等。此外，还可以从微观的角度来探讨高等教育分流的专业结构、课程结构与人员职能结构等。

高等教育分流结构具有下列特征：(1) 高等教育分流结构是一个多层次、多流向、多形式的立体交织、相互渗透的网格体系，具有结构的复杂性。(2) 高等教育分流的各种结构都有各自的功能，但高等教育分流的整体功能并不是各种结构自身功能的简单相加，而是取决于各种结构组合的合理程度，只有对各种结构实行优化组合，才能获得高等教育分流的最佳功能。因此，高等教育分流结构在功能显示上具有整体性。(3) 高等教育分流结构的形成与发展除要受教育自身发展水平的制约外，还要受社会的科技与经济发展水平、政治制度、领导者的认识水平、文化传统与国民教育意向等多种因素的制约，其中由科技与经济发展水平决定的一定历史时期的社会人才需求结构是最重要、最基本的制约因素。因此，高等教育分流结构要实现整体优化，进而显示出最佳功能，必须具有对外部环境的高度开放性与灵活适应性。

三、操作策略体系

策略，就其一般意义而言，是指根据活动形式的特点及变化而制定的行动方针与活动方式。策略研究最早是在军事领域开展的，旨在针对某种情景与形势，策划对付敌人而进行军事部署的谋略，含有一种系统考虑与综合谋划之意。策略也是对策中的一个核心概念，意指人们在决定实际问题时，必须分析形势，选择合理目标以及为达到合理目标所采取的行动步骤。

所谓“高等教育分流的操作策略”，是指在一定社会历史条件下，为使高等教育分流达到合理目标而制定的运作方针与采用的行动步骤。高等教育分流的操作策略是一个体系，主要包括选择策略、分化策略与分配策略三个方面。

（一）选择策略

选择策略，即对分流依据的选择与确定要做到公平与合理。分流依据是否合理直接关系到教育的公平与培养人才的成效。当前关于高等教育分流的依据亟待研究的有三个问题：

一是以一次考试的分数高低来划分人才的层次是否合理。长期以来，高等教育分流主要是依据高考分数及对德、智、体综合考核的结果，但由于德育、体育没有公认的科学的量化标准，因而难以进行实质性比较与区分，可比的只有高考分数。应该承认，在只注重精英型人才培养的时期，以分取人不失为一种较好的方式：其一，高考是用一把尺子量人，成绩区分有一定的公平性；其二，考试设计的效度与信度日渐提高，成绩体现一定的科学性；其三，考试成绩的获得主要取决于个人的努力程度，表现出一定的自致性。但随着高等教育大众化的进程，单纯以分数作为区分人才的标准受到越来越多的批评。因为有的人考分虽低一点，但可能具有其他方面的优势与潜能，将来当“学者”不一定合适，但做“企业家”却可能成功，所以单纯以分取人就可能埋没一些人才，还会助长中小学片面追求升学率的倾向，导致教师重知识灌输、轻智能培养，学生重死记硬背、轻开拓创新。总之，单纯以分取人不适应分类选择、分流培养多层次、多类型、多规格人才的时代要求。

二是以金钱多少作为分流依据之一是否合理。高等教育是非义务教育，让个人承担一定的教育成本，实行缴费上学，既是世界各国高等教育发展的共同经验，也是我国高等教育改革的必然趋势。同时为了让更多的人能获得接受高等教育的机会，许多高校招生在坚持“以分取人”的同时，还实行了“以钱分类”的政策，“高价生”、“自费生”的出现，让一些分数略低但愿意出高额学费的学生，得到了比分数略高但家庭经济困难者更大的分流选择权。“分不够，钱来凑”的事实，显然是对传统的“分数面前人人平等”原则的挑战，究竟合理不合理，还需要时间的检验。

三是以地区差异作为分流依据之一是否合理。经济与高等教育发展的极不平衡是我国的国情。一般说来，经济发达地区教育经费较为充足，高校也较多，吸纳大学生的能力也较强。为适应这一国情，我国每年都要因地区差异做出招生计划与录取分数线的调整，学生所在地域差异事实上已成为高等教育分流的一个重要依据。资料显示，2011—2015年间，全国351所优质大学的平均录取率，北京为25.13%，天津为23.41%，上海为20.95%；而四川只有5.69%，高考大省河南也只有6.66%；最低与最高相差近20个百分点①。这意味着有同样分数的学生在甲地可以进重点大学，在乙地只能读专科学校，甚至落榜，由此也引发了令人忧虑的大批“高考移民”的现象。据报道，“高考移民”有两大方向：一是流向高等教育欠发达地区，因高考生源少而录取分数线低；二是流向经济与高等教育发达地区，因招生计划大，录取名额多而降低分数线。可见，地区差异不仅是实现高等教育机会公平的障碍，而

① 郜丹丹．优质大学分省定额：实施现状、区域差异与优化路径［J］．重庆高教研究，2017（2）：37-47．

且已成为制约教育合理分流的重要因素。但是实行全国统一的分数线就合理吗？答案是否定的。因为公平并不是绝对平均，全国一条线既不符合我国发展不平衡的国情，也不利于调动地方兴办高等教育的积极性。

（二）分化策略

分化策略，即对分流时间的选择、分流次数的确定与分流对象的安排要恰当与科学，也就是要做到适时分流、适度分流与适才分流。

合理的分化策略对于实现因材施教、加快人才分流培养和提高人才质量，多出人才、出好人才，都具有极大的影响。在分化策略上，当前值得重视的有三个问题：

一是分流时间的选择与确定。长期以来，我国高等教育实行的是“入学即分流”，这对于在计划体制下强调培养专业对口的人才来说是有效的。随着社会日益向着综合化的方向发展，整个就业形势也发生了很大变化，复合型人才往往在就业中占据优势。因此，有人提出本科教育应该是通才教育，主要任务是拓展学生的知识面，至于求深求渊的工作，应当留给研究生们去做，或者留给本科生在毕业以后的终身学习中去做。为适应这种形势，许多高校明确提出“宽口径、厚基础、广适应、复合型”的人才培养目标，并试行按院招生、按大类培养，文理渗透，先打好基础，两年或三年后再分流接受专业教育。分流时间的选择正成为高等教育改革的又一热点。诚然，过分强调专业对口、入学即分流的教育已经不能适应时代的要求。那么，是不是基础越宽越好，分流越晚越好呢？这里，我们不妨考察一下美国。美国是实施通才教育的代表，但自19世纪30年代以来，常会就通才教育问题进行大辩论，原因之一是现代知识的急剧增长使一个人实现“通”的难度不断增大，通才只能是人一生追求的目标，而绝不可能是大学生四年能得到的结果。从我国各地最近发布的人才需求信息看，当前最缺乏的仍然是具有专业特长的人才，那些“外行眼中的内行，内行眼中的外行”实际上并不受欢迎。从合理分流的角度讲，应根据不同层次、不同类型与不同规格的人才要求选择不同的分流时间，有的人应该一入学就分流，进行有针对性的专业培养；有的人可在一年后分流，在相对明确的专业教育中适度引进通识教育；有的人则应在两年或三年后分流，在较为宽厚的通识教育基础上再进行专业教育。因此，改革不能盲目地一哄而起，而应以认真的研究、科学的试验为前提。

二是分流次数的选择与确定。我国传统的高考制度是“一考定终身”，即一次分流就固定专业，四年不变。由于很多学生报考前对社会的人才需求及各个专业的特点不够了解，对自我发展的潜能与优势的认识也不够全面，这就不可避免地使分流选择带有很大的随意性与偶然性，致使大学出现了很多“入学就厌学”、“未毕业就想转行”的“非本意学生”，不仅影响了个人的发展，也造成了社会人才资源的浪费。为了克服一次性分流的弊端，不少高校正在进行二次分流的试验，即允许兴趣发生转移的学生享有自由申请转系、转专业的权利，通过一定的考核就可以实现个人的目的。显然，实现二次分流有利于保护学生的兴趣爱好，有利于发展学生的个性特长，有利于调动学生学习的主动性，也体现“以生为本”的管理思想。但二次分流也有许多值得研究的地方，如二次分流的时间宜早还是宜迟，二次分流的人数比例如何确定，比例过低满足不了需求，比例过高会不会造成某些专业领域的发展失衡。此外，为了调控二次分流的比例，有的学校对一些转向热门专业的学生，要收取 1 万至 3 万元甚至高达 5 万元的择专业或转专业费。有人认为选了好专业将来就业好、回报高，符合市场经济条件下“谁投资，谁受益；投资大，补偿多”的原则；有人则认为是乱收费。此类做法究竟是否合理，恐怕不能简单回答。

三是分流对象的选择与确定。合理分流既要考虑个体的充分发展，又要考虑整体的和谐发展，使每个人的智慧和潜能都能得到充分开发，真正实现因人而异，合理施教。学生的发展有快有慢，智力表现有迟有早。高等教育分流应立足每个学生的基础能力，重视每个学生的发展潜力，使分流真正回归到大学生的主体性发展层面，确信人人能成才，确保人人能发展。

（三）分配策略

分配策略，即在高等教育分流的“出口”环节，采取公平措施把学生分配到相应的职业岗位上。纵观世界各国的高等教育分流，所采用的分配策略一般有四种，即“计划”策略、“双选”策略、“订单”策略和

"引导"策略。

"计划"策略是高校根据国家统一计划和安排，将毕业生直接配置到一定的社会职业岗位上去。我国上世纪90年代以前的高等教育分配策略就是计划策略。计划策略使高校培养的人才都能通过计划安排顺利地流入社会，各就其位，因此在一定程度上能够起到使人才有序配置，并避免人才资源浪费的作用，但它存在严重忽视学生的主体性和选择性，限制用人单位的选择权利，忽视他们的利益需求等缺陷。此外，过于强调计划，还会对人才质量产生影响，因为"包分配"的政策使学生入学等于进了"保险箱"，这会影响教师和学生的教学积极性、主动性和创造性。鉴于这些弊端，我国从上世纪90年代初期开始进行改革，逐渐向双向选择分配的策略过渡。

"双选"策略是在国家对人才市场进行宏观调控的条件下，高校将毕业生推向社会人才市场，由学生和用人单位通过双向选择的方式进行分配。这种策略主要是通过市场机制把人才分流到其合适的位置，因而不仅能起到优化配置的作用，还能够起到有效激励的作用。但这种策略的实施需要有健全的人才市场、合理的人才评价标准、健全的用人制度和利益分配制度等作保证，否则将会使人才分流不通畅。

"订单"策略是指高校根据社会用人单位对人才的数量、质量、规格等要求同社会用人单位签订合同，联合培养人才，然后将学生分配到这些单位就业。这种分流策略能够保证人才的流入、培养、流出一体化，即能够保证流入有生源，培养有条件，流出有保障，因而它也成为目前许多国家的高等教育机构所推崇的一种策略。我国目前许多高职高专学校也在大量地试行"订单"策略。高校通过与企业联合办学，不仅解决了经费问题，而且解决了学生的就业问题。但这种策略适用的范围较窄，只能适用于一些职业性、应用性或实用性较强的专业流向，而对于一些基础理论性的学科专业流向则不完全适用。

"引导"策略是由政府、高校等分流主体针对分流结构中的一些特定的学科专业流向采取某些鼓励措施，引导学生合理就业。这些鼓励措施包括"降低录取分数"、"减免学费"、"安排工作"、"提高工资待遇"、"提供一些其他物质或金钱奖励"等，运用这些鼓励措施引导大学毕业生流向一些相对“冷门”的学科、专业，条件相对艰苦的职业或行业以及地域等。由于学科专业流向的多样性，其中有些基础性的、艰苦的学科专业可能会相对形成所谓的“冷门”，如哲学、史学、天文学等；而一些实用性的、现实性较强的学科专业可能会相对形成所谓的“热门”，如计算机、财会、法律、贸易等。根据此种情况，在高等教育分流的“出口”环节采取一些鼓励措施以引导分流是完全必要的。但这种策略也存在着适用范围较窄、不可全面铺开的问题。

四、调适机制体系

调适是指活动主体主动调整自己的价值目标与行为取向，以适应外部环境的过程。教育分流作为一项关系到教育发展、社会经济发展与整个国计民生的复杂活动，也必须不断调适。所谓“高等教育分流的调适机制体系”，是指高等教育分流活动的主体，包括政府、高校与学生个人，在充分认识外部环境的变化趋势及发展要求后，主动调整高等教育分流的价值取向、结构功能与操作策略，自觉建立起与外部要求相适应的，且能保障分流活动按照一定轨道正常运行所依据的原理及操作方式的体系。我国当前亟待构建的高等教育分流调适机制体系应包括国家宏观调控机制、高校自主适应机制、学生流向指导机制与利益主体协调机制。这四大机制的构建原则与运行机理将在第六章专门论述。

上述四个体系在构建高等教育分流模式中各有不同的地位与作用：价值目标体系是构建高等教育分流模式的核心；结构功能体系是构建高等教育分流模式的依托；操作策略体系是高等教育分流模式的运作系统；调适机制体系是高等教育分流模式的组织系统。但四者又相互影响，彼此制约。在不同的价值目标体系支配下，必然形成不同的结构并显示出不同的功能。例如在价值目标倾向于满足个人发展需要时，就可能出现盲目发展研究生教育，忽视职高等职业教育的结构形式，并显示出为升学服务的功能；当价值目标倾向于满足地方近期发展需要时，就可能出现高等职业教育比重偏大，尤其是各类短线专业受到重视的结构形式，并显示出为本地产业结构调整服务的功能。但是，仅有价值目标体系与结构功能体系，缺乏必要的操作策略体系和调适机制体系，那么，高等教育分流的价值目标与功能目标也很难实现，构成高等教育分流活动的各方面与诸要素之间，便不可能发生多种随机的适应，整个分流模式就不可能正常运转。

第二节　高等教育分流模式的制约因素

高等教育分流活动的开放性与分流主体的多元性特征，决定了分流模式的构建必然要受到诸多条件与因素的影响和制约，它既是多方面客观现实需要的产物，也是多元利益主体在目标整合基础上主观选择的结果。制约高等教育分流模式的主要因素是：经济发展与人才需求，政府认识与政策导向，教育基础与高校定位，文化传统与国民意向。

一、经济发展与人才需求

在任何时期，经济发展水平都是教育事业发展的原始动力。经济发展水平对高等教育分流模式的影响是通过人才需求结构而起作用的，集中体现在社会人才需求结构的变化对分流培养人才的目标、类型、层次与规格的要求。社会人才需求通常反映在国家或各级地方政府提出的高等教育发展目标或人才需求计划之中。对一个地方而言，这种需求大致包括：第一，为适应地方社会经济发展的需要，提出对高级专门人才在文化、技术、思想、身体等方面素质的最低要求，这种要求决定着高等教育的发展水平。第二，为适应一定时期地方社会与经济各方面发展的需要，提出对各级各类专业人才的规格与数量要求，这种要求决定着高等教育发展的层次、规模、培养目标与专业设置。第三，为适应国家社会与地方经济协调发展的需要，提出对部分学生继续深造的要求，这种要求在很大程度上影响着高等教育分流在纵向与横向分流结构等方面的比例以及高等学校发展的规模。

社会经济发展通过人才需求结构对高等教育分流模式的影响主要表现在：

（一）影响分流的价值目标

教育分流的目标选择与确定，总是与一定历史时期的经济发展水平与社会人才需求状况密切相关的。如在经济发展水平低下的农业社会，社会的人才需求结构单一，高等教育的主要任务是培养少量的社会管理人才，一般劳动者所需要的劳动技能和生活知识，在生产与生活的过程中就可以得到，高等教育分流所追求的必定是社会政治“精英目标”。大工业生产出现以后，要求劳动者不仅要有一定的文化知识，还必须掌握一定的职业劳动技能；尤其是随着知识经济时代的到来，对劳动者素质的要求越来越高，人们对知识与技术的追求也越来越迫切；社会人才需求结构的多样化必然要求高等学校不能只是为培养少数“英才”服务，而必须分流培养社会需要的各类人才；同时，较高的经济发展水平也为高校分流教育提供了必要的条件。这样，高等教育分流的价值目标必然要转向“大众目标”。

（二）影响分流的结构功能

人才需求结构实际上是社会产业结构和技术结构对人才的需求状况及其比例关系。为了促进社会经济发展，适应每一产业的各层次技术结构的人才需求结构应有一个合理的比例。这个合理的比例就是愈是高层次技术所需要的人才比例应愈小，愈是中、低层次技术所需要的人才比例应愈大。随着社会经济发展水平的提高，每一产业中的每一层次技术结构对劳动者的技术水平要求也会逐渐提高，换句话说，社会经济发展水平决定着劳动者技术装备所达到的水平。一般地，经济发展水平愈高，对劳动者技术装备水平要求愈高，同时也具有为训练高技术水平人员提供人力、物力条件的可能性。这就决定了原来由初等教育和中等教育培养中、低层次技术人才的任务必然要上移到高等教育，从而也就促使高校内部的分流结构必然要发生变化，不仅使纵向分流结构发生变化，而且使横向分流结构也发生变化。例如工业化生产促使制造业的人才结构明显地发生演变，即从单一的手工业工人演变成技术工人与工程师两大类型，进而又演变为工程师、技术员与技术工人三大类型，形成了典型的“三段式”人才结构；在比例结构上，技术员要几倍于工程师，技术工人要几倍于技术员，生产才能正常、高效地运行。又如医科人才结构随着临床医学的不断进步，手段的现代化，从历史上的医护不分的单一类型，演变成现代的医师类型和医辅类型（护理人员、化验人员、放射科技术人员等）两大序列人才结构，医辅人员要几倍于医师才能形成合理的人才结构。各种类型的专门人才又随着社会分工的发展与科学技术的进步，逐渐形成从低到高的多层次化的序列，例如技术员类型人才已有初级技术员、高级技术员与工艺师之分；技术工人有初级、中级、高级技术工人乃至技师之别。不同类型、不同层次的人才都需要有相对应的高校内部的纵向分流和横向分流结构来承担培养任务，这就要求各高等学校应能根据社会人才结构的需求以及学生的需要来设置合理的分流结构，以满足社会各类主体的需要。

二、政府认识与政策导向

高等教育分流同其他教育社会活动一样，在任何社会制度中都不可能超越特定的政治环境的制约，不可能不体现某一时代、某一社会的政治要求。政治环境可能有许多因素会影响高等教育分流模式的构成，但是，最重要的是代表着一定社会利益的政府对分流价值目标的认定，并主要通过政府的政策导向来实现。因此，政府认识与政策导向是制约分流模式构成的关键性因素。

政府对高等教育分流的认识，主要体现在对高等教育分流的必要性以及如何分流等的认识上，如政府对高校自主选择分流对象、确定招生数量的认识等，对高校自主设置专业、课程的认识等。政府认识首先通过影响分流的价值目标，进而影响分流模式的整体构成或局部改变。如果政府主体要求各高校按照其统一的价值目标来分流培养人才，即要求按照社会规定目标来分流，这样各高校内部的分流结构、运行机制和操作策略也会按照政府主体的价值目标统一起来，形成某种具有“统一性”特征的分流模式。如果政府认为高校主体可以自主分流，就有可能促使高校按照社会各类主体的需要来分流培养各类人才，就会导致高校内部的分流结构、分流策略等发生改变，从而使分流模式多样。政府认识对于高等教育分流模式构成的影响是巨大的，这主要是因为他们控制着强大的社会经济资源，也控制着管理社会的政治权力，可以左右或控制高校主体的分流价值目标与行为取向。政府认识对高等教育分流模式的影响主要是通过政策导向来起作用的。“政策导向”是指政府以一定的政策或法规指导、调控或控制分流模式的形成或改变。政策导向主要有两种类型：一是财政政策导向，即政府通过拨款方式和投资倾向来影响分流主体的行为；二是管理政策导向，即政府通过一定的管理体制或管理措施来影响或控制分流主体的行为。政策导向对分流模式的影响主要表现在：

（一）政府的财政政策影响分流模式的结构功能

政府为了调控高等教育分流，往往会制定一定的财政政策来施加其影响，其中投资倾向对高等教育分流模式的结构功能具有很大的影响。例如19世纪中后期，英国为发展科学技术教育专业流向，通过科学艺术署推行“按成绩拨款”制度，为进行科学教育并参加该署年度考试的高校提供中央拨款，到19世纪90年代，攻读该署考试课程的学生超过万人。科学艺术署还为“科学学校”提供拨款，到1867年这样的高校有212所，学生达一万多人。19世纪70年代该署还特别捐助三年制的“有组织的科学学校”。1890年英国政府又颁布了《地方税收法》，该法使地方当局能通过增收酒税来发展科学技术教育专业流向。到1900年地方用于资助发展技术教育的开支超过了百万英镑。通过这些财政与拨款政策，英国的科学技术教育流向得到大大发展，从而促使剑桥、牛津两校最终也增加了科学技术教育流向的设置①。财政政策及其投资倾向是政府指导和调控高等教育分流结构的形成与改变的有效手段。

（二）政府的管理政策影响分流模式的运行机制和操作策略

就世界范围来看，主要有两种类型的管理政策，即中央集权型（如日本、法国、中国）和地方分权型（如美国、德国），不同类型的管理政策对分流模式构成要素的影响是不同的。一般来说，集权型强调早期分流、统考策略、学年策略和必修策略等。日本高等教育标准的设置，政策、经费、人事乃至学科专业设置，学位制度、招生考试等，无论国立、公立还是私立高校，都在中央政府文部省的直接领导或控制下。法国的“大学校”采取统一考试，并两次分流到位，“大学校”内部都为必修课，不实行学分制。我国从大学设置、课程设置、招生考试到学位制度等也都是在教育部的统一安排下进行的。而美国则不同，在学位制

① 贺国庆，王保星，朱文富．外国高等教育史［M］．北京：人民教育出版社，2003：252.

度、招生考试等方面，不但联邦政府不参与，州政府也不参与，完全由高校自主分流；在大学设置以及学科专业设置方面，美国私立大学不需政府部门审批，即使需要政府部门审批公立大学，政府也只审批学校章程，而不审批学科专业设置。这表明，分权型管理政策较强调高校自主的分流模式。当然，近年来随着各国政府认识水平的提高，各国高校内部分流的运行机制和操作策略都有向着注重延缓分流、多次性分流、综合性选择策略和培养策略等方面发展的趋同趋势。

三、教育基础与高校定位

教育基础是指高校在一定时期内所具有的分流培养高级人才的能力，包括高校所能开设的专业、课程、班级以及课堂等方面的数量与质量、在校学生数量、师资力量、教育教学设备及场馆等设施、经费等指标。这些指标反映了一定高校的高等教育所具有的分流培养人才的基本条件或基本能力，只有具备了这些基本的条件或能力，才能进行高等教育分流活动。因此，它们是高校分流施教的基础，是影响分流模式构建的客观条件。但是，这些客观条件必须依靠高校主体的运作，离开了主体的运作，再好的客观条件也发挥不了作用。高校主体是否能有效运作关键在于能否合理定位。

“高校定位”是指高等学校作为分流机构在整个高等教育分流系统中，根据高等教育基础为自己确定的职能位置。高校职能定位主要包括七个方面：对象定位，即招收什么层次、什么类型的学生；形式定位，即运用何种形式的高等教育培养人才；区域定位，即培养出的人才服务的空间范围；层次定位，即培养何种层次的人才；类型定位，即培养何种专业或何种学科的人才；能级定位，即培养人才的综合实力在同层同类学校中所处的地位；特色定位，即培养出的人才与同层同类学校相比有哪些独特的优势。一般地，根据高等教育基础进行高校职能定位可能会出现三种情况，即定位过高、定位过低与定位合理。定位过高即超出了高校所具有的分流培养人才能力或条件的定位，这会出现教育质量与其定位不符的问题，因而会造成教育质量低下的局面；定位过低即过低估计高校培养能力而使用于培养人才的资源没有发挥出应有作用的定位，这会造成教育资源浪费的局面；定位合理“就是通过对分流机构外部的需求状况与制约条件分析、机构自身的优势与劣势分析、发展目标与障碍因素分析、资源配置的必要性与可能性分析，明确自己在社会经济发展中应承担的历史使命，确定自己在整个高等教育分流体系中的角色地位，以及在同层同类学校中的能级与特色”①。只有定位合理才能既不浪费教育资源，又能保证教育质量，通过合理运作不断增强分流培养人才的能力，不断增强高校的高等教育基础。因此，高等教育基础是高校合理定位的依据，而高校合理定位是高等教育基础发挥作用的具体表达；同时，通过合理定位，分流施教，则有可能不断增强高校的高等教育基础。

高校合理定位对分流模式的影响，首先表现在影响分流的价值目标是否偏颇。一般而言，高等学校可以划分为四类，即研究型高校、教学科研型高校、教学型高校和应用型高校。以这四种类型作为高校整体定位的依据，其分流目标的定位相应地也有四类，即分流培养研究型、研究与技术综合型、高水平技术型、职业应用型和技能型四类人才。如果某一高校定位为研究型高校，其分流价值目标则是分流培养研究型人才，依此类推。但是，如果高校不能根据其教育基础进行合理定位，就会使模式与价值目标错位，使分流不合理，导致损失。

其次表现在影响分流模式的结构功能是否合理。高校分流结构定位是指某一高校内部具有什么样的纵向与横向分流结构的定位。当某一高校根据其教育基础定位之后，应设置适当的分流结构与之相适应，否则将会导致分流不合理。研究型高校，其纵向分流结构一般应设置博士、硕士和本科等流层，且研究生比例一般要高于本科生比例；其横向分流结构一般应设置较大比例的基础研究性学科专业和理论性较强的课程。应用型高校，其纵向一般应设置较大比例的专科流层；其横向主要是设置职业应用性学科专业和较大比例的技能性课程，理论性课程比例应较小。但如果研究型高校也设置专科流层和技术性学科专业及课程；或应用型高校设置基础研究性的学科专业和较大比例的理论性课程，则是定位不合理所造成的分流结构不合理现象。这种高校分流结构的不合理最

① 董泽芳. 高等教育分流问题研究 [J]. 高等教育研究，2003 (4)：35-40.

终将会影响整个国家高等教育分流系统的结构失衡、功能紊乱。

最后表现在影响分流模式的运行机制和操作策略。高等学校的定位不仅会影响分流模式的价值目标、结构功能，而且会影响其运行机制和操作策略。研究型高校的分流较多地受到宏观计划的调控，分流策略较多地采用考试选拔策略，国家政府的选择性较强；而教学型和应用型高校的分流则较多地受到市场的调控，分流策略较多地采用选修制策略，学生的选择权力较大。这是因为研究型高校实施的是“精英教育”，社会对这方面的人才需要量较小，国家政府必然要采取一定的选择策略进行选拔，并制订一定的计划加以调控，否则将会使社会发展所需要的“精英人才”不精。而教学型和应用型高校实施的是“大众教育”，社会对这方面的人才需要量较大，高校可以根据市场主体的需要，设置学科专业和课程以及相应的班组与课堂等分流渠道，并由学生自主选修适合其发展需要的流动渠道。

四、文化传统与国民意向

文化传统是一个民族、一个国家或地区世代沿袭下来的、具有悠久历史的精神产品或精神特质，包括意识形态、道德观念、价值取向、风俗习惯、思维方式等内容。文化传统具有广泛的弥散性、强大的惯性与社会裹挟力，它们潜在而有力地制约着人们的价值观念与行为方式，自然也会影响国民的教育分流意向。所谓“国民的教育分流意向”是指社会各阶层人士对教育分流的认识和态度，以及在教育分流的价值目标、分流结构、运行机制和操作策略等问题上的选择倾向性。它是社会成员对教育分流的主观要求，是制约教育分流模式构成的主观因素。反映到高等教育分流上来，由于各类社会成员受到本国、本民族或本地区的社会文化传统的影响，会形成不同的对高校分流教育的认识与态度及其选择倾向性，即形成不同的高等教育分流意向，从而影响高等教育分流模式的构成。因此，社会文化传统对高等教育分流模式的影响是通过国民的高等教育分流意向而起作用的。

社会文化传统通过国民的分流意向对高等教育分流模式的影响主要表现在：

（一）影响高等教育分流的价值目标

在高等教育分流活动中，国民的分流意向不同会影响高校分流价值目标的选择。国民倾向于高流层，“英才”就成为高校分流的目标取向；国民倾向于技术教育流向，技术教育等学科专业就成为高校发展的目标；国民倾向于自主创业，能力培养就成为高校追求的目标。由于受到文化传统的影响，世界各国的国民分流意向往往差异很大，高等教育分流的价值目标也有很大不同。例如欧美许多国家的国民，长期以来形成了一种“自主创业”的传统，社会成员上大学的目的主要是增强自己的能力，为将来走入社会自主创业做准备，因而促使高校加强内部分流，非常注重个人能力、自主意识的培养。德国高校的技术教育流向与普通教育流向具有同等地位就是一个明显的例子，他们的高校以分流培养“能力型”人才为价值目标取向。受传统“学而优则仕”的价值观影响，我国过去的教育价值取向是“读书做官”，如果读了书不能做官，就是“读书无用”。现在人们上大学仍然是为了找一份能够象征个人身份地位的、稳定的、体面的工作，至于对上大学能学到多少知识，提高多少能力，将来能否走入社会自主创业等并不关心。人们看重的只是那个有“价值”的文凭，什么文凭好找工作，就选择什么，如当前社会上出现的“非本科不读”现象就是例证，由此导致许多高校并不把培养“能力型”学生作为价值目标取向，而只是按部就班地把所设置的课程授完，然后发给学生一纸文凭，至于学生的能力是否得到提高，今后走入社会能否自主创业，则无关紧要。前一段时期的“没有条件也要创造条件上”的高校升格风，与此不无关系。这里无意否定必要的高校升格，问题的关键是高校应有合理的分层定位，应能通过合理的分流教育，培养出适应社会与个人发展需要的各级各类人才。

（二）影响分流模式的结构功能

社会文化传统直接影响着国民分流意向，进而对高等教育分流结构的发展与优化产生一定的制约作用，表现在可以制约纵向和横向分流结构的形成与改变。就纵向分流结构而言，在国民受教育期望水平较高而未能得到必要的抑制时，必然导致高校中高层次教育的盲目膨胀，例如我国当前的国民分流意向存在着“非本科不读”现象，迫使许多专科高校纷纷要求升格，以便在高校内部或者直接招收本科生，或者采取“专升本”形式招揽生源，这是导致高等教育本科流层与专科流层比例失衡的重要原因之一。据2015年教育部发布的全国教育事业发展统计公报数据：普通高等学校在校生共2625.3万人，其中本科生约1760.7万人（本科学校校均规模14444人×1219所），约占总数的67.1%；高职（专科）生约849.7万人（高职（专科）校均规模6336人×1341所），约占总数的32.4%；本科生比例要高于专科生近35个百分点①。这种专、本科流层比例倒置现象，不能说与国民的选择意向无关。就横向分流结构而言，国民分流意向与横向分流结构的影响也是很大的。在德国，从政治家、企业家、教育家到普通平民，都重视高校设置应用性、技术性教育等的学科专业流向以及课程流向，以便分流培养技术熟练的工程师、技术员乃至工人、农民；学生选择技术教育专业、课程不会受到歧视，就业出路也不错，因此家长和学生都愿意选择技术教育等专业流向；同时，各工厂都乐意接受来工厂实习的技术教育专业的学生，为他们提供实习条件，因而德国高校的技术教育非常发达，举世闻名。在美国，职业技术教育同样受到高度重视，1990年两年制的社区学院在校学生数为518万，平均每个年级有学生259万人，但这一年获得副学士学位的学生数仅为48.2万，其余200多万人则都属于不读学位者，他们选择的是与职业技术有关的学科专业和课程流向，只是接受一种职业教育②。美国国民的这种选择意向与美国社区学院的发展不能说没有关系。有的国家则不然，如法国的文化传统是重视普通教育流向而轻视技术教育流向，结果导致学生不愿意选择职业技术方面的专业流向。我国也是一个文化传统深厚的国家，“万般皆下品，唯有读书高”的价值观念，“有文凭才算人才”的人才观念，在相当一部分国民头脑中根深蒂

① 中华人民共和国教育部. 2015年全国教育事业发展统计公报［EB/OL］.（2016-07-06）［2017-03-27］. http://www.moe.gov.cn/srcsite/A03/s180/moe_633/201607/t20160706_270976.html.

② 于富增. 国际高等教育发展与改革比较［M］. 北京：北京师范大学出版社，1999：51.

固，因而导致我国高校中职业技术性方面的学科专业流向发展艰难，如在我国高校专业报考中，人们不愿报考“农”、“林”类专业，农林院校招生困难，导致某些农林院校纷纷改招其他“热门”专业。

从更广阔的背景来看，高等教育分流模式的构成还要受到人口的年龄结构、社会的就业结构、社会中介评价制度等多种因素的影响与制约。研究这些制约因素对于形成正确的分流目标，确定合理的分流结构，选择适宜的操作策略，做到科学分流、合理分流、有效分流都是必要的。

第三节　高等教育分流模式的构建原则

高等教育分流模式的构建要受到社会的经济、政治、文化、教育与人口等多方面因素的制约，因此不同国家、不同地区的分流模式既有共同性，也有差异性。从一般意义上讲，构建合理的高等教育分流模式必须遵循的主要原则有：满足需求原则、促进发展原则、整体优化原则与统筹兼顾原则。

一、满足需求原则

需求是指在一定社会历史条件下，人们为维持生存和实现发展而产生的各种需求的总和。需求虽然是一种心理状态的反映，但并不是纯粹主观的产物，而在很大程度上取决于自然与社会、历史与现实等多种条件，是具有一定确定性的可以量度的范畴。教育需求是人类多种需求中最基本和重要的需求之一。

教育需求自身是一个多层次、多类型的网络系统。从需求的对象看，有社会需求与个人需求。社会需求实际上是一定社会集团、政党、思想家、教育家等对教育做出的价值定向。这种需求大体又可分为几种情况：反映社会发展客观规律的总体需求；反映特定社会集团或职业群体局部利益的需求；反映落后、保守势力的与社会发展方向相违背的需求；超脱社会现实可能的一种想象中的需求。个体需求是指在特定条件下，个人为求得自身生存与发展而形成的对教育的追求。这种需求也可分为生存性需求与发展性需求、物质性需求与精神性需求等多种类型。

从需求产生的条件看，有社会自发产生，不受教育培养能力制约的抽象需求；有根据对社会经济发展及人才需求科学预测后提出的实际需求。从需求满足的条件看，有社会实际需要，但受教育培养能力制约，暂时无法满足的无效需求；有社会实际需要而教育能够满足的有效需求。从需求的性质看，有合理的需求与不合理的需求等。

构建高等教育分流模式必须首先遵循“满足需求”原则，即在构建高等教育分流模式的过程中，在价值取向的选择上，必须把满足社会对教育的合理需求摆在首要地位。这一原则的提出是由高等教育分流主体的社会性与分流模式构建的社会制约性决定的。只有充分满足了社会对教育的合理需求，高等教育分流的发展才具有持久的动力源泉，分流活动的实施才能获得广泛的支持与可靠的保障。

贯彻满足需求原则，应注意以下几点：

1. 要对“合理需求”有一个正确的认识。合理需求既反映在社会发展与个体发展的不可或缺性与相互促进性上，也反映在对社会发展规律、人的发展规律与教育发展规律的吻合性与协调性上，还反映在需求产生的客观性与满足的可行性上。也就是说，所谓“合理需求”，就是代表社会发展总体趋势的、符合教育规律的、能促进社会与人协调发展的、实际而有效的教育需求。

2. 要对“满足”有一个科学的理解。首先，满足是一个相对的概念，也就是说，即使是对合理需求的满足也是有“度”的。这是因为在多种合理需求之间都存在着某种对立统一的辩证关系，如社会对分流的经济需求与政治需求、远期需求与近期需求、公平需求与效率需求、精神需求与物质需求等，无论以何种形式将上述两方面的需求割裂开来，或是过分夸大其中某一方面的需求，对社会发展都是不利的。教育史上顾此失彼，导致两败俱伤的教训甚多。所谓满足有“度”，是指在确定分流目标、规划分流结构与选择分流策略时，能因时制宜、因地制宜地作出适度兼顾各方需求的最佳选择。其次，满足是一个数量的概念。它是在一定社会经济发展与教育发展的条件下，反映出社会合理需求与教育培养能力之间的动态平衡的一系列量化指标，是“分流过度”与“分流不足”的临界点，具有可测性与可控性。再次，满足是一个发展的概念。满足实现的过程，实质是一个根据内外条件变化不断调整、内涵不断丰富、外延不断扩大的过程。

3．要加强对教育合理需求与不合理需求形成机理的研究。在教育培养能力有限的条件下，如何消除和减少教育的不合理需求，激发和引导教育的合理需求，实现高等教育分流资源的优化配置，建立供求均衡的分流结构以满足教育的合理需求，是构建分流模式过程中的一个重要的理论问题与实践问题。从许多与我国情况类似的发展中国家的情况看，教育不合理需求的盲目膨胀与合理需求的相对不足同时并存的现象十分普遍。这就需要我们从两种现象形成的机理上加以研究，也就是要运用理论分析和实证考察的方法对不合理需求的形成过程，以及合理需求不足的原因进行深入探讨。

有关研究的结果表明：发展中国家所出现的教育不合理需求的盲目膨胀与合理需求的相对不足同时并存的现象，并非取决于教育内在的非经济的“知识效应”，而主要是因为教育，尤其是高层次教育与热门专业是获得理想的就业出路与较高收入的“唯一手段”的“非知识效应”。此外，政治上的二元结构导致的身份差异，经济上的二元结构造成的现代化部门吸纳能力有限，部分受过较好教育的人找不到适当工作，社会就业标准盲目趋高等原因进一步引起了社会对各级正规教育的需求膨胀，并使得合理的高等教育分流失去应有的意义，异化成为人们接受高层教育与谋求理想职业的阶梯。在我国，对教育的个人收益作用的无形夸大与相应约束机制的严重缺乏，一度使个人的教育需求膨胀；人才需求预测的不科学，以及企业提高竞争实力的需求与免费无偿分配毕业生的体制的结合也一度造成企业、事业部门教育需求的盲目扩张；此外，教育部门自身的数量冲动与投资饥渴也加剧了教育供需的矛盾。近年来，我国对上述不合理需求形成过程的研究有所重视，但对合理需求的形成机理却探讨不够。如果我们不懂得合理需求的形成机理，满足合理需求自然也就成了一句空话。

4．要重视激发合理需求与抑制不合理需求的对策探讨。诚然，这种激发与抑制不能仅仅停留在口头或书面的“鼓励”和“批评”上，而应从建立和健全高等教育分流的动力机制与约束机制人手，这就需要在提高认识、改革相应制度的同时，综合运用“经济杠杆”、“政策杠杆”和“社会地位杠杆”等多种手段，一方面激发全社会对知识技术的追求，调动各界参与分流的积极性，引导国民合理分流；另一方面减缓社会盲目追求高层次或热门专业的势头，抑制社会对教育的抽象需求与无效需求的盲目增长。

二、促进发展原则

马克思主义认为，发展是事物由小到大，由低级到高级，由旧质到新质的运动变化过程。事物发展的原因，主要是事物内部的矛盾运动；外因是发展的条件，它通过内因而发生作用。随着时代的进步，“发展”问题已成为世界各国共同关注的问题，而在各种发展中，人的发展问题愈来愈被摆在首要的地位。

社会发展与进步的本质及核心在于人的发展。构建合理的高等教育分流模式也必须遵循促进人的发展的原则。何谓“人的发展”？可以从不同角度去理解。从生理学的角度看，人的发展是指生理的发展与心理的发展，这二者的发展紧密相关联：生理发展是心理发展的基础，心理发展则进一步影响和促进生理发展。从教育学的角度看，人的发展包括全面发展与个性发展。

对于全面发展，至今仍有不同的理解。按照马克思和恩格斯的观点，全面发展是指人的体力和智力的充分发展；人的活动能力，包括物质活动的能力与精神活动的能力的多方面发展，以及人的共产主义道德的发展。所谓个性发展是指基于个体差异基础上的个人兴趣、特长的形成与发展。全面发展与个性发展不是彼此矛盾，而是相互促进的关系：全面发展是社会进步对人的发展要求的统一性；个性发展是社会发展对人的发展需求的多样性；全面发展是个性发展的前提，个性发展是实现全面发展的途径。

人的发展具有下列特征：一是充分发展的可能性。充分发展不是无极限的发展，而是指个体自身潜能能够不受阻碍地自由发展。二是发展方向的多样性。个体与生俱来的差异是多样性发展的物质基础，纷繁复杂的社会需要是人多样化发展的外在要求，分流施教则是人多样化发展的重要条件。三是发展结果的差异性。这种差异表现在每个个体身上，体现在不同的发展方向、不同的发展层次、不同的个性特长，包括学科特长、体育特长、文艺特长、科技发明特长、社会活动特长与技术专业特长等方面。

贯彻促进发展的原则，应特别注意处理好以下几个方面的关系：

1. 要处理好人的发展与社会发展的关系，必须把促进人的发展作为构建合理分流模式的出发点。促进社会的经济、政治与文化的全面协调发展，是合理分流培养人才的重要目的，但一切发展的最终目的都是人的发展。人的发展既是社会发展的目的，也是社会发展的工具，也正是为了这个目的，人才去充当这个工具。翻开人类社会发展的历史，因忽视人的发展而导致社会危机的教训实在太多。因此，构建合理的分流模式，其着眼点不能仅限于满足经济发展或政治发展的需求，而应立足于促进人的发展来推动社会的全面进步。从我国当前来看，尤其要注意防止出现分流是为了培养单纯的“经济人”或“政治人”的目标取向，不能以牺牲人的发展为代价来满足单纯的经济需要或政治需要。

2. 要处理好全面发展与个性发展的关系，要通过促进个性发展落实全面发展。一方面在分流施教的各级各类学校中要面向全体学生，全面贯彻教育方针，促进每个学生在德、智、体等各方面的全面发展，但不能把全面发展理解为“平均发展”与“统一发展”。另一方面要在各级各类学校中坚持统一要求的同时，尊重每个学生独特的个性，创造条件使每个学生的志趣、才能得到比较充分、自由的发展。全面发展的要求落实到每个学生身上就是个性发展，每个学生的个性都有了较好的发展，才能算是教育真正地面向了全体学生。

3. 要处理好高等教育分流中分化功能与发展功能的关系。高等教育分流既要重视分化功能，也要重视发展功能，但分化必须以发展为前提。高等教育分流必须以学生的学业分化、能力分化与兴趣分化为基础，又要以专业分化、技术分化、职业分化为目的。可见，分化是高等教育分流的重要功能。值得注意的是，分化不等于“分等”，分数的差异也不等于人才的差异：高分者不一定高能，低分者未必无才。高等教育分流在价值取向上应坚持人人有才，人无全才，分流施教，个个成才。合理分化的目的，在于根据每个学生的个性差异，创造不同的发展条件，促进每个学生在自己的“优势”或“强项”上得到最适当的，也是最佳的发展。

4. 要处理好社会设计与学生自我设计的关系。构建合理的分流模式，实质上是社会在对整个分流活动进行设计，也就是从总体上确定高等教育分流的价值取向，进而确定分流的目标与结构，亦即在一定程度上规定分流进入不同流层与流向的人数及比例关系。社会的这种设计是保证高等教育分流满足社会需求与促进社会人才结构优化的必要途径。作为分流对象的个体无疑应服从社会对分流的总体安排，从这一意义上讲，可以说是社会设计决定了个人设计。然而，这并不等于说不要个人设计，因为社会虽然从总体上确定了分流的目标与结构体系，但每个人究竟该进入何种流层、何种流向，在很大程度上仍取决于个人对社会需求的正确认识，对自己的兴趣与特长等的客观分析，以及在此基础上做出的正确选择和不懈努力。鼓励学生在服从社会整体设计的前提下进行合理的自我设计，是促进学生发展的重要条件。

三、整体优化原则

优化是指通过选择、改造、整合与调适，使某一事物更加完善或更加优秀。高等教育分流模式的整体优化是指高等教育分流模式作为由价值目标、结构功能、操作策略与调适机制四大体系构成的有机整体，其效能的发挥并不体现为某一个体系或某一个环节的单一的或局部的功能，而是体现在整个模式的四大体系之间，以及每一体系自身各要素之间的优化配置、合理构建、相互调适而达成的和谐运转之后所产生的最佳的整体效能。

整体优化的具体内容包括：(1) 目标优化，即通过对各种分流目标的整合而形成的多重价值并重、多方利益兼顾的目标体系；(2) 结构优化，即通过调整已有的分流结构而形成的能够更好地适应社会的政治、经济、文化、人口与劳动就业等多种结构要求的新的分流结构体系；(3) 功能优化，即在优化分流结构的同时，通过加强对分流功能的调适，使其发挥得更为全面、充分和有效；(4) 策略优化，即通过比较、选择和改进，使高等教育分流的策略更具有科学性、民主性与自主竞争性；(5) 机制优化，即通过教育系统自身与全社会的配套改革，逐步建立起宏观调控有力、中观适应灵活、微观指导科学的分流调控机制。整体优化的最终目的，在于通过对高等教育分流各个体系与各种要素的合理配置，以及对分流运行全过程的有效调控，达到获得高等教育分流最佳效益。效益优化是整体优化的核心。

贯彻整体优化原则，必须注意以下几点：

1. 必须树立全面的分流效益观。构建合理的分流模式，其目的在于有效地开发人力资源，其过程又必须耗费社会资源。因此，必须树立效益观念，也就是必须考虑怎样以最少的社会资源投入获得最大的人力资源开发效益。尤其是在经济比较落后，社会资源相对短缺，而分流任务又十分艰巨的我国，树立正确的效益观念更有必要。正确的效益观念是一个多层次、全方位的观念体系，它既要着眼于经济层次的效益，又包括对各级各类人员分流培养的“教育投资回报率”的核算，更要注重包括社会层次的“促进民主、平等与和谐”，文化层次的“更新观念与促进创造”，个人心理层次的“开发潜能、提升能力、改变气质、陶冶情感、升华理念”，以及人权层次的“促进自主意识觉醒与维护人格尊严”等多方面的效益。因此，高等教育分流的效益优化，绝不可只是简单地用“经济回报率”来计算，更不能单纯追求教育自身，尤其是办学主体自身的经济实惠，否则，就会把分流模式的构建引入歧途。

2. 必须重视多方面的调查研究。高等教育分流整体效益的最佳发挥，除有赖于正确的效益观念支配外，还需要根据社会的合理需求对各种相关社会资源进行合理配置。这里所讲的社会资源，既包括有形资源，如可供分流活动支配的人力、物力与财力，又包括无形资源，如一定历史时期的社会价值取向、国民教育意向与各级领导对分流的认识等。要合理地配置这些资源，必须重视对下面问题的调查研究：一是在一定时期特定范围内社会对各级各类人才需求预测的调查研究；二是关于社会价值观念、国民教育意向与各级领导人对高等教育分流的认识的调查研究；三是关于现有教育培养能力，即可供分流支配的人力、物力与财力的调查研究。重视调查研究，全面掌握高等教育分流的供需信息，是实现资源优化配置和获得效益优化的必要前提。

3. 必须加强综合性的对策探讨。要实现高等教育分流的目标、结构、功能、策略与机制，乃至整体效益的全面优化，只注重做好某些方面的工作显然是不够的，必须把高等教育分流模式的构建看成是一项全方位的巨大的系统工程，对其存在的问题进行综合性的对策探讨。从我国现阶段的情况看，高等教育分流构建中存在的主要问题是价值目标偏颇、结构比例失衡、功能释放阻滞、操作策略有误、调控机制不全等。因此，综合性对策探讨应从更新教育观念、调整分流目标入手，在重视各种调查研究的基础上，调整好分流的结构体系，进而完善分流的功能体系；在加强纵、横比较研究，合理借鉴的基础上，进行必要的改革与实验，逐步完善分流的操作策略体系，逐步健全分流的调适机制体系。

四、统筹兼顾原则

高等教育分流模式的四大构成要素是一个相互联系、相互制约、相互促进的有机整体。这个整体既有全国性整体，又有区域性整体。无论构建哪一级分流模式，都必须从“整体”出发，坚持统筹兼顾的原则。所谓“统筹”，即通盘筹划之意。统筹既是一种思想，即运用系统论的观点来认识和看待某一事物；又是一种方法，即以系统观为指导，以优化结构与提高效益为目标，对某种事物的发展进行必要的调控；还是一种行为，即凡研究统筹都离不开对“行为”的主体、目标、对象与方式四大要素的研究。

构建合理的高等教育分流模式需遵循统筹兼顾原则，是由现代高等教育分流行为的主体多元性、目标多元性、对象广泛性与方式多样性决定的。现代的分流已不仅仅是教育部门的事，而且是涉及行政部门、经济部门、事业部门与企业部门，以及个人、家庭和学校乃至整个社会的大事。分流主体的多元化必然使分流出现利益取向多元化与目标追求多元化，进而导致分流过程中出现种种矛盾与冲突。这就需要运用统筹的思想与方法来看待分流活动，并采用整合、调适与兼顾的方法来协调和解决各种矛盾与冲突。

统筹兼顾的主要目的是：在理顺关系的基础上，统一分流认识，明确分流目标，优化分流结构，形成分流合力，提高分流效率。这里所谓的“关系”，既包括教育部门同行政部门、经济部门、事业部门、企业部门等方面的关系，也包括教育部门内部普教系统、职教系统与成教系统的关系。在分流活动中，政府是调控的主体，教育部门和各级学校是执行的主体，家长、学生与其他各有关部门都是重要的参与主体，各方面都是高等教育分流的受益者。因此，应在兼顾各方利益的基础上，构建起以“通过合理分流—优化人才结构—满足各方需求—促进协调发展”为价值取向的高等教育分流模式，以充分调动各方面的积极性，合理配置和有效利用多种力量，取得分流的最佳效益。

构建分流模式需要统筹的主要内容：一是统一对分流的认识。认识是行为的先导，只有分流活动涉及的各个部门、各个方面在分流问题上达成共识，才能最终形成促进分流顺利实施的合力。二是统筹制定分流规划，包括根据社会人才需求状况、教育培养能力状况确定分流结构，调整专业设置和学校布局等。三是统筹安排分流活动，包括统筹分流经费，统筹社会参与联合办学，统筹进行技术等级考核等。四是统筹配套改革，包括统筹制定有利于推进合理分流的招工制度、用人制度、考试制度等。

贯彻统筹兼顾原则，需要注意以下几点：

1. 要通过更新观念，增强统筹意识。陈腐的观念具有极大的惰性。在我国，数千年封建社会遗留下来的“万般皆下品，唯有读书高”的教育价值观，在长期小生产与自然经济基础上形成的绝对平均的教育机会观，在自我封闭的传统社会中形成的狭隘、保守的办学模式观等，是导致我国高等教育分流难以发展、难以统筹的重要原因与内在阻力。因此，要落实统筹兼顾原则，首要的工作就是要在全社会和整个教育系统中进行广泛、深入、持久的宣传，破除各种影响分流、阻碍统筹的陈腐观念，树立起“三百六十行，行行出状元”的人才观，“面向社会、全面开放”的教育体系观，“科学规划、统筹优化”的教育发展观，“社会参与、富有效率”的教育管理观与“公平竞争、合理分流”的教育机会观等一系列新的教育观念。

2. 要通过改革体制，创造统筹条件。造成我国高等教育分流自身各子系统的相互分离及其与社会的严重脱节，除了思想认识的原因外，过去那种部门条块分割、自成体系，政府包得过多、统得过死的体制也是一个极重要的原因。李鹏同志在七届全国人大报告中指出：“要逐步建立起有中国特色的功能齐全、结构合理、运转协调、灵活高效的行政管理体制”，正是针对我国传统的包括行政管理体制在内的各种管理体制中的共同弊端提出的。因此，全面深化教育体制、经济体制、科技体制、政治体制和人事管理体制等各种体制的配套改革，把经济振兴、文化繁荣与政治稳定真正引导到依靠科技与教育的轨道上来，把教育发展真正引导到全面提高国民素质，合理分流培养人才，更好地为社会主义现代化建设服务的轨道上来，就可以为有效实施高等教育分流的统筹创造一个良好的内部环境。

3. 要重视内在调控，健全统筹机制。长期以来，我们在进行各种统筹的活动中，重视行政手段，忽视利用“机制”自身的调节作用，把统筹应有的自我协调机制变成了一种纯主观的外在调控，人为地制造了许多矛盾。从我国现阶段的情况出发，统筹构建合理的高等教育分流模式，亟待建立和健全下列机制：一是兼顾国家、企业、学校与家庭多方利益的，能充分调动各方面积极性的综合动力机制；二是由政府牵头，经济、科技、教育、计划、人事、财政等部门共同参与的，对分流活动进行指导、调节与控制的宏观调控机制；三是以各级各类学校为主体的，通过教育系统内在的激励与约束，调节高等教育分流活动的中观自主适应机制。

第六章　高等教育分流的运行机制

“机制”原意是指机器的构造和工作原理，后来扩展及有机体，指有机体的构造、功能及相互作用方式，并进而泛化至任何一个复杂系统的工作原理及规律。本章的“运行机制”是指高等教育分流活动各要素之间的相互作用关系及相互作用方式，即高等教育分流的运作方式。整体理论认为，事物的存在依靠环境支撑，事物的发展则依靠机制运行来实现。健全的运行机制促进事物的发展，不健全的运行机制阻碍甚至破坏事物的发展。高等教育分流的正常运转同样有赖于健全的运行机制。研究高等教育分流的运行机制，实质上是探讨如何协调好同高等教育分流活动有关的内外各方面的关系问题。健全的高等教育分流运行机制是一个体系，主要包括国家宏观调控机制、高校自主适应机制、学生流向指导机制与利益主体协调机制。

第一节　国家宏观调控机制

高等教育分流的宏观调控机制是指国家的调控活动方式。国家通过教育行政部门会同其他有关部门，根据一定时期社会经济发展的需要与可能制订人才分流培养计划，并采用各种手段对高等教育分流活动进行引导、调节或控制，以保证高等教育对人才的分流培养在总体上与社会的合理要求相适应，尤其是与优化人才结构的需要相适应。

高等教育对人才的分流培养与社会对高等教育的总体需要之间始终存在着矛盾。形成这一矛盾的主要根源在于人才的分流培养与使用要牵涉到不同的利益主体，国家政府、地方政府、用人单位、各类高校乃至家庭与个人在人才分流培养的目标、规格、层次与类型等方面都有不同的考虑。此外，社会需求的多样性、多变性与学校教育供给的有限性、滞后性，也必然加剧高等教育分流的种种矛盾。从我国现阶段的情况看，这些矛盾主要表现在合理分流对教育投入的需求与现实高等教育分流培养能力的矛盾；合理分流对理性精神的追求与社会现实中较为严重的功利取向的矛盾；合理分流对优化高等教育分流结构的需求与社会上盲目追求高流层及“热门”流向的矛盾等。要解决好这些矛盾，必须有健全的宏观调控机制。

纵观世界各国高等教育分流的宏观调控机制，主要有两种运作方式：一种是“计划调控”，另一种是“市场调控”。“计划调控”是指高等教育分流的运作是从社会发展总体需求的角度出发，由国家政府统一制订分流计划并集中领导，发挥中央与地方政府的“行政—指令”作用来调控分流活动。计划调控机制的形成是与社会化大生产的发展、国家的政治体制，以及社会人才培养和使用的管理体制等密切相连的。计划调控的优点在于能统筹配置社会资源，保证高等教育分流能按计划实施，并能较好地满足社会整体和长远的利益需求。但是，计划本身不是规律，而是人们试图遵循客观规律的要求，为实现一定目标从主观上制订出来的。由于主观认识的局限性与客观人才需求的难以预测性，因而有可能使计划不太符合客观实际，进而导致人才分流培养的供求失衡与社会资源一定程度的浪费。此外，计划的制订是从社会整体与长远的利益需求出发的，因而难以全面地考虑高校、地方、企业、家庭和个人的局部利益及多种特殊需求，这就有可能抑制高校分流培养人才的积极性以及地方政府、工商企业组织乃至个人参与选择分流的积极性。

“市场调控”是指高等教育分流的运作根据人才市场的供求信息，通过自由竞争的方式，发挥高校、地方政府、工商企业组织乃至个人等参与分流培养人才的积极性来实施和调控分流活动。市场调控机制是随着社会市场经济的发展，尤其是社会人才市场的建立而逐步形成的。它如同“一只看不见的手”，在高等教育分流活动中起着自发调节的作用，在一定程度上体现了人才分流培养的价值规律。它能赋予高校以较大的自主权，使分流实施主体能根据人才市场的需求变化及时调整学科专业流向、课程、课堂乃至班组等的设置，从而使分流模式灵活，迅速调节人才分流培养的结构与社会人才需求结构之间的矛盾。当然，市场机制也存在着缺点，主要表现为市场提供的信息往往是局部的、短暂的，市场调节的范围也只能是在某一局部、某一时期，很难纵观全局和把握未来，有时甚至传出虚假或扭曲的信息，致使人才的分流培养缺乏统一安排和长远规划，容易导致人才分流培养的盲目性。

随着国际市场经济的发展与生产的进一步社会化，世界各国开始认识到过去偏重于使用某一种宏观调控机制的弊端，因而出现了逐步转向两种机制并重、结合使用的趋势。一些过去注重市场调控的国家，转而注重人才分流培养的“计划性”，不断加强政府部门在高等教育分流活动中的宏观调控职能。而一些过去偏重计划调控的国家，也开始转向发挥人才市场的调节作用，适当下放权力，以调动高校、地方政府、企业组织以及个人在分流培养人才中的积极性。

第二节　高校自主适应机制

高等教育分流的自主适应机制是指以各类高校为主体，通过高校自身内在的激励与约束力量调节和控制分流活动，使高等教育分流能更好地适应不断变化的外部环境对人才的需求。

高等教育分流的良性运行，首先有赖于建立如上所述的宏观调控机制。因为，健全的宏观调控机制能够通过社会改革与发展，如发展生产、更新观念、调整产业结构、改革劳动人事管理制度等，形成尊重知识、尊重人才、尊重教育的社会氛围，从而为高等教育分流活动提供一个良好的外部环境，使分流从环境中获得分流培养人才所需要的足够的物质资源与信息资源，以维持分流的正常运转。在良好的外部环境基础上，更有赖于高等教育自身的改革与发展，使各类高校在人才分流培养的活动中，享有充分的自主权、发展动力与调适能力，这就必须形成健全的高校自主适应机制。健全的高等教育分流自主适应机制，主要包括以下几种运作方式：

一、自主办学

在社会转型时期，社会经济的产业结构与技术结构都在发生巨大变化，整个社会所需的人才结构也具有复杂多变的特点。中等教育后阶段的各类高校作为分流培养高级人才的专门机构，要使内部分流合理，必须具有根据人才市场需求信息做出灵活反应的能力。如果高校没有相应的办学自主权以形成自主分流机制，一切都靠国家的统一计划来调节，高等教育分流就很难适应新时期的社会需求。

二、自我发展

高等教育分流的良性运行与有序发展，需要两方面的动力：一是来自社会的需求拉力；二是来自高校自身内部的推动力量。然而，无论是外部拉力还是内部推力的产生都离不开利益的激发。在市场经济迅速发展的历史条件下，利益关系是一种较稳定、较有效的内在关系。因此，要形成高等教育分流的动力机制，一方面，需要在高校外部形成办学主体—管理主体—用人部门三者之间的利益关系链；另一方面，需要把竞争机制、利益机制适当引入高校内部，使高校逐步形成一种教育质量—社会效益—高校利益的关系链。

三、自我调控

高等教育分流是为社会分工服务的，其价值目标、结构功能以及操作策略等的发展演变也是由社会分工的需要所决定的。现代社会经济的迅速发展与社会分工的日益复杂，对劳动者或各级各类人才的素质要求以及结构要求都在不断地变化，因而高等教育分流的目标、结构与策略等也应随之变化；否则，分流培养的人才将难以适应社会分工与社会发展的要求，甚至会出现社会拒绝接纳高校毕业生的现象。我国当前的“大学生就业难”现象与此不无关系。显然，高等教育分流的自我调控非常重要。

四、自主选择

“自主选择”是指高校或分流机构有权对学生进行考核与鉴定，并将学生分流到适合其发展需要的学科专业流向或职业流向等一系列运作方式。这不仅有利于因材施教，充分发挥每个人的天赋特长，还可以为各种社会岗位物色与造就合适人才，促进社会人才结构的逐步优化，做到人尽其才，才尽其用。在传统社会里，谁有接受高等教育的权利或谁能进入高等教育系统，不是取决于分流系统或分流机构的自主选择，而是取决于学生的家庭背景在社会分层中的位置，即使在现代社会，有些国家的高等教育分流仍保留有这种痕迹。随着时代的进步，不公正的选择依据愈来愈受到广泛的批评；同时，随着社会发展对人才素质要求的不断提高，作为分流机构的高校自主选择的意义也逐渐受到人们的重视。

第三节　学生流向指导机制

何谓流向指导？目前世界各国尚无一致的说法。在美国、加拿大称“职业指导”或“生计指导”，苏联称“职业定向教育”，日本称“前途指导”，德国称“职业咨询”，我国香港地区称“职业辅导”等。本章用“流向指导”一词，主要是从指导学生合理分流的角度来考虑的。它具体包括对学生进行正确的人生观、价值观、职业观等有关分流观念的教育，健康的职业意向与职业态度的教育；在系统观察与全面了解学生特点基础上的分流意向指导，包括合适的学科专业流向、恰当合理的课程选择、适合个性发展的班组选择、有利于特长兴趣发展的课堂选择等方面的指导；利用一定的条件对学生进行因材施教或某些方面的职业技术教育；及时为学生提供升学与就业的信息和咨询；与家庭及有关方面协商，指导学生作出最佳的流向选择；对学生进行全面妥善的安置等多方面的内容。

一、流向指导机制的意义

流向指导机制是指各类高校主体会同其他主体尤其是政府主体，采取一定的措施，有目的、有计划地引导学生对个人的学科专业流向（包括课程、课堂和班组等）以及职业流向做出恰当选择的一系列运作方式。其实质是尽可能地把学生个人的意愿与国家社会的需要结合起来，既有利于发挥学生的积极性与特长，以便他们将来顺利就业，又有利于满足社会的人才需要，促进社会各方面的发展。

在社会职业需要与个人择业之间始终存在着许多不可避免的矛盾，

例如有些职业较少人选择，而有些职业则人满为患；人们对于自己所选择的职业总难满意；人们要选择适合自己发展与意愿的职业总要受到一定的限制，即人们难以有选择职业的绝对自由等。造成这些矛盾的原因主要表现在两个方面：一是学科专业的日益分化以及职业的日益分化与多样，造成人们的择业信息不对称。据统计，目前世界上有 4000 多种学科，10000 多种职业，而且，新的学科与职业还在不断产生。我国的职业分类是 8 大类、63 个中类和 30 个小类，每一个小类也包括多种具体职业。我国在 20 世纪 90 年代中期，高校的专业设置有 504 种，高等职业学院的专业设置也达到 385 种。面对这种情况，任何人都难以获得较全面的专业选择与就业的信息。二是随着时代的发展，人们对职业的需求多种多样，而社会的职业又不可能完全满足每个人的需要，这就使具体的个人在选择学科专业流向与职业流向时要受到一定的限制，即具体的个人的选择不是绝对自由的。流向指导机制的建立与健全之所以需要和重要，就在于“它是使人们在不能有绝对自由选择职业的现实社会中，帮助人们能够比较合理地选择职业，协调不自由和自由之间的矛盾”①；尽量合理地开发人力资源，使社会对各种职业的需求得到满足，也尽可能使个人找到能较好地发挥自己特长和优势的岗位，让个人的需要得到适度的满足。当两者发生矛盾时，流向指导的重要任务就是要引导个人根据社会需要来调整自己的意愿，培养和提高适应社会所需职业的兴趣和能力。

二、流向指导机制的类型

高等教育分流的学生流向指导机制主要有两种类型：一是学科专业流向指导；二是职业流向指导。学科专业流向指导是指高校通过对学生的指导，帮助学生选择有助于或适合于自己个性发展的学科专业、课程、课堂和班组等流向，使学生的个性得到充分的发展。这一机制的形成是与学科、专业、课程等的分化和发展分不开的，学科与专业乃至课程越是分化和发展，学生在选择时就越需要指导，这是信息不对称造成学生选择的困难所致。加强专业流向指导有利于学生选择适合自己个性

① 高奇．全社会都要关心职业指导工作［J］．教育与职业，1987（3）：4-7.

发展的学科、专业、课程、班级和课堂等流向，使他们得到充分的发展。职业流向指导是指高校通过对学生的指导，帮助学生选择适合自己个性与特长的职业流向，从而使学生在社会上找到自己合适的位置。社会分工越是发展，职业分化也就越快，学生的职业选择也就越需要指导。这也是信息不对称造成学生选择的困难所致。加强职业流向指导有利于学生选择适合自己特性或特长的职业，有助于学生找到合适的社会位置。目前世界各国学生流向指导的趋势是倾向于两种机制的结合，即指导学生的学科、专业课程、班级和课堂等流向时要结合职业流向的选择；在指导学生的职业选择时要在学生所学专业、课程的基础上进行指导。只有这样，才能使学生在高等教育分流活动中的选择趋向合理。

综上所述，高等教育分流的运行机制是宏观调控、自主适应和流向指导等多方面机制的综合体系，试图用某一方面的机制来运作分流活动，即用某一方面的分流活动方式来统一、控制甚至代替其他方面的分流活动方式，将难以搞好高等教育分流。因此，只有发挥多方面机制的作用并协调运作，才有可能促使高等教育分流趋向合理化。特别要指出的是，高等教育分流的运行过程也是高等教育分流主体之间利益的协调过程，所以，利益主体协调机制的形成，也是建立和健全高等教育分流运行机制的一个重要保证。

第四节　利益主体协调机制

利益主体是指拥有各种不同资源的个体、组织或群体，高等教育分流中的利益主体主要有政府、高校、企业、家庭与学生个人。政府是高等教育分流的决策与调控主体；教育行政部门和各类高等教育机构是高等教育分流的执行主体；企业、家庭与个人以及与高等教育分流活动相关的社会组织，是高等教育分流的重要参与主体。这些不同的主体都有着各自不同的目标取向和利益追求，高等教育分流实质上是多主体之间的目标与利益关系的协调活动。

政府作为分流的决策与调控主体，控制着社会的各种资源，如政治的、经济的、文化的，因此，它拥有“强力资源”（不仅资源数量多、质量优，而且权力大)；教育行政部门虽然在分流活动中是执行主体，但它代表政府利益，在分流活动中行使政府权力；各类高等教育机构作为分流的执行主体，它们除了拥有优质的“文化资源”(这里主要指经过选择和加工的知识资源以及人文环境等)以外，还拥有一定的分流权力；作为参与主体中的企业及其他相关的社会组织，它们拥有一定的“经济资源”(这里主要指企业和社会组织所能提供的就业机会、物质和资金等)；个体与家庭则拥有“人力资源”(这里指个体所具有的知识和能力的总称)，除此之外，他们也有选择分流的权力。

决策主体、执行主体与参与主体之间由于各自拥有不同的资源，且与其他主体的发展具有较大的互补性，因而相互之间具有很强的利益依赖关系。但主体的多元化必然导致目标追求的多元化与利益取向的多元化，进而导致分流过程中出现种种矛盾与冲突，这就需要充分考虑各主体的利益，建立和健全协调运行的分流机制，即以统筹兼顾的思想为指导，对决策主体、执行主体和参与主体的利益进行协调，从而实现高等教育分流协调、有序地运行。

第七章　国外高等教育分流的模式借鉴

“他山之石，可以攻玉。”为了借鉴世界各国，尤其是发达国家高等教育分流的经验，促进我国高等教育分流的顺利实施，本章将对高等教育分流模式（高等教育分流模式有外分流和内分流两种，本章研究的主要是内分流模式）进行比较研究。

世界各国的高等教育分流模式丰富多彩，依据不同的标准可以进行不同的分类：以学生分流进入高流层的方式为依据，可分为“流层直升型”和“流层考升型”；以学生分流进入不同专业的时间为依据，可分为“入学分流型”和“中期分流型”；以学生分流的次数为依据，可分为“一次分流型”和“多次分流型”；以学生进入特定专业流向后，是否具有再选择的权利为依据，可分为“专业主流型”和“专业分岔型”；以学生能否自主选择为依据，可分为“学校配置型”和“自主选择型”；以学生能否在适当的时间转专业为依据，可归纳为“适时转流型”；以学生进入专业后是否允许工学交替为依据，可归纳为“工读交替型”等。因上述分流模式中有不少的交叉与重复，故本章主要考察以下八种类型的分流模式。

第一节　“流层考升型”

流层考升型分流模式，即通过考试将学生分流进入不同的流层，如“专升本”、“本升硕”、“硕升博”等。这一分流模式可以是高校之间的校际分流，学生在流层之间的升迁，可以表现为高校之间的流动。这里考察的流层考升型模式是高等学校内部实行的促使学生流层升迁的分流模式，法国“综合性大学”的流层考升型模式就较有特色。

法国政府在高等教育分流的宏观调控上采取了灵活的调控机制，既有计划调控，也有市场调控。它的“大学校”基本实行计划调控，而其综合性大学则基本实行市场调控，因此法国综合性大学具有较大的自主分流权力，他们自主确定分流目标、分流结构和操作策略。

法国综合性大学在价值目标上强调“平等”与“优秀”的结合，“大众”教育与“精英”教育的结合。上世纪六七十年代，随着世界性教育民主化的进程，法国社会要求“民主”、“平等”的呼声也越来越高①，从而促使高等教育向大众化阶段迈进。在这种高等教育民主化、大众化的进程中，为适应社会需要并促进学生发展，法国综合性大学必须做出回应。

法国综合性大学在分流“入口”环节采取“开放入学”策略，所有高中毕业生都可持毕业证书到大学注册入学；在中间环节将整个教育过程分为三个阶段，通过考试策略促使学生流层升迁；分流“出口”环节采取“双选”策略将学生分配进入社会职业岗位。

法国综合性大学的分流结构表现为三个阶段，四次流层升迁：

第一阶段，普通教育阶段。这一阶段学生学习两年。学生通过开放入学，只分流进入几个大类学科流向，而不分流进入较细划分的专业流向，接受普通教育，学习相关学科的基础理论知识，至第二年末参加学校举行的考试，成绩合格者取得“大学理科学业文凭”或“大学文科学业文凭”（DUES或DUEL）。持有该文凭者可直接进入第二阶段接受专业教育，开始专业学习，也可进入劳动市场就业；成绩不合格者可转流到技术学院学习技能，也可流入社会就业。这一阶段分流培养的是高等教育第一级人才，即高等教育普通人才。

第二阶段，专业教育阶段。这一阶段的学生一般学习两年，但两年中必须参加两次考试，分别授予两个独立的文凭，因此有两次流层升迁。第一年考试成绩合格者获得学士学位（LICENCE），持有本阶段学

---

① 贺国庆，王保星，朱文富．外国高等教育史［M］．北京：人民教育出版社，2003：570．

位者可继续下一阶段学习，也可进入社会劳动力市场就业。第二年考试成绩合格者获得硕士学位（MAITRISE），持有本阶段文凭者才有资格升入第三阶段攻读博士学位。这一阶段分流培养的是高等教育第二级人才，即高等教育专业人才。

第三阶段，博士教育阶段。这一阶段学制三年，学生参加一次考试，获得一次流层升迁。第一年为预备阶段，设置两个平行但分流目标不同的文凭，一个是研究型的“深入学习文凭”，另一个是职业型的“高级专业学业文凭”。前者为继续撰写博士论文、为今后从事研究做准备；后者为直接就业取得一种高级资格。通过考试，只有取得“深入学习文凭”者，才能继续升迁，并在导师指导下开展研究，完成博士论文，通过论文答辩，获得第三阶段博士文凭。这一阶段分流培养的是高等教育第三级人才，即高等教育高级专门人才。

考察法国综合性大学的流层考升型模式，发现它有一定的优点：其一，既能保证平等的入学机会，有利于推行“大众教育”，又能保证选拔优秀人才，有利于开展“精英教育”。其二，通过各个阶段的考试分流，有利于分流培养社会发展需要的多层次人才，同时也可以满足大学生不断升迁流层的需要。高等教育分流的不同流层，实际上与社会对人才需求的层次相联系，通过不同阶段的分流与培养，使不同层次的人才逐渐成长，这就在一定程度上满足了人们对高等教育的需求。其三，这一分流模式可以提高师生的教、学积极性。流层考升具有较大的竞争性，师生在这一竞争环境中必须努力，才有可能取得成功。但这一分流模式也存在着淘汰率过高的缺点，据统计，第一阶段考试结束后，有50%的学生被淘汰；从入学到获得硕士学位的四年中，累计淘汰率高达60%～70%①。此外，需注意考试的公平问题。

第二节　“入学分流型”

高等教育是一种专业教育，任何一个大学生最终都会流入某个专业

① 赵彬，赵宇光．浅谈法国高等教育的一些特点［J］．吉林教育科学·高教研究，1994（6）：71-72．

领域学习，然后通过各自的专业渠道流入社会。“专业是根据学科分类和社会职业分工需要分门别类进行高深专门知识教与学活动的基本单位。”① 显然，专业既与学科有联系，也与社会职业分工密切相关。大学生选择了某一专业也就选择了一定的学科——“学术领域”，并基本上选择了将来的职业领域。因此，对于大学生而言，分流进入什么样的专业，将具有十分重要的意义。“由于学科分类按其分化的程度呈现出层次性，亦即人们所说的一、二、三级学科，专业划分以哪一级学科为依据就大有讲究。”② 一般来说，学生分流进入某一高校时也就选定了一级学科或二级学科，因为高校本来就与一定的学科有联系，如文科高校、理科高校、工科高校、综合性高校等。然而，纵观世界各国高校教育分流，大学生分流进入三级以下专业方向的时间是截然不同的。这里的“入学分流”是指学生入学时就分流进入三级专业或专业方向。

入学分流型模式以苏联高校最为典型。苏联是一个高度集权型国家，实行计划经济体制，对高等教育实行严格的计划控制。高等学校必须严格按照国家计划分流培养人才，学科专业、课程等也必须按照计划设置。其基本特征是：（1）强调分流培养“专才”。苏联高等教育界受“是‘才’必‘专’”思想的影响，人们倾向于高等教育应重视专业知识、专业技术的培养。（2）设置单科性高校，细分内部专业。学生入学就分流进入不同的专业，学习相应的课程。（3）以学年制培养学生。每一专业的课程都是必修课程，班级都是固定班级，高校安排教师进入固定班级上课，因此课堂也是固定课堂；以学年计算学生的学习量，随着年级的上升，学生修满规定的学年就可毕业。（4）强调国家宏观调控。由于国家实行计划经济体制，政府对于高校分流教育采取用人与育人相结合的原则，指令高校按照国家计划设置分流渠道，并为学生固定配置课程、班级和课堂，学生按部就班即可完成学业，并按国家计划分配而顺利就业。

这种分流模式有利于国家对于人才培养的计划与管理。国家需要什

① 薛天祥．高等教育学［M］．桂林：广西师范大学出版社，2001：27．
② 薛天祥．高等教育学［M］．桂林：广西师范大学出版社，2001：31．

么类型的人才，就指令高校设置什么样的专业分流渠道，并一次性分流到位，不仅具有较强的计划性，而且使管理过程简化；不仅能够保证资源的有效利用，而且能为国家建设急需人才提供重要保障。但这种分流模式也存在明显的缺陷：第一，不利于充分发挥高校的主动性和灵活性。社会在发展，个人也需要发展，学生入学就分流进入了专业，中途又不允许变更，妨碍了高校根据社会发展的具体情况而灵活地分流施教。第二，限制了学生自主选择分流的权利。入学时就一次性分流到位，造成学生“一次选择定终身”的局面，限制了学生再次或多次选择分流的权利，严重忽视了学生主体的利益需求。第三，不利于学生成长与发展。过早分流进入专业领域，造成学生知识面狭窄，视野不宽，难以全面提高学生的科学文化素质，势必影响学生的能力与个性发展。

第三节 “中期分流型”

鉴于“入学分流型”模式的缺陷，德国等欧美国家较早就开始了“中期分流型”模式的改革。德国的高等教育机构有两类，一类是高等专科学校，如柏林高等经济专科学校；另一类是高等院校，包括大学，如不来梅大学、柏林工业大学、亚琛工业大学等。这里以德国亚琛工业大学为例来说明“中期分流型”模式的特点。

亚琛工业大学注重分流培养复合型人才。随着学科的综合化发展，产业结构不仅更新升级加快，而且越来越复杂，这就需要加强综合性教学和跨学科培养，以适应社会对复合型专业人才的需求①。亚琛工业大学在这种分流目标指导下，强调学生的长远发展，强调为学生打好宽厚的基础，推崇“通识教育”。为此，亚琛工业大学延缓学生专业分流的时间，实行大类学科招生，学生入学后，第1～4学期学习基础理论课程，从第5学期开始分流进入专业学习专业课程。亚琛工业大学以“开放入学”策略招收学生，高中毕业生持毕业证书可以按大类学科申请入

① 李兴业．七国高等教育人才培养［M］．武汉：武汉大学出版社，2004：89.

学。经过两年学习之后，学生必须通过所有的课程考试，并通过一项所谓“硕士前考试”，才能分流进入自主选择的专业领域学习，也就是说，学校根据学生的课程考试成绩和硕士前考试成绩以及学生的专业选择对学生进行了再次分流。这一中期分流具有“淘汰”和“发展”两种性质：成绩合格者流向自主选择的专业方向继续学习，直至完成学业；成绩不合格者虽然被专业分流淘汰，但可以转专业，或者通过到工厂、企业实习一年，流入社会就业。

德国是一个地方分权型国家。自洪堡倡导大学自治、教学自由之后，其高等学校自主办学、自主分流成为一种传统，因此亚琛工业大学具有较大的自主分流权力，他们可以根据社会和学生的需要确定分流目标、设置专业分流结构、采用考试分流策略、按照学生的选择进行分流；政府只是采取财政投资手段引导大学设置某些专业方向，并引导学生的选择；学生具有选择学科专业的自由、选择课程的自由、选择班级和课堂的自由。当然，在第二年末选择专业时要受到考试成绩的限制。

通过考察德国亚琛工业大学的“中期分流型”模式，发现它具有一定的优点：其一，有利于高校开展“通识教育”。培养复合型人才，避免学生过早专业化，符合社会对高等教育应开展“通识”教育，大学生应延缓分化的要求。其二，有利于人才成长。它强调以大类学科分流入学，学生在前两年进行基础理论知识的学习，为学生分流进入专业领域打下牢固的基础。这样，不仅扩大了学生的知识视野，开阔了思维，提高了能力，而且为其学习专业开辟了前进的道路，促进了学生的成长与发展。其三，在一定程度上满足了学生个体的利益需求。学生通过两年基础理论学习之后，基本了解自己的实际情况以及社会发展的需要，这对学生选择合适的专业，进而选择合适的职业较为有利。当然，“中期分流型”模式在一定程度上也加大了高校管理的难度。首先，在高校教育过程中进行再次分流，增加了管理者的工作量，例如高校要组织考试、统计分数、安排并指导学生选择专业、课程、班级乃至课堂等，使管理复杂化。其次，对分流中被淘汰学生的处理是一个棘手的问题。亚琛工业大学中期分流的淘汰率近30%，从入学到毕业总淘汰率近50%[①]。对已入学的大学生进行中期分流，实际上是一种筛选，必然会出现不合格者。对这些不合格者的发展前途问题处理不好，不仅会影响到分流工作的推进，而且会引发有关“公平”的争议与校园的安定。

第四节 “专业分岔型”

为满足学生需要，国外高校十分重视设置一定的选修专业和选修课程，供学生自由选修。本章将学生在“主流方向”之外再选修其他专业或课程的流动现象称为“分岔”，由分岔所引起的分流活动方式称为“专业分岔型”分流模式。

“专业分岔型”模式以日本为代表。在日本，一桥大学、东京工业大学、东京外国语大学、东京医科大学、东京艺术大学等高校，允许主流文科专业的学生选修理科专业；主流工科专业的学生可以选修农科专业等，并可获得“双学位”，这可称之为“双学位”式分岔。当然，也可以不获取学位，只选修某一专业的课程，可称之为“双专业”式分岔；还允许学生在主流专业之外自由选修自己感兴趣的课程，以扩大知识面，适应社会需要，可称之为“主辅修”式分岔。为促使学生分岔分流，这五所高校还联合起来，共同协议：允许学生在修完主流专业二年级课程后，从三年级开始可以选择其他高校的专业和课程。为方便学生选修，五所大学实行联合授课，由五所大学的教师分段讲授，共同开设某一门课程；或者由某校教师开设面向五所大学学生的课程；或者开设交叉学科课程，进行共同授课。东京工业大学和东京医科大学开设医学课，一桥大学和东京外国语大学开设地域研究课程等，由两所大学的教师共同授课。允许学生获不同学校不同专业的双学位，其做法由学生本科毕业获学士学位后，到另一所大学三年级插班学习完全不同的新专业，如获经济学学士的学生，可另选医学专业学习，学习合格者可获医

---

① 黄安贻．德国高等教育的特色及其对我国高等教育的启示［J］．清华大学教育研究，2004（6）：26-29．

学学士学位①。上述五所高校在经日本教育部批准之后，不仅单独在各自学校内部而且联合设置了分岔分流模式，并指导学生自由选择和分流，凡有学生要求在主修专业之外再选修其他专业和课程的分岔流动，一般都能接受。当然，为保证其分岔的基本条件，也要看主修专业的成绩，并对选修专业进行适当的考试。他们主要采取“选修制”和“学分制”策略对学生进行分流培养，不仅在各自学校内部实行学分制，而且五所大学还相互认可对方学分。

日本高校的“分岔型”模式，是适应时代和社会发展的需要而形成的。在传统的工业社会中，人们通过某个单一专业领域的学习与训练，就能基本适应某一职业对专业技能的需要，即能基本胜任其工作。随着知识经济、信息化时代的到来，社会越来越需要具有宽厚基础知识的复合型人才。因此，就个人来说，在学好主流专业之外再选修其他专业成为必然；对于高校而言，为适应社会与个人发展的需要，设置“分岔型”模式，拓宽学生基础，发展学生能力，增强学生适应性，将学生培养成为通专结合的复合型人才也是大势所趋②。

纵观日本高校“专业分岔型”模式，发现其具有一定的优点：一是有利于分流培养社会需要的复合型人才；二是有利于学生就业。高校通过分岔分流培养，大学生不仅掌握主流专业的知识与技能，而且能了解或掌握其他专业的知识与技能，这无疑增强了学生就业的适应能力，扩大了就业门路；同时在一定程度上满足了社会对复合型人才的需要，这对高校协调社会与个人之间的利益关系也是有利的。当然，这一模式也有值得进一步研究的问题：一是如何指导学生处理好主流与分岔的关系。学生在主流专业之外再分岔选修其他专业，需要学生既要学好主流专业也要学好分岔专业，否则将难以合格。分岔流动的学生必须比其他学生花费更多的时间和精力，如何处理好主流与分岔专业的关系，需要加强研究与指导。二是如何做好管理工作。实行分岔分流，增加了学籍档案管理的复杂性和质量监

① 伍红林. 21世纪初日本高等教育本科人才培养模式变革探析［J］. 现代教育科学，2005（1）：43-46.

② 李兴业. 七国高等教育人才培养［M］. 武汉：武汉大学出版社，2004：180-190.

控的难度，如何既能保证质量又能做好管理工作，需要在理论与实践上加强研究，如上述日本五所高校就成立了专门机构，以研究和协调高校内部以及高校之间因学生分岔流动而引发的各种问题。

第五节 “适时转流型”

“转流”是指学生从一种分流渠道转换到另一种分流渠道的活动。完整意义上的转流包括“转专业”、“转校”和“转系统”三种形式：“转专业”即从一种学科专业转流到另一种学科专业，或者在某一学科内从一个专业方向转到另一个专业方向；“转校”是指从一所高校转流到另一所高校；“转系统”是指从普教系统转流到职教系统，或从职教系统转流到普教系统。在高等教育分流实践中，大学生在分流进入某一高校经过一段时间学习之后，其中有些人由于某种原因具有转专业、转校、转系统等流动要求，促使高校开辟一定的分流渠道，通过一定的分流方式，以满足学生们的“转流”需要，由此就促进了“转流型”模式的产生。由于“转校”和“转系统”两种形式涉及多层面的体制与管理问题，这里只重点讨论专业式转流。所谓“适时”是指转专业的时机要恰当。因此，“适时转流型”模式就是高校根据社会变化的要求、学生的兴趣与条件以及学校自身专业的发展状况，在适当的时机允许学生转换学科专业的分流模式。

“适时转流型”模式以英国“新大学”为代表。英国是欧洲中世纪大学发源地之一，牛津、剑桥是英国最古老的两所大学，因而具有深厚的高等教育文化传统。英国是一个地方分权型国家，政府对高等教育的管理是通过财政政策调控高等学校的分流活动。出于高等教育改革的需要，20 世纪 60 年代英国由政府出资创办一批“新大学”，如圣戴维斯学院、格拉斯哥皇家科技学院等。这些“新大学”针对英国大学教育过早和过分专门化的问题，对教学体制、专业设置和课程设置进行了重大改革①。在教学体制和专业设置方面，他们不按专业划分系科和学部，而

① 贺国庆，王保星，朱文富．外国高等教育史［M］．北京：人民教育出版社，2003：542．

是实行跨学科的学院制，这就为学生的专业转流提供了条件。

英国“新大学”强调教育要适合人的个性发展需要，尊重学生的教育选择权和利益需求。1988年的英国“教育改革法”明确地肯定了学生及其家长在教育中的地位和作用。在英国的教育市场化发展进程中，学生被视为教育中的“顾客”，是教育系统中的“上帝”。专业和课程是高校提供给学生的“产品”，而作为顾客的学生其购买力是由产品的质量所决定的。所以，英国高校的学生有很大的自主权来选择要学习的专业和课程。学生入学时，可根据学分和自己爱好选择感兴趣的专业和课程模块来学习，自定学习进度和学习方式，如果学生中途改变兴趣，也可自由修改自己的学业计划，包括转专业和多选课程模块。

英国高校的学生专业转流主要有两种具体方式，分别在两个时间段进行。其一是“跨学科专业转流”，一般在第一年末进行；其二是学科专业内部的专业方向转流，一般在第二年末进行。英国高校的学制一般只有三年（医学等专业除外），其课程设置为：一年级一般修必修的基础课程，二年级修专业基础课程，三年级修专业方向课程，其中二、三年级的课程可由学生自主选择或者和导师商量决定。必修课程类似我国的公共基础课程，是所有的学科专业都必须修习的，因此，根据必修课程的学习情况，在第一年末学生可以跨学科转流专业。专业基础课程是某一学科内的专业和专业方向所要修习的课程，因此，根据其学习情况在第二年末学生可以转流专业方向。

英国“新大学”采用学分制，学生要想获得任何一个学位都必须修满一定的学分。学生的专业转流也是依据学生所获学分情况，符合规定学分的要求，才可以转流。因此，专业转流的主动权基本掌握在学生手里，学生可以根据规定自主选择合适的课程和学分，达到要求就可提出申请。无论是转出方还是转入方均根据学分进行操作，这样就使专业转流较为容易。高校主要是通过把好课程考试关，严格学生获得学分的要求，来控制学生的“转流”。近年来，英国政府为调控“转流”也采取了一些举措，比如督促高校完善学分制、选修制；协调各高校相互承认学分；制定一定的政策法规保证学生转流的权利，简化转流的手续等。

英国高校的“适时转流型”模式有一定的优点：其一，有利于提高专业和课程教学质量。学生自主选择专业乃至适时转流的推行，不但体现了因材施教和以学生为中心的教育理念，也给教师带来无形的压力，迫使他们想方设法提高教学质量，以吸引更多的学生选读其所教授的专业和课程。其二，有利于学生的个性发展。通过转流不仅使学生最终能够选择适合自己个性发展需要的专业流向，而且转流本身对学生自主性、选择性就是一种培养，因而能够增强学生的能力。其三，关注学生主体的利益。转流使个体具有多次选择专业的机会，使其利益需求得到满足。英国高校的“转流型”模式也有一些值得注意的问题：一是“转流型”模式增加了管理的难度，使管理的程序复杂化；二是学生自由转流，如果指导不力或引导不当，有可能导致大批学生从“冷门”专业转往“热门”专业，最终导致分流结构的失衡；三是在生源竞争的条件下，某一专业所在院系的学生转流到另一专业，势必影响转出专业所在院系的利益。如何加强对学生的分流指导，加强高等教育分流的管理，健全部门之间的利益协调机制，既是国外教育理论界关注的课题，也是值得我们高度重视的课题。

第六节 “工读交替型”

为了适应社会发展对实践能力强的人才的素质要求和满足部分学生边学习边工作的需要，20 世纪中期后，国外逐渐形成了“工读交替型”的分流模式。

德国高校是实行“工读交替型”分流模式的典范。德国是一个强调“务实精神”的国家，反映在其高等教育非常注重培养学生的社会实践能力，每一所高校的学生在毕业前都有一段社会实践的经历。因此，德国高校，尤其是工科院校和高等技术学院，都推行了工读交替型的分流模式。

德国高校的工读交替型模式主要有三种具体形式：一是“工读”式，即为满足大学生“兼职”的需要而设置的分流形式。在德国，不少大学生由于经济上的原因，或出于个人的爱好与兴趣，在学习之余要求到社会上去兼职，以学习为主，兼职为辅，这就促成“工读”式分流的形成。这一分流形式的特点是大学生不必中断学业。大学生在以学习为主的情况下，利用课余时间到社会兼职，既保证了学生的学业连续不断，又锻炼了学生的社会职业能力，同时能帮助学生解决经费问题。二是“回归”式，即为满足大学生“休学创业”的需要而设置的分流形式。有些大学生因发现了“机遇”，或因经济原因，要求休学去创业，然后在适当的时候再返回学校继续学习，完成学业，这就形成了“回归”式。这一分流形式的特点是既保留了学生接受高等教育的权利，又使学生不错过创业的机会，同时提高了学生的实践能力。三是“实习”式，即为满足学生一边学习理论知识，一边到企业学习操作技能的需要而设置的分流形式。德国企业用人非常注重实践经历，因此，大学生尤其是理工科的大学生要求将学习与实习结合起来，即一边在学校学习基本理论知识，一边到企业实习，上课与实习交替进行，高校为了使“企业与学校这两个学习场所互相补充”，便形成了“实习”式模式。这一形式的特点是基本理论学习与实践锻炼相结合，既培养了学生的基本素质，又锻炼了学生的职业能力。当然，“为了确保在这两个不同场所提供的理论和实践培训的互补性，这两类教育需相互协调”①。由此可以看到，“实习”式与“工读”式虽然有边工作边学习的相同点，但也有不同，表现在“实习”式是将实习内容与理论学习结合起来，而“工读”式的工作内容与学校学习的内容不一定相同。

德国高校对于有要求进入“工读交替型”的学生，基本能满足其需要。他们采用“选修制”、“学分制”和“学分银行”等培养策略，以保证学生的学习与工作能“交替”进行。高校把课程设置为必修课程和选修课程，并加大选修课程的比例（其比例一般为：必修课程占30%，选修课程占70%），促使学生自主选修。把课程考试成绩换算成为学分，以学分计算学生的学习量，并像银行存钱一样把学生的学分“存”起来，以便学生返回学校学习时能在原有学分的基础上继续学习。这些策略的实施，使学生不一定要在连续的时间内完成学业，而可以在间断

① 联合国教科文组织．教育——财富蕴藏其中［M］．北京：教育科学出版社，1996：99．

的、交替的时间内完成学业。

德国高校强调在学生自主自愿选择的基础上实行“工读交替型”分流，而不强求一律。为此，德国高校不仅非常重视对学生的微观指导，而且重视高校的自主适应，即高校要根据学生的需要来设置“工读交替型”分流模式。同时德国政府也注重宏观调控，政府通过制定相关政策来协调高校与企业之间的关系，以保证学生“工作”、“创业”、“实习”相互流动的渠道通畅。

德国高校的“工读交替型”分流模式，已经逐渐得到国际社会的认可：“职业界也是一个良好的教育环境。”“工作具有培养人的价值必须在大多数社会，尤其是在教育系统内部得到进一步的承认……特别是大学应有这种考虑。”“青年交替培训可以补充或纠正入门培训，而且将知识和技能结合起来，也可为参与职业生活提供便利。青年交替培训还大大有助于他们了解职业生活的限制和机会，同时能够帮助他们更好地认识自己和辨别方向。青年交替培训也是进入成熟期的一张王牌以及融入社会的一大要素。”① 诚然，有可能加重学生的学业负担，增加管理难度，也是这一模式不可避免的缺点。

第七节 “学校配置型”

高等教育是一种专业性的教育。一般来说，高校会将学生分流到一定的班级，为学习各专业的学生设置一定的课程，安排相应的教师讲授这些课程，然后进行考试评价，通过这些程序对学生进行分流培养。然而，学生应该进入哪个班级、学习哪些课程、何时学习什么课程、何时听课、听哪位教师的课、何时参加考试等，却存在两种做法，这两种做法客观上形成了两种不同的分流模式。一种是由高校指令或安排，可称之为“学校配置型”分流模式；另一种是由学生自主选择，可称之为“学生选择型”分流模式。

---

① 联合国教科文组织．教育——财富蕴藏其中［M］．北京：教育科学出版社，1996：98.

“学校配置型”模式以法国的“大学校”为典型代表。法国“大学校”是法国的一种专科学校，学制三年，以分流培养各行各业高级专业管理人员为主要目标，是分流培养社会政治精英或管理精英的摇篮。长期以来，“大学校”的源流来自预科班，预科班是在高中学校中举办的一种班级，其生源是从高中毕业生中通过选拔而来的优秀学生，预科班的学生经过两年基础理论知识学习，再通过严格的考试选拔，然后分流进入“大学校”。因此，大学校的分流对象只面向少数人，毕业之后都流入社会的上层，它们被法国人誉为法国的政治和经济精英的“养鱼塘”。据统计，在法国200家大企业中，近2/3的领导人毕业于这类“大学校”①。

每一所“大学校”都面向一种流向，如师范学校、工程师学校、军事学校、艺术学校、商业学校、交通学校、管理学校等。当然，每一所“大学校”内部都设置有不同的专业方向，分流培养不同类型的人才，如“艺术学校”是分流培养建筑师、室内装饰家、音乐家、电影工作者、戏剧艺术家、博物馆技术人员、罕见语种语言专家、档案保管员和图书管理员等多流向人才的一种“大学校”。每一个专业流向都设置了必修课程，没有选修课程；班级都是固定班级，班级既是学习组织又是行政组织，且每班学生人数都由学校计划安排；每个班级都由学校安排固定的教师上课，学生不可选择；学生必须按照学校的统一规定，按部就班，经过三年学习，修满学年方可毕业，由国家安排就业。②

考察法国“大学校”可知，“学校配置型”分流模式是利弊并存。其利在于：一是有利于按计划培养国家建设所需要的管理人才。法国的这一模式基本上是按照国家的计划设置专业、课程，招收学生人数；按统一要求、有针对性地培养和分配学生。二是有利于管理。通过选拔分流进入“大学校”之后，学生按学年升迁，按部就班上课学习，教师按部

① 郑立华，王淑艳．法国的高等专科精英教育［J］．开放时代，2001（11）：120-123.

② 贺国庆，王保重，朱文富．外国高等教育史［M］．北京：人民教育出版社，2003：561.

就班授课，授完课程学生就可以毕业，管理活动程式化。这一模式的弊端也非常明显：一是不利于社会人才结构的合理优化。法国“学校配置型”分流模式的生源是全国的尖子学生，分流进入这一模式后，其目标却是培养职业应用型人才，而不是培养国家需要的基础科学研究的尖端人才，这对法国社会人才结构的合理配置是有影响的。二是不利于学生主体性的养成。“学校配置型”模式的课程、班级、课堂、教师等都由学校统一规定和安排，学生没有选择权，缺乏流动性，主体性的发展必然受到压抑。三是易引发社会不公平。实行“学校配置型”分流模式的“大学校”是法国条件最好的高校，且学生毕业后待遇好、地位高，但只有进入了“预科班”的少数人才有竞争权利，大多数人则失去了竞争的机会，显然有失公平。

第八节　“学生选择型”

鉴于“学校配置型”分流模式的弊端，欧美许多国家的高校都对这一分流模式进行了改革。早在 19 世纪初德国柏林大学就开始了这一改革，19 世纪中后期美国哈佛大学也仿效柏林大学进行了“学生选择型”分流模式的改革，并取得了许多成功经验。

美国是一个典型的地方分权型国家，政府曾一度无权过问高等教育，因此各高等学校具有较大的自主分流权力。哈佛大学自 1870 年起，就开始打破原有固定班级、必修课程、固定课堂、固定教师等做法，逐渐形成由学生自主选择的分流模式。哈佛大学推行这一模式有两个追求，一是为了追求所谓的“教育自由”，即教师有教学的自由，学生有学习的自由，学习自由包括学生具有自主选择学习时间、学习方式、学习手段、学习内容等方面的自由。二是为了培养学生的主体性。通过学生自由自主的选择与流动，调动他们的学习积极性和主动性，培养他们的责任感，增强他们的主体性。1869 年哈佛大学校长埃里奥特认为，要培养学生的主体性，就必须赋予学生“教育自由”，让学生有选择课程的自由，在某一门课程或学科上取得突出学术成就的自由，允许学生依据自己的习惯形成指导自己行为的能力。埃里奥特坚信，“自主型”模式的推行可以为学生发挥自己的自然倾向与自治提供广阔的空间①。

哈佛大学的“学生选择型”分流模式是在学科专业范围内通过设置一定的课程结构、课堂结构或班级结构等供学生选择，以实现教育分流的功能。其主要形式有三种，即“自助餐”式、“套餐”式和“走班”式。

“自助餐”式是将某一专业流向要修习的所有课程都列出来，为所有的课程编号，规定了选修的课程数量，然后由流入这一专业的学生自主选修。哈佛大学早年实行的是“完全自助餐”式，即所修课程都由学生选修。1872 年哈佛大学取消四年级学生的全部必修课程；1879 年和 1884 年分别取消三年级和二年级学生的全部必修课程；到 1897 年，整个哈佛大学的必修课程只剩下一年级的一门修辞学②。后来发现学生“避难就易”、“知识结构不合理”，于是改为“有限制的自助餐”式。洛厄尔就任哈佛校长时，为纠正自由选修制造成学生知识零乱和肤浅的弊端，从 1910 年起推行“集中与分配”制，即把课程分为表达艺术（语言、文学、美术和音乐）、自然和归纳性科学、归纳性社会科学（包括历史）、抽象和演绎性研究（数学、哲学和法学）四组，要求每个学生至少在四组课程中学习六门课程，同时，这六门课程应集中在一个主修领域。洛厄尔改革的目的在于控制学生对课程的选择，加深学生在主修领域的深度，保证学生在若干学科知识的广度③。

“套餐”式是将某一专业要修习的课程设置为几个“板块”，然后从各个“板块”中选取一定数量的课程组合为数个“套餐”，供学生自主选择。具体做法是把课程划分为核心课程、专业课程、选修课程三个“板块”，规定本科四年所修习的 32 门课程中，16 门必须是专业课程，8 门必须是选修课程，8 门必须是核心课程。按照这些规定，形成数种不

① Richard Hofstadter & Wilson Smith. American Higher Education. *A Documentary History*, Vol. 2, p. 717.

② Freeman R. Butts. *The College Charts Its Course*. New York. McGraw-Hill Book Company, 1939, p. 176.

③ Core Program, Harvard University. *Manual for Teaching Fellows in the Core Program* (1994—1995). Cambridge, MA, U. S., 1994.

同组合的课程“套餐”，供学生自主选修。

“走班”式是指学生不固定在一个班级上课，而是通过选修课程，学生“流动”上课的一种分流形式。哈佛学生由于选修课程的不同、选择授课教师的不同，形成了所谓的“走班”式分流。主要有四种“走班”式分流：一是必修课“走班”分流，即学生对学校规定的必修学科内容的分层走班学习。学校选择学生学习差异较大的一些必修科目，如英语、数学、计算机等，进行学习内容分层，学生根据自己的实际情况选择进入不同层次的教学班里学习，在相应学科可以跳级或降级学习，如将英语、数学、计算机等学科分为高、中、低三个水平层次，某一学生英语可能在较低水平班级学习，数学可能在中等水平班级学习，而计算机又可能在较高水平班级学习。二是选修课“走班”分流，即学生选择与自己兴趣、爱好相符的选修科目“走班”学习，可以跨年级、跨专业选修。三是拓展课程“走班”分流，即学生为了丰富自己的学习生活与拓展自己的知识视野，选择参与各种校内社团活动、研究性学习活动、社会实践活动等。四是特长发展“走班”分流，即学生为发展自己的特长选择进入由教师“挂牌”上课的班级里学习，如听讲座等；也可以是为解答疑难进入学科教师“坐诊”的教室里学习，还可以进入为特长生专门开设的课程班里学习。

哈佛大学“学生选择型”分流模式主要是采用“选修制”、“学分制”策略来分流培养学生。学校以学分计算学生学习量，学生按规定学分选修课程，修满规定的学分就可以毕业。哈佛大学强调学生在教师的指导下自主自由选择，自定计划，自主学习，自主完成学业，可提前毕业也可推迟毕业；强调学校根据社会和学生的需要设置分流渠道，尽量满足学生的需要，关注学生的利益。

美国哈佛大学的“学生选择型”分流模式，具有如下几方面的优点：第一，有利于发展学生的主体性。促进学生主体性发展是该模式的核心价值取向，这一取向视学生为具有独立人格的个体，尊重学生的主体地位与个人经验等，激发学生的主动性，满足他们的不同需求和能力发展需要；个体在活动过程中满足了一种需要后，就会通过新的活动来满足新的需要。“学生选择型”模式旨在为学生提供多种多样的活动，使他们不断地流动，不断地推动他们主体性的发展。第二，有利于发展学生的独特性。“学生选择型”模式尽可能地面向每个学生的独特性、差异性，采取多元化的形式、弹性化的结构、多样化的内容，给学生更大的自由度，在发展其共性的同时培养其个性。第三，有利于发展学生的创造性。“学生选择型”模式在活动内容的安排和活动形式的选择上都是丰富多彩、不拘一格的，注重挖掘学生个性内在的创造力潜质，有利于培养学生的创造性思维。当然，这一分流模式也有需要注意的问题：其一，因学生自由度过大，如果引导不力、管理不善，容易引发一些问题，例如，因学生“避难就易”导致的知识结构不合理；学生不能准确地把握课程的难易、学习的进度等，加之考试的难度，可能造成部分学生过分延长学习年限，迟迟不能毕业。其二，这一模式需要较好的教学设施与师资等条件。仅就教师“挂牌上课”来讲，一般的高校就很难做到，不仅需要教师素质较高，而且同一门课程需要至少两名以上教师的数量，如果教师素质不高，将会无人选听；如果教师数量不够，则只能回到固定班级教学。

第八章 国外高等教育分流的策略比较

国外高等教育分流活动在分流策略的改革上进行了许多有益的探索，分析、比较这些策略，对我们实现合理的高等教育分流具有重要的借鉴意义。本章将分别探讨国外高等教育分流的选择策略、分化策略和分配策略。

第一节 国外高等教育分流的选择策略比较

国外高等教育分流的选择策略，既受教育自身发展因素的影响，又受政治、经济、文化等多种因素的影响，因此各不相同。每种选择策略的应用都有其合理性，但都不可避免地存在一定的局限性。下面将从高等教育分流的选择主体、选择对象、选择方式三方面探究各种策略的利弊。

一、分流选择主体的策略比较

高等教育分流的主体是与分流有利害关系的各利益主体，即国家或代表国家的专门机构、高等学校、中介机构、高中以及学生等。

（一）政府

高等教育是为国家培养高级人才的教育机构，各国政府都在高等教育方面投入了大量资金，因此，在高等教育分流的重要环节——分流选择中，政府充当选择主体不仅必要，而且理所当然。只有政府参与其中，才能保证高等教育分流选择能够反映国家对人才的需求，才能保证选择的公平性，才能保证人才的培养结构与人才的需求结构相适应。但政府的参与应该是有“度”的，如果政府干预太多，高校和学生在分流过程中的自主权将受到限制或完全被剥夺，分流过多考虑了共性，而无法顾及学校和学生的个性，最终将不能保证分流的合理性。政府在分流中应充当的主要角色是宏观调控：一是调控流量（招生规模），二是调控流向（保证人才结构的均衡以及与社会经济发展需求相匹配），三是调控分流选择的最低标准（指导性政策、规范及建议等）。

（二）高等学校

高等学校是实施高等教育的主阵地，选择什么类型的学生，以什么方式选择，学校有多大的承受力，只有高校自己最清楚，所以只有高校参与分流选择才能选择符合学校办学特色和专业设置特点的生源。其实，传统上大学都力求摆脱来自各方势力的控制，独立自主地选择自己中意的学生。但随着高等教育规模的扩张，选择面的扩大，大学再单枪匹马，就显得力不从心，加上高等教育在提高综合国力方面的作用日益彰显，国家对高等教育的控制必然要反映在分流选择这一重要环节。另外，大学在选择中各自为政，不利于全盘规划，将会造成选择中的低效，录取率远高于入学率，因为同一名学生有可能同时被多所大学选中。比如，美国名校阿姆赫斯特 2004 学年经过漫长而艰难的选择，发出了 1034 封录取信。在发出的 1000 多封录取信中，一半以上的被录取学生都拒绝了阿姆赫斯特的“盛情”。只有 393 名学生决定前来就读，这离原定的 423 名新生数目还差了 30 人①。

（三）中介机构

国家垄断选择权和大学各自为政，都难以实现高等教育分流的合理性与公平性，于是便产生了参与选择的一种中介机构。这种机构往往都是一种民间性质的机构或半官方性质的机构。它们的主要功能就是根据国家的有关法规和政策，组织各种测试，收集相关信息，为高校提供选择依据，为学生提供选择信息。因为这些机构的独立性，保证了选择的公正性；又因为他们都是专业化极强的机构，拥有一批业务专家和现代

① 探询美国名校招生录取标准 阿姆赫斯特学院一瞥［EB/OL］. http://news. sina. com. cn/0/2004-07-21/17243156833s. shtml.

化设施，从而保证了选择的科学性。这种机构的构成与运作因国情不同而有所差异。在英国，有专门负责考试和招生方面的机构——大学招生委员会（UCCA）。英国的考试机构都不是政府机构，但均是经过政府批准成立的。国家的教育科学部在这些考试机构内派有代表，代表对考试委员会的工作可以提出意见和建议，但没有否决权。UCCA成员有两类：一类是各大学的代表；另一类是英国中学校长和教育学院院长所推选的代表。委员会的主要任务是为大学招生和准备升大学的学生提供服务，协调各大学的招生工作，保证大学招生工作顺利进行。美国的“教育考试服务中心”（简称ETS），是世界上最大的私立民间考试机构，其影响在美国甚至全球考试机构中都是最大的，为美国高校选择海内外学生提供重要的选择信息。在瑞典，办理新生入学手续的，不是学校的行政部门，而是同乡会或联谊会这样的团体。瑞典从中世纪以来，来自同一地区的学生，组成同乡会或联谊会，处理学生事宜。这种传统一直流传下来，如今成为一种半官方组织。这样做有不少好处：一方面由于同乡的关系，对学生的情况很熟悉，感情关系也比较好，由他们办入学手续既方便又肯效力；另一方面还可以节省学校的管理成本。

（四）高中（包括各类中等学校）

高中对学生的各方面情况应该最有发言权。他们参与选择，能使选择更准确、更合理。因此，许多国家在选择过程中非常重视高中的参与。高中参与选择的方式多种多样。有些国家高中直接负责毕业证书的考试，如德国、加拿大等国家；有些国家高中为高校选择提供中学各科平时成绩，如美国、日本、澳大利亚等国家，英国是把中学平时成绩折算20%作为获取普通教育证书的一部分；有些国家高中给大学选择提供学生的综合表现，这些信息在高校选择时常常占有很大的比重，如日本的调查书、美国的推荐信等。尤其是在美国的高校，特别是重点大学，非常重视这个材料。在美国，高中校长和另一位教师或资深人士的推荐信，是一份介绍学生综合情况和综合能力的材料，虽然具有一定的个人色彩，但仍受到美国高等学校的信赖。值得一提的是，并不是所有的高中毕业生都能够得到校长的推荐函，只有那些品学兼优的学生才能得到这个重要的上优秀大学的砝码。另外，校长撰写的推荐函的内容一般情况下都是非常谨慎和客观的，如果推荐函有夸张的成分，这个校长以后的推荐函将永远失去效用。这充分体现了美国高校选择的公平性和客观性。

（五）学生

学生在选择过程中既是选择的客体（对象），又是选择的主体。当高等教育资源需求远大于供给时，学生几乎失去选择的主体性，只有被动地接受高校和国家的选择；当高等教育资源非常充分时，才能提供给学生更多的选择机会，学生在选择中的主体作用才能充分显现。当今世界许多发达国家和部分发展中国家已步入高等教育大众化或普及化阶段，高等教育分流选择的重点不再以淘汰为主要目的，而是以适应性分流为目标，因此，学生在选择过程中充分发挥主体性，才能让适应性分流更加高效。许多国家为达此目的的主要途径是给学生提供多次选择机会，如增加考试次数、重视学习过程的考查、多种选择志愿等。

上述各选择主体，在相互制衡中共同对高等教育分流产生作用。但由于受各国不同教育管理体制的制约和传统习惯的影响，各选择主体所发挥的作用不尽相同，由此又形成了三种类型，即“政府主导型”、“大学主导型”和“协调型”。“政府主导型”主要表现为政府在分流选择过程中占有绝对优势，其他选择主体则处于从属地位。这种类型适合高等教育资源贫乏的国家，这是因为政府可以集中有限的教育资源，有效地进行宏观调控，使分流选择更加高效。但“政府主导型”终究不能满足高校和学生多样化发展的需求，不利于高校的特色发挥和学生的个性发展。目前，实行政府主导型的国家一般都是集权式管理和高考制的国家，如亚洲的中国、朝鲜、韩国和泰国等国家。“大学主导型”主要表现为大学在分流选择过程中占有绝对优势，其他选择主体则处于从属地位。这种类型有利于大学充分发挥自主权，符合大学自由精神，使分流更能满足大学的个性特色需要。但各个大学各自为政容易造成选择的巨大浪费和低效。实行大学主导型的国家一般都是分权式管理或高等教育大众化或证书资格制度的国家，如英国、德国、美国等国家。“协调型”原则上主张各选择主体都能完全平等地参与分流选择，但在实践上不可能保证如此均衡，一般强调政府和大学这对选择主体基本协调地参与分流选择过程。苏联和日本等基本上是追求这一类型的国家。在苏联，国家负责规定统一的考试招生时间、条件等宏观方面，大学具体负责考试和招生选拔工作；日本实行两次考试，国家负责全国学力测试，各大学单独举行专业能力测试，在选择中一般综合二者才能确定选择对象。从理论和实践两种角度来看，协调型都应该是最佳类型，有利于各选择主体充分发挥选择的主体性，减少选择的失误，提高选择效率，因此，在确定选择主体策略时，若是政府主导型的国家，应该弱化政府的主体性，增强大学及其他主体的选择功能；若是大学主导型的国家，则应该弱化大学的主体性，加强政府及其他选择主体参与选择的功能。

二、分流选择对象的策略比较

从历史上考察，高等教育分流对象的选择在农业社会主要集中于官宦贵族之子，因为高等教育的目的是培养统治阶级接班人，即大批文官官员或绅士阶层。工业社会经济的发展需要大量科技人才，于是高等教育选择对象逐渐弱化等级门第等社会背景因素，注重以能力取才的观念开始被广泛接受，不同阶层的学生得以平等竞争而跻身于高等教育行列。后工业社会知识经济更需要普及文化知识，培养创新型人才。高等教育不仅肩负着培养一般智力型劳动大军的任务，还承担着培养创新型高精尖人才的重任，因此，在高等教育对象选择上更强调多样性。在策略应用上既有一般选择策略，又有特殊选择策略。

（一）一般选择策略

无论是中等教育毕业资格证书制国家，还是高考选拔入学制国家，传统上一般分流对象主要集中在普通中学毕业生中进行选择。这种选择策略是基于学术能力方面的因素考虑的。由于学制结构和大中学校课程设置的影响，普通中学（普通高中）的主要教育任务就是为升大学做准备①，其课程内容偏重于学术性，并与高等教育衔接密切。因此，这种选择保证了生源质量，便于大学教学，保证了大学学术水平。但这种选择策略把大量的青年排除在高等教育的大门之外，充分暴露

① 不少国家也强调为就业做准备的任务，但实际上这一教育目标往往被教育工作者、学生以及家长淡化或忽视。

出其不公平性。尤其处于弱势群体的学生，他们因多方面原因在中等教育中就处于不利地位而不能进入普通中学上学，不能享受高等教育就意味着他们的不利地位只会加深。为了改变这种选择对象的局限性，许多国家采取了一些特殊的选择策略，以弥补传统分流选择对象的不足。

（二）特殊选择策略

随着社会经济发展对劳动者素质要求的不断提高和高等教育大众化或普及化的发展以及学习化社会的形成，高等教育分流更趋复杂化和多样化，在分流对象的选择上，仅仅一般选择策略不能满足高等教育分流发展需求，于是各国都采取了各具特色的一些选择策略。这些特殊选择策略把目光投向接受中等职业教育的人群、有工作经历的成人和其他一些弱势群体，充分显示了高等教育分流的科学性和公平性。

第一，普职互通。传统高等教育一般把受职业教育的中学生排除在外。随着各国中等教育综合化运动，普通教育职业化，职业教育普通化的教育改革，加上各种职业技术性高等院校的兴起，高等教育的大门逐渐向接受职业教育的学生开放。英国的普职相互打通，彼此可以互相选课，职业资格证书与普通教育证书之间可以相互折算，为受职业教育的学生提供了平等的入学机会。法国“哈比改革”使职业教育与普通教育相结合，职业高中毕业的学生凭借“职业高中毕业证书”，也可以直接升入大学学习。联邦德国高等专科学校的教育目的是培养中高级技术人才，很重视实践与应用方面的教育与研究。主要招收中等专科学校的毕业生，而中等专科学校主要招收实科中学毕业生。为职业教育开辟高等教育道路，有利于更广泛地普及和提高职业技术教育，丰富高等教育的层次和类别，为社会培养不同层次的技术人才。

第二，“第二教育路径”。随着教育民主化呼声的不断高涨和高等教育的发展，那些没能获得任何毕业证书的学生日益成为高等教育分流选择对象关注的一个问题。各国纷纷推出改革方案，扩大高等教育选择面。法国早在 1969 年就设立了“大学专门入学考试”。经过这个考试及格的，也可以上大学。这样，就为那些没有高中毕业会考文凭但有同等学力的人，开辟了一条升大学的新途径。在过去的联邦德国，为了扩大教育机会，使一些有志向有能力而又因为种种原因不能进入完全中学读书的青年能进入大学学习，从 20 世纪 50 年代就开辟了“第二教育路径”。即为未能上大学的青年开办以上大学为目的的业余完全中学、业余实科中学、中学夜校或全日制补习学校。学完规定课程并通过所在学校考试合格者，就可获得上大学的资格。与此类似，瑞士也采取了“教育的第二路径”，为那些没有资格的学生提供机会。

第三，打破年龄限制，把选择对象扩大到成年人。由于社会的发展对人才结构不断提出挑战，在信息社会，知识更新周期日益缩短，广大成人对知识的渴求与日俱增。再加上不少国家认为工作经历有利于促进接受高等教育的积极性，于是许多国家在选择对象上特别偏爱有工作经历的成年人。瑞典规定，凡满 25 岁以上的、有 5 年实际工龄的成年人，可以直接申请大学学习所需要的专业。苏联招生一直把工作经历作为一个重要的考查因素。在朝鲜的招生中，工人、农民约占新生的 1/2，并且针对成人特点，选拔考试只考最基本的知识，比普通高中生高考要容易得多。澳大利亚堪培拉高等教育学院不仅在学生年龄上没限制，而且对没有高中毕业证书的成年人，允许入学试读一年，学习成绩好的学生，经过审核，可以转为正式生。

第四，优待有特殊身份的对象。在选择接受高等教育的对象时，有时出于政治目的，有时出于高等学校和中学自身利益的考虑，对一些有特殊身份的学生采取一些优待策略。比如，苏联为了改变大学生的阶级成分，在 20 世纪20 年代，招生对象向工农开放，首先无条件招收无产阶级和贫苦农民出身的人，并普遍地发给他们助学金。由于实行了这一策略，大学生的阶级成分发生了很大变化。到 1925 年，高等学校的学生中工农成分已达到 61.5%。在大学生中，共产党员占 25.3%，共青团员占 29.6%。在当时的苏联，这一策略确实起到了稳定社会、巩固革命成果的作用。

对复员军人采取一定优待和鼓励措施成为许多国家高等教育分流对象选择的一种重要策略，在美国表现最为突出。1944 年第二次世界大战即将结束时，美国为了安置大量复员军人，“不荒废一代人”，通过了《军人再适应法》即《军人权利法案》，资助复员军人接受高等教育。

1945年依据该法进入大学学习的复员军人就达100万[①]，从而促进了高等教育的发展，并且也确实培养了大量国家急需的人才。

对中学优秀学生实行一定优待策略，一方面可以鼓励中学提高教育质量，另一方面可以保证给高等院校输送优质生源。如在波兰，政府规定，全国各学科竞赛的优胜者、中学的优等生，可以不通过大学入学考试，而直接升入高等学校。只是他们所选的学科专业要同他们个人擅长的学科专业一致。另外，美国有些私立院校很注意录取本校校友子女。这些学校之所以这样做，一方面是为了联络感情，得到稳定的学生来源；另一方面又有可能得到校友的捐赠，增加学校的收入。例如哈佛大学1975年招生时，有500名校友子女报考，录取了200人，5人中录取2人，而其他考生，则是6人中录取1人。

第五，关注弱势群体。在传统高等教育对象选择上，女性、少数民族、有色人种、社会底层子女和残疾学生等往往受到歧视。伴随教育民主化进程，各国政府日益关注弱势群体，高等教育分流选择对象也日益向弱势群体倾斜。许多国家采取降低录取标准、优先录取等措施，使女性、少数民族、有色人种等群体在高等学校的比例不断提高。比如，泰国为了照顾边远地区的知识青年就近入学，许多大学可以保留40%的招生名额，由学校自己举行入学考试，在附近地区的高中毕业生中择优录取。

第六，招收留学生。把留学生作为选择对象，一方面是从经济方面考虑，另一方面是从学术方面考虑。由于各国高等教育经费日益紧张，为了增加学校收入，许多学校招收海外学生，通过收取高昂的学费来弥补大学经费的短缺。比如英国、美国和澳大利亚等国家都招收了大量留学生。美国每年留学生能创收130亿美元。澳大利亚政府近日又公布了新的海外教育政策，鼓励和吸引更多的海外学生来澳读书。来自海外的学生每年为澳大利亚带来50亿澳元的收益，但是联邦教育部部长尼尔森表示还要提高这一数字。当然，招收留学生也可以促进国际学术交流。比如奥地利萨尔茨堡的莫扎特音乐和表演艺术大学，对新生挑选很严

---

① 王英杰，余凯. 美国教育［M］. 长春：吉林教育出版社，2000：184-185.

格，不看他们的肤色、国籍和门第，而完全看他们的才华。所有录取的学生中，将近一半是外国学生，来自德国、意大利、美国、英国、法国、俄罗斯、日本、中国等 40 多个国家和地区，正是这一选择策略使该校能一直享有高水平的学术声誉。在新加坡，高等学校很重视招收外籍学生，一般按招生总额的 20％来掌握。对此，国内有一些意见认为大学的招生名额还不能满足国内申请者的需要，不应当拿出这么多的名额来招收外籍学生。但新加坡的前任教育部部长兼新加坡大学名誉校长陈庆炎就说过这样的话："从学术的立场而言，光是本地生是不宜的而且是危险的，国际学生智能上的互相激励是学术成长的要素。"

三、分流选择方式的策略比较

从目前各国的实践来看，主要有六种选择方式，即以中学毕业证书为选择依据的证书资格型，以大学入学考试成绩为选择依据的选拔考试型，以学生的综合素质为选择依据的综合评价型，以学生情境应变能力为选择依据的面试审查型，以信誉为选择依据的推荐保送型，没有任何限制的开放入学型。

（一）证书资格型——以中学毕业证书作为分流选择依据

学生在中等教育即将结束时通过对高中所学各科目的水平考试，成绩合格，就可获得中学毕业证书，凭借毕业证书学生将分流到各种类型或层次的高等教育机构，一般不需要进行专门的高等学校升学考试。英国、法国、德国等欧洲国家主要采用资格认定型。资格型考试主要有以下特征：各种"教育平等"是支配资格考试的思想基础；考试在中等教育阶段举行，有大学的领导参与和监督，其性质为国家学位考试；中学毕业证书有种类之分，毕业证书种类与大学性质、专业相对应，但也存在不一致的问题；高中前的学习采取按能力分组的原则，高中乃至初中事实上已对学生进行了分流。中学与大学衔接紧密；不同类型与等级的中学毕业考试是分别进行的，从时间上给申请入学的学生以及大学录取工作留有充分的余地①。

---

① 于钦波，杨晓．中外大学入学考试制度比较与中国高考制度改革［M］．成都：四川教育出版社，2000．

资格认定型考试事实上是一种以中等教育的各科教学大纲为主要依据编制的水平考试，是一种目标参照性考试。其目的主要是检测学生掌握特定的知识是否达到了标准要求，而不是区别考生之间的差别。因此，这种考试只评价学生的达标程度，明确学生与教学目标的差距，评价学生学习程度与教师教学效果。英国、法国、德国等国家采取这种证书制选择方式，主要有两方面原因：一方面是这些国家的学制结构方面的原因。在这些国家中，中等教育的最后几年（相当于高中阶段）实际上具有大学预科性质，后期中等教育与大学联系非常紧密。这种联系可以追溯到中世纪的西班牙、意大利和法国的大学，这些大学都有大教堂或大学预科学校，作为大学教育的部分。这种紧密联系如今仍保存在许多欧洲大陆国家和其他遵循这种模式的国家中。如英国的第六学级、法国的长期教育类高中、德国的完全中学等，这些中学课程设置基本上为大学做准备，相当于美国大学一、二年级课程。学科分类和课程设置分组已很细，注重专业知识和技术的学习，如法国的普通高中，课程分五个组：A组（文学与哲学）、B组（经济与社会）、C组（数学与物理）、D组（数学与自然科学）、E组（数学与技术）；在技术高中，分为三个组：F组（工业技术）、G组（经济技术）、H组（计算机技术）。这八组的毕业考试科目和计分标准，均按类别不同而有所区别。通过考试后，都能拿到高中毕业证书，凭此就可以直接升入大学学习。因此，这种高中教育就成了高等教育相应专业的预备教育。由于大学经常直接或间接参与中学的教学活动或考试活动，因此，大学充分信赖这种中学毕业证书的价值。另一方面是大学自由精神和教育民主思想深深地影响着这些国家人民自由平等享有教育的意识。他们认为，所有的中学毕业生，只要取得了毕业证书，便有权进入任何一所大学和学习任何专业而不应该设置任何入学障碍。

这种资格型选择方式把中学毕业考试和大学入学选拔合而为一，经济高效，节省不少人力和物力，证书类型多样，学生享有宽泛的选择空间，但对已达标的及格学生的实际水平没有进一步的区分，也不利于了解学生的学术倾向性以及学生在学习上的潜力。因此，将通过资格型考试掌握的学生学习状况作为选择学生的标准，在事实上与大学教学与培养目标要求了解的学生状况有一定的差距，阻碍了高等教育分流目的的充分实现。因此，在采用证书资格型选拔方式的国家，许多高校抱怨学生的学习能力太差，中学毕业考试证书只证明具有大学学习权利，却没有自动地包含大学学习的能力。为了确保高等教育质量，这些国家不得不实行高淘汰率的策略来保证高等教育质量（如法国一般在大一结束时就淘汰大约50％不合格学生），造成高等教育资源的大量浪费。因此，这种资格型选择方式更符合高等教育大众化、普及化的要求，但却难以满足高科技发展与人才竞争的客观需要。

（二）考试选拔型——以大学入学考试成绩优劣为依据分流学生

选择考试作为分流选择方式，下列因素可对此做出解释：历史传统(比如中国)；考试能保证高等教育机会均等；考试能区别学生能力高低，保证高等教育生源质量；国家根据教育机构容量限制招生的需要；计划经济的存在，计划经济要求将高等教育的输出同对高度熟练劳动力有计划的需求结合起来等。

大学入学考试，从组织方式来看，有全国统一考试和大学单独考试；从考试的性质来看，有学业成绩考试和性向智能测验；从考试的形式来看，有标准化测试和传统主观测试。

统一组织考试最主要的优点是：大学入学考试由专门的考试机构组织实施，有利于考试的科学性；有利于提高考试成绩的准确性，可靠性；有利于统一考试内容和标准；便于国家对考试这个“指挥棒”的控制，更好地发挥它对中学教学的积极引导作用；有利于采用现代化的考试手段，提高考试效率，减少失误；有利于教材的统一管理和使用，能充分体现公正、公平竞争这一考试理念，能节省人力和财力，经济效率高，可以减轻各大学自己承担考试任务的负担；有利于高中对考生进行分流指导。然而统一考试的弊病也是显而易见的，它关注更多的是共性，无法反映出个性差异，用表面上的公平与平等掩盖了实质上的不平等。比如其困惑之一就是如何把选拔出来的学生安排在适合他们的学术领域。如果最具竞争力的高校或专业领域（诸如大部分欧洲国家医学专业）的招生要求最高的考分，而未能达到此高分进不了医学专业的学生随即被安排到他们的第二或第三选择专业，专业受挫会影响学生学习动机和今后的生计。相反，这种选择方式会鼓励最有能力的学生渴望上最具竞争力的专业，因为这是证实自己能力的一种方式，同时也是家长所期望的，尽管这些学生实际上对另一些专业感兴趣。而各大学组织的考试，能结合大学特征和需要，选出最适合自己需要的学生，但它更多地考虑了个性差异，忽视了共性的存在，不利于引导中学教学。每所大学都需要组织选择工作，增加了大学负担，学生奔波于各校考试，耗费学生更多的精力和财力。

学业成绩考试主要测验考生掌握学科知识的水平和解决问题的能力。不可否认，知识与能力之间存在必然联系，但这种过分强调知识性的考试，有可能导致中学学生通过死记硬背获得好成绩，出现高分低能的现象，以此成绩作为高等教育分流依据，难免使人们对其合理性和实质上的公平性产生怀疑。学术性向测验即智能测验。这种测验的目的，不在于测验学生在中学学到了多少书本知识，而是测验学生是否具备在大学学习的能力。这种测验克服了学业成绩考试的不足，但不能全面考查中学各科基础知识掌握情况。为了弥补二者缺陷和发挥各自的优势，美国的高校测验综合了二者优势，既考查学生在几个学科所掌握的知识和应用知识的能力，又考查学生的智能。测验的内容主要有三部分：第一部分是学术测验，考查学生在英语、数学、社会科学和自然科学等四个领域的学术水平；第二部分是兴趣测验调查；第三部分是学生能力特征测验。

标准化考试是产生于19世纪末，20世纪40年代逐步趋于成熟的一种新兴考试。标准化测验有其独特的优点：标准化考试具有公平性，可以避免人为因素对考试结果的影响；标准化考试的全程都受到严格控制，因而考试的信度和效度高；标准化考试引入计算机技术编制试卷、评分、检分和考试结果数据处理与分析，为实现考试现代化奠定了基础，同时还可以节省大量的人力、时间和经费。但标准化测验有其不可克服的缺点：由于考试采用大量选择题（含单选和多选），考生容易靠侥幸得到一些分数，所以，有人说标准化测验得到的分数是受到“污染”的分数；另外，客观试题答案唯一，很难测查考生以发散思维为主要特征的创造力和组织材料的能力。正因为如此，许多国家在选择学生时，在标准化测验分数的基础上，常常采用口试或以撰写小论文的形式来弥补标准化测验的不足。

（三）综合评价型——综合考查学业情况及其他方面来甄选学生

在实行资格型与实行考试选拔型分流的国家中，选择方式向着综合评价型方向发展是一种无法逆转的共同趋势。综合评价型分流方式一般考虑以下几方面因素：中学毕业证书考试成绩及类型或大学入学考试成绩；中学学习过程中成绩记录；记录学生兴趣爱好、个性品质及参与其他社会活动的能力等材料（如日本的调查书）；中学校长或班主任的推荐信；面试表现等。

当然各国在具体综合内容与形式上又有差异。英国在将CSE考试与GCEO型考试融合为一种考试的过程中，强调中学阶段各科的学科作业，体现了综合评定的思想。苏联把综合评价型考试称为“竞试录取法”，即把学生大学入学考试的考分，加上高中毕业证书所在各科平均分数得出总分，再根据总评比进行选择。日本的综合评定录取法包括如下内容：全国共同第一次考试的成绩；各大学自行第二次考试的成绩；记录学生高中学习成绩、出缺席情况、品德性格的调查书、体检表。其目的是防止“一考定终身”的统一高考的弊病。日本各大学在实行综合评定录取法时有些差别，有的学校侧重于第一次考试成绩，有的学校侧重于第二次考试成绩。

美国的综合选拔方式从20世纪初开始试行，直至今天仍是很多大学选择生源的主要策略。在多年实施的基础上，美国的综合评定方式较为完善，包括以下诸方面的评价：其一，专门考试机构组织实施的高等学校入学考试。包括：①学术性向测验（学业适应型考试）；②学业成绩测验；③高等学校测验；④托福测验。其二，其他入学条件。包括：①学生在高中时期所学课程及得到的学分；②学生在中学最后四年的平均成绩和中学毕业时在班级的排列名次；③学生入学申请书和推荐信（推荐信中记述学生的学习、活动、个性、兴趣、劳动、特长、社会交往等表现）。美国各大学在运用上述资料进行选择学生时存在一些差异，但大多数学校都是依据这些方面的资料来择优录取学生。

综合评价型是迄今为止较为理想的一种高等教育分流选择方式。因为它既兼顾了学生入大学学习的权利与能力，又注重了中学与大学的衔接，同时还避免了“一考定终身”的偶然性、戏剧性的结局。综合评价型以其有效性与准确性保证了高等教育分流的高效性，但是它也存在一些弊病。如英国有人对学生评语的公正性提出怀疑，认为写评语的人唯恐冒犯学生，使得写出的评语失去价值。也有人认为写评语的人的偏爱和个人癖好也影响评语的公正。对综合评定的另一种否定是认为这种方法过于烦琐，增加了高等教育分流的成本。

（四）面试审查型——当面口头或笔头考查来选择学生

这种考查是以单个被考为施测对象，依照事先约定时间或秩序逐个进行单独测试的一种考查方式。对每个被考来说，这种考试的规程、环境以及试题难度基本相同，但是具体的考试内容却不完全一致，尤其是某些随机抽签作答的考试的内容差别更大。在这种考查中，主考对被考的行为能真切地观察与恰当地控制，除了可以检查被考的知识、能力外，还能了解他们在性格、思维、应变能力等方面的个别差异。这种选择方式多应用于口语、技能及实际能力的测试，在选择对象较少或靠其他选择方式难于抉择时常采用这种方式。但这种选择方式耗力费时，不宜在大规模的选拔中应用。另外，评价误差不易控制，受主考主观因素和被考心理素质的影响较大，因此这一选择方式一般作为一种辅助选择方式在高等教育分流选择中应用。

（五）推荐保送型——以推荐主体的信誉为依据有条件或无条件选择学生

推荐保送型是对一些中学优秀学生、具有特殊才能的学生或特定社会需求的学生由中学或中学所在地教育管理部门推荐给高等院校，使他们优先享受相应的高等教育。有的国家高校不再进行任何形式的甄选方式，直接接受推荐学生；而有些国家高校还要参考其他条件（如某种考试成绩或什么奖励证书等)，才能接受推荐学生。现以日本推荐入学方式来看推荐入学的不同分流形式：(1）高中直升大学的推荐入学方式。高中在学成绩等资料通过审核后便可准予入学，采用此类者多为具有附属高中的大学，如立教高中直升立教大学。(2）指定高中推荐入学方式。由大学指定特定高中推荐学生，然后对被推荐的学生进行的资料甄选及面试，综合评量合格后才准予入学。有名的私立大学多采用这个方式，如庆应大学商学院。(3) 特殊专长推荐入学方式。有些大学规定各系可有一定比例用于招收在运动、音乐等方面有特殊专长的学生，可采取推荐方式，如亚细亚大学的特殊才能推荐与运动推荐。(4) 无须参加入学考试中心测验的推荐甄选方式。学生不需要参加大学入学中心考试，而依该大学的测验及面试等来决定学生录取与否，如筑波大学。(5) 须参加大学入学中心考试的推荐甄选。学生不但要参加大学入学中心考试，同时也要参加该大学自办的第二次考试，如鸣门教育大学。

推荐保送型选择方式实际上是一种集权性或极其“武断”性的策略，是建立在大学对推荐学校充分信任的基础之上的，因此，诚信问题是制约这一选择方式大范围实施的一个主要因素。另外，在被推荐的学生中缺乏可比性，所以，在选择推荐学校时，一般都有条件和名额限制。尽管如此，许多国家仍然把它作为众多选择方式中一种比较有效的高等教育分流选择方式之一加以灵活应用。

苏联在多种选择方式中，免试入学者当中有一部分是推荐保送的学生。推荐保送的单位是各种用人企业。被推荐保送的学生，上学期间由企业支付学费，学成毕业后，返回保送单位参加工作。

日本的推荐入学是在高等学校招生名额中留出一定数量的名额由中学进行推荐。由于推荐保送生的质量一般都较好，有的大学特别欢迎高中推荐的毕业生（如目前筑波大学推荐入学的学生占全校新生名额的35%左右）①。日本的推荐入学方式，对名牌大学来说，容易保证得到优秀人才，对二三流的大学来说，能防止和减少新生的缺额，是保证招生计划完成的一种手段。在称为“学历社会”的日本，这种推荐入学的竞争，对某些学校而言，要比考试入学竞争还激烈。

（六）开放入学型——无任何限制条件的选择方式

开放入学本来是中世纪大学产生时所采用的一种入学方式，但随着入学需求的增长超出了大学承受能力，才出现后来各种限额招生的淘汰

① 吴世淑．国外高等学校招生制度［M］．海口：南海出版公司，1992：182．

性高等教育分流选择方式。近年来，伴随一些国家高等教育大众化或普及化趋势及终身教育理念的深入人心，高等教育日益成为广大民众的普遍需求，开放入学又成为许多国家高校甄选学生的一种重要方式。由于各国高等教育入学制度和政策不同，在应用开放入学方式上也迥然不同。

英国的开放入学只针对开放大学，最大特点是“进口宽，出口严”。所谓“进口宽”就是来者不拒，招收一切想入学的人，不问学历，不要证书，更不进行入学考试，充分体现了开放的特点。“出口严”是指大学毕业，获得文凭很严格，通过严格把关保证开放大学的教学质量。

美国的开放入学却是在各种正规大学中落地生根。在部分正规大学中实行两种不同的开放入学方式，即完全开放入学与有限开放入学。实行完全开放入学的主要是一些社区学院。社区的公民不限年龄，不限学历，几乎都可以入学接受高等教育。实行有限开放入学的是部分州立大学和规模小的私立院校以及教会学校。一般持有本州中学毕业证书的学生全部录取。所谓有限体现在两个方面：一是要求学生参加大学入学的智能测验或入学考试，成绩作为参考；二是对外州中学毕业生要求中学成绩在班级的中等以上。美国的开放入学是通过“高淘汰率”来保证教育质量，一般在第一学期末就淘汰新生的50％。

法国也存在不太规范的开放入学方式。如巴黎第八大学，仅通过一次不需任何准备的谈话式“水平考试”，就可以进入大学学习。由于入学条件没有什么限制，巴黎第八大学来自第三世界的外国留学生在校比例高达30％～40％，学生中有工人、职工、家庭妇女、失业者，学校的学生有3万多人。

开放入学对传统的高等教育而言，无疑是一种强烈的震撼，对构筑学习化社会，促进终身学习具有极大的意义。但开放入学无法保证生源质量，学员学习能力参差不齐，对组织教学极为不利，教育质量只有靠高淘汰率来保障。因此，开放入学不适宜在高等教育的各个层次院校尤其是学术性精英教育院校实施。

从以上对各种选择方式的分析可以看出，任何一种选择方式都有其优势和不足。关键要注意审时度势，灵活应用，讲究一定的策略。

第二节　国外高等教育分流的分化策略比较

受先天、后天以及每个人主观努力等多种因素的影响，每个人在知识、能力等方面都存在着差异。只有在高等教育培养过程中科学合理分化，才能为个体成长提供有效的发展空间，为学生的潜能开发、个性发展提供适宜的生长土壤。分化策略是高等教育分化过程中所采取的方法和手段。本节主要阐述国外高等教育分流的三种分化策略：适时分化策略、适度分化策略、适才分化策略。

一、适时分化策略比较

适时分化就是把握大学生培养过程中分化时机，使高等教育分流更加科学化。在国外的分化实践中，一般把分化分为三个阶段，即初次分流定大类、中期分流定专业和后期分流定出路。

（一）初次分流定大类

初次分流，亦称进校后的第一次分流。这种校内的初次分流是为了完成某种教学或教育任务而实行的分流策略。国外大学教育基本上是分为两个阶段：基础教育阶段和专业教育阶段。比如实施改革后的法国大学，其本科教育的第一阶段的学制为 2 年，亦称其为“大学普通文凭”阶段，任务是继续进行普通教育，初步接触专业知识，传授科学的工作方法，通过“多学科的培养和方向指导”，为学生继续学业、改变专业或就业做准备；大学普通文凭分为 10 种专业方向：法律、经济科学、经济与社会行政、文学（内分 5 种专业）、人文科学（内分 5 种专业）、科学（内分 2 种专业）、社会科学与应用科学、神学、体育运动科学技术、初等教育师资。联邦德国的本科生教育同样也分为两个阶段。基础学习阶段：二年，主要学习基础课，在这一阶段，全系学生不分专业，学相同的课程。这种安排一方面是为了打好学生学习专业的基础，另一方面是使学生的水平趋于整齐，以便顺利进行下一阶段的学习。美国普林斯顿大学本科生教学要到二年级才以专业为主，一、二年级全部用于打基础，再加上选修课数量很大，从而避免了学生知识面狭窄化。这种策略给学生充足的时间来发现和明确自己所具有的真正特长，避免过早投入职业训练所带来的弊端，这样既有利于学生专业上的发展，也有利于学生综合素质的提高。

（二）中期分流定专业

中期分流是指在学生培养过程中的某一阶段，依据相关环境的需求和变化而实行的分流。中期分流的实施一方面可以提高基础教育阶段的质量，另一方面可以为专业教育阶段的发展奠定良好基础。在法国，获得大学普通文凭者，可以选择进入本专业第二阶段学习，学制为 2 年。任务是进行专业化，为学生就业和行使某种职业责任做准备。第二阶段的专业化比第一阶段分得细，共 249 种，划分为 14 个领域。而联邦德国的主要学习阶段，也称专业学习阶段。这是从理论和实践上培养一个专业人员的重要阶段，一般为 2 年至 3 年。在这一阶段学生要选择并确定自己的专业方向，一般是一个主修方向，一个辅修方向。学生大致要用该阶段一半左右的时间学习本专业必修的课程，其余时间学一些辅修课程和少量任选课程，同时，完成学校规定的实验、课程设计、专题报告、实习等学习任务。在美国高等学校中，学生也通常是在二年级结束或三年级开始前选择主修专业。但在主修专业选定以后，学生也可以随时改变主修专业。据统计，在三、四年级学生中，约有一半学生至少变更一次主修专业。

（三）后期分流定出路

对于毕业的大学生来说，有的可能继续学业，但大部分学生选择就业，因此，后期分化主要以职业为导向，充分体现学生的自主性。法国的会考教师和证书教师分别是从读完大学四年级和三年级并获得相应学位的人中招收，经地区教育中心一年的师范训练后分配工作。印度的师范教育中的非定向型培训是大学本科毕业后再修读一年教育专业，除本科的专业学位外，毕业后可获得教育学士或教学学士。俄罗斯联邦高等教育第一层次为不完全高等教育，学生如果想在获得不完全高等教育证书后就业就必须接受一年半以下的培训。

二、适度分化策略比较

我们倡导高等教育培养过程中把握时机，适时分化，并不是说无限制分化。各国在实践中探索出了一些适度分化策略，即严格把握基础阶段合格比例、科学控制专业阶段淘汰比例、合理限制本科学生直升比例。

（一）严格把握基础阶段合格比例

法国高等教育第一阶段学业淘汰率比较高，平均为50%～60%，文科在个别情况下曾达到80%以上。如第戎大学法律专业，1979年有222人得到大学普通文凭，而两年前在该专业第一阶段注册的人数为1198人。医科专业为热门，就读的人数较多，因而学生在第一学年结束时要参加升级考试（实质是正式入学考试），淘汰率常达到80%以上。德国大学强调学术自由，无学年考试的规定，但在两年结束时通常要举行一次考试，借此一方面预测学生将来毕业考试的成绩进行补救，另一方面淘汰一批不合格的学生。一般工科院校的淘汰率常达到30%～50%。英国高校的淘汰率不高，一般在15%左右。这与英国坚持英才主义的教育传统，选生较严，入学后又有导师制做保障，因材施教效果好等因素有关。

（二）科学控制专业阶段淘汰比例

法国高等教育第二阶段学业淘汰率比第一阶段要低，一般在30%～40%。美国西点军校全称“美国陆军军官学校”，是美国军队培养陆军初级军官的学校，学员自入校之日起，就要进行严格的检验与筛选，实行优化与淘汰制。第一学年新生淘汰率为23%，最终能学完四年毕业的学员占入学总人数的70%左右，女生淘汰率更高。美国兰德（Rand）公司2005年的一项报告指出，几乎美国50%的四年制本科生会从学校流失。德国的情况比美国稍好，在20世纪90年代，大学学生平均退学率大约为25%。流失的原因很多，但是，出于不用功、能力不足而遭淘汰的，占有相当大的比重。西方高水平大学的经验表明，在这样的学业过程中总是会有相当比例的人因为无法达到相应的水平和要求而被迫中断学习或者径直被淘汰。据《学位与研究生教育史》统计，德国硕士生淘汰率为27%，美国博士生淘汰率为38%。它们大概是平均数，实际上，一些大学的特定专业的淘汰率达到80%左右——这就是保证硕士学位和博士学位质量的代价。

（三）合理限制本科学生直升比例

学士学位是英国高等教育的第一学位（又叫初级学位），修业年限一般为3～4年（医学为5～6年），通常又分为荣誉学位（又叫专门学位）和普通学位（又叫及格学位）。前者又分为三级，最高等级是获得一级荣誉学位，最后能达到这一层次的人很少；接下来是二级甲等荣誉学位、二级乙等荣誉学位和三级学位；没能达到荣誉学位要求的学生被授予“通过”或“普通”学位。研究生一般只在获得荣誉学位的前2个级别本科毕业生中招收。英国一等荣誉学位，只有5％～10％的班内顶尖学生才有；二等上荣誉学位约占50％。二等下荣誉学位，约占一小半，属于班内后一半人。而三等荣誉学位和普通学位属于班里最差的人。好的大学发放的二等以上的荣誉学位为80％左右，差的大学大约30％。

三、适才分化策略比较

适才分化策略是因材施教的前提，国外大体采用完善课程结构、推行选修制度，明确专业属性、实施分类培养，关注个人需求、实行规格培育等策略达到适才分化的目的。

（一）完善课程结构，推行选修制度

美国高等教育有通才教育的传统。其本科阶段所培养的人绝大多数是在某一领域或学科略有所长的通才。美国高等学校本科生课程结构基本上是由三大类组成：普通教育课程、主修课程和选修课程。根据密歇根大学的研究统计，普通教育课程、主修课程和选修课程分别占学生学习课程总量的33％、34％和33％左右。学生入学以后，第一、二年通常不属于任何院系，不分专业，全部学习普通教育课程。普通教育由人文科学、社会科学和自然科学组成。因为美国各高校普遍认识到，学校不可能在短短的几年内，将某一学科或专业的知识全部教授给学生。学生掌握了专业知识，就能迅速顺利地实现知识迁移。主修课程也被称作集中课程，是本科生课程中保证知识深度的部分，它通常由一个学科或两个以上相关学科的若干课程构成。主修课为学生提供一个学科或学科领域的知识和研究方法，使得学生有机会进行批判性的分析和解决有关的问题，主修课程还使学生了解知识是怎样产生和如何随着时间、环境

等变化而变化，以及知识的复杂性、局限性等。主修课的目标有两个：职业专业化和预备专业化。选课制是学分制的核心和基础，是指允许学生在一定范围内自主选择专业、课程、教师、授课时间、修读方式和自主安排学习进程的一种教学制度。选课制的突出特点：首先是能够充分尊重学生志趣、性格、能力等方面的个性差异，学生在自主选择、自我设计的基础上激发学习兴趣，使其爱好和特长得到更好发挥；其次是可以促使学生提高自我管理能力和独立思考与判断的能力，合理分配时间、安排进程，进行有效的学习；再次是有利于实现教学过程中教学资源的优化配置和充分调动“教”与“学”的积极性。一般而言，选修课程分为“指定选修课”和“自由选修课”。“自由选修课”是指那些学校完全不加任何限制，由学生“自由”选择学习的课程。而“指定选修课”是指学校或系指定一定的课程范围（例如主修领域或普通教育领域），由学生在该范围内选修的课程。

（二）明确专业属性，实施分类培养

在法国开设最为普遍的十种专业，按顺序是现代文学、英语、法律、历史、地理、数学、经济科学、应用外语、德语、物理。这一阶段的专业可分为“基础性”和“终结性”两种。前者以文化知识教学为主，为学生参加两种中学教师资格考试和升入第三阶段继续深造做准备，如数学、物理、文学等专业；后者为学生就业服务，如应用外语、实验室技术等专业。为培养实用型科技人才，在英国，多科学院广泛开设的“三明治”课程，是教学体制和课程设置改革的主要方面，这种课程也叫工读交替制课程。它的学制比一般的学位和文凭课程要多一年，这一年主要用于学生的实践工作。“三明治”课程自开设以来，主要集中在理工科应用性强的专业，它从实践应用的角度为当地的企业培养了多种水平的专业技术人员，对经济和技术的发展提供了更多的实用价值。澳大利亚教育学士学位课程学制 4 年，其中一、二年级侧重于专业理论的学习，三年级将历史等课程引进课程教学计划，并安排 12 天左右的时间到中小学见习，四年级有 40～80 天在中小学实践。在印度，一般倾向于把文、理、商、法律和教育学科划为普通高等教育，而把农林、工程和医药等学科划为专业高等教育。

（三）关注个人需求，实行规格培育

规格培育或称个别化教学，就是适应个别学生的基础、特点和需要进行教学。20 世纪 60 年代以来，美国出现了不少个别化的教学方法，影响较大的是凯勒计划。凯勒计划把课程分为若干持续一周的单元或课题，由教师写出详细的课程大纲，学生参考印发的学生指南、传统的教材和报刊文章等资料独立学习，辅导员（主要由学过此课的学生担任）进行辅导。学生每学完一个单元，经考试合格进入下一个单元的学习。哈佛大学 19 世纪 40 年代开始了选修制度的探索。这一时期，哈佛选修制度的主要内容：一是允许二年级学生选修数学、拉丁语、希腊语和英语；二是将数学课程分为三类供学生选修，包括培养基本数学素养的一年制数学课程、培养教师的二年制数学课程和培养未来数学家的三年制数学课程。这种选修课模式充分体现出了规格培育的主导思想。

第三节　国外高等教育分流的分配策略比较

高等教育分流的最终目的是把接受高等教育的学生分流到合适的工作岗位上，使人尽其才，所以分配策略的科学选择将为高等教育分流活动画上圆满的句号。本节通过对不同国家的高等教育分配策略进行梳理，归纳整理出了五种主要分配策略。

一、学生自选策略

学生在就业过程中是否具有自主性，在高等教育分配中起着关键作用，因为学生是就业的主体。学生的自主作用体现为：(1) 自主意识，没有依赖心理。(2) 适应意识，适时调整专业方向，补充知识不足。(3) 竞争意识，投身市场，竞争取胜。(4) 创造意识，重实际创造，有的走独立创业（个人公司）的道路。在国外基本上看不到类似动辄上百家企业和上万名学生参加招聘会的现象，大学毕业生更具有主动性和承受力，因为他们成长在纯粹的市场体制中，接受自由市场的选择，没有计划体制下国家包分配的束缚，在学生完成了高等教育后普遍采取自选策略分流到合适的工作岗位上。比如，德国大学生就业完全社会化、市

场化，强调学生自我负责；日本大学毕业生的就业制度是自由就业制度，政府和学校都不负责安排毕业生的工作；美国实行的也是大学生自由就业制度，学校对大学生就业不承担责任。

二、学校引导策略

国外高校尽管对学生就业不负什么责任，但由于毕业生就业情况关系到高校的声誉和地位，特别是关系到学校的办学效益，所以仍然普遍重视在学生就业中加以有效的引导。每所学校都设置了形式不同的专门机构，保证必要的人员编制和经费投入，针对专业教学的缺陷和学生素质的不适应，进行系统的课程培训，进行必要的自我评价、专业定向和择业目标指导，提供丰富的就业信息，拓展实践途径等，通过有效的引导使学生顺利就业、正确择业。

美国高校十分关注大学生就业引导策略，投入了大量的财力、物力、人力，经过多年探索形成了以下特点：

一是工作模式全方位。在过去的数十年间，美国高校就业引导模式经历了由传统向现代的转变，引导内容和方法不断地更新；工作重点已由过去的注重就业安置和资讯提供转变为注重加强培训和辅助发展；辅导范围由择业指导拓展为将事业、心理、学术三者合为一体的辅导和全面发展；就业指导由过去的行政服务性工作转变成具有教育职能的教学性工作。就业辅导的基础由原来依赖常识、直觉和经验，上升到注重理论研究与调查相结合的专业化服务。指导对象由只侧重应届毕业生转为面向所有年级，甚至包括研究生在内的各类学生，引导的质量从单一内容和方法，向以学生为本的多元化服务迈进，引导观念也从一生只能作一次决定，延展到在一生成长中不断再决定。

二是工作内容丰富而细致。就业引导工作内容可概括为以下几方面：以心理测验和职业咨询为方式的自我认识指导；以提高应聘技巧，增强职业竞争力为目的的求职工作技巧和培训课程；以了解职业特点和职业要求为目的的小组训练和讲座；以增强职业适应性为目的的社会实践活动。高校的就业指导工作不仅内容丰富多彩，形式花样迭出，而且注重质量和实际效果，工作做得非常细致。比如美国高校启动的“展才活动记录计划”把学生在大学参加的活动记录下来，凡参与该计划的学生在毕业时，将免费得到一张活动记录，同时可以两次免费寄到申请职位的雇主手中，以增加受聘的机会。

三是工作方式注重全程服务。将就业引导纳入高等教育系统的组成部分，对有不同发展需求的学生会提供不同的辅导内容。某些大学实行的“优质职业培训计划”，选拔成绩及素质比较高的学生，从低年级开始对其进行全程的就业引导服务和求职技能训练。在学生求职时，鼓励他们竞聘一些著名的公司。

四是工作人员实行全员参与。在美国高校中，辅助学生就业工作的人员范围广泛，比如专业教师、学校行政人员、学生会组织、政府有关部门、社会研究专家及就业指导理论学者等。各高校都建立了专门的“校友事业网络”，利用网络联络各届校友，这些校友经常被邀请回母校举办讲座，为在校生和毕业生提供职业方面的意见。

五是工作手段上普遍使用职业测试工具。职业测试作为一种辅助工具，已广泛为美国高校就业指导机构所采用。常用的职业测试工具包括自我定向探索（Self-directed Search，简称 SDS），斯特朗-坎贝尔兴趣量表（Strong-Campbell Interest Inventory，简称 SCII），霍兰德职业爱好量表（Holland Vocational Preference Inventory，简称 HVPI），塞普尔工作观量表（Work Values Inventory，简称 WVI）等，测试结束后，工作人员根据不同的情况，以个人和小组两种方式对测试结果进行解释，并且开展测试后的跟进工作，内容包括提供各行业资料、求职技巧训练、解决心理障碍或压力和指引学生做出选择等。

英国的高校充当就业引导的“高参”。英国高校一般都设有“毕业生就业指导服务部”，它既是学生们就业信息的主要“数据库”，又担负着为他们排忧解难，对症下药的心理辅导服务。服务部的资料储藏非常丰富，不仅有用人单位的需求情况，也包括各种奖学金、教育基金资助下的深造途径等。服务部的工作人员常年与用人单位保持密切联络，了解人才需求情况，经常会根据媒体的一则报道或广告登门拜访企业，建立联系。英国高校在学生就业上的引导工作主要侧重于服务模块的建设，大学设有专门的就业咨询人员，向学生提供就业信息，帮助分析学生的具体情况，规划求职方向，教他们如何根据用人单位的要求写专门的求职信、面试中的注意事项等。对于学生就业引导从大一新生开始，甚至是从入学前就开始分阶段开展职业引导教育和训练。在英国大学里做就业辅导的教师大都拥有心理学等专业的博士学位，因此，对于毕业生的辅导除了择业外，还包括个性分析、职业生涯设计等更重大的内涵，预约谈话的毕业生终日不断。

三、企业参与策略

国外企业普遍重视人才选聘的战略与策略，打造企业品牌，重在发挥人才优势。企业之间的竞争最终还是人才的竞争，所以企业充分发挥在择优用人上的主体作用，积极参与到大学生分配就业工作之中，促进了大学生更加合理分流。企业参与学生分配主要采取了以下策略：

一是通过提供工作实习参与学生分配。企业直接承担求职者的实习与培训，其优势体现为：(1) 通过培训把培养过程与选聘人才结合在一起；(2) 有择优聘用的自主性与主动权。法国大学为提高学生就业率，很重视大学生实习，实习期一般为一个月，某些专业达到几个月，分几个年级按阶段实行。通过实习，大学生们与各企业进行多层双向的交流，双向认识，最后做出大家都比较满意的双向选择。加拿大高校也很重视大学生的工作实习或合作教育。加拿大大学生的工作实习或合作教育是针对工作探索进行的，学生参加工作实习，一方面探索个人对职业的适应能力，另一方面为就业作铺垫，抉择是否到实习单位就业。企业雇主与学校一起负责考查学生的实习情况，鉴定实习是否合格，并按实习次数和时间，有的发单独的实习证书，有的在毕业证书上加注实习经历，雇主在用人方面很看重学生的实习经历和表现。德国的用人单位、企业也非常重视吸纳大学毕业生，重视与高校的紧密合作，共同来制订学生培训计划，并为共同开发的培训计划投资，包括提供充分的带薪实习岗位，如宝马公司每年要接受毕业生 800 名左右，为学校提供的实习岗位达到 1200 个，毕业生实习期长达 3 至 6 个月。

二是通过校友联络参与学生分配。充分利用校友的关系也是企业参与大学生分配策略的一种有效途径。在美国，由于校友遍布全国各地，有企业经理、政府人员、部门负责人等，其中有的就是负责招聘毕业生的工作人员。校友们关心学校的发展，是企业与学校联系的主要手段之一。一般说来，校友对母校比较了解，彼此之间信用度高，也愿为母校尽力。校友为母校服务的过程本身对自己企业的声望也有提升作用。同时，美国许多大学都有“校友俱乐部”，利用校友关系向社会各企事业部门介绍本校毕业生情况，通过校友介绍或直接被校友所在部门录用，也是美国高校提高就业率的一种方式。

三是通过招聘会等形式参与学生分配。通过举办各种招聘会或见面会，企业与学生直接面对面交流，使学生流向更科学合理。澳大利亚每年有两次“就业之夜”和“校园会见”，安排学生与企业单位见面，效果良好。日本高校也组织“见面会”，既为企业提供招聘咨询，又为学生提供与社会接触的机会。

四、中介协调策略

在国外，一般都建立了许多营利性或非营利性中介组织，这些组织直接或间接参与到大学生分配过程中，搭起企业与大学生之间的桥梁，使供求双方互相了解，提高学生分流效率。

美国有许多非营利性就业中介组织，其中以全美高校和雇主协会(National Association of Colleges and Employers，简称 MACE) 最为著名。MACE 目前吸纳了 1800 多家高校和 1900 多家用人单位作为会员，每年为100 多万名大学毕业生提供就业服务。MACE 的宗旨是穿梭于毕业生和用人单位之间，帮助毕业生找到满意的工作，帮助用人单位制订有效的招聘计划并为之提供优秀人选。MACE 很注重调查研究，通过最新数字的比较向毕业生和用人单位提供动态信息。比如就双方共同关心的新毕业生的底薪问题专门创办杂志《工资调查》。MACE 从事的是一项重要的工作——帮助学生选择对自己的发展最有益的工作，帮助用人单位招聘最合适的人才，并使两者之间达成最佳匹配，这就要求其从业人员不仅要有较高的专业素养，还要有良好的职业道德。

在日本，大学生分配不单是教育问题，更是一个社会问题。厚生劳动省在全国各主要城市都设有学生职业中心，作为高校毕业生就业的办事机构。如厚生劳动省下属的福冈学生职业中心，就是专门为应届毕业生、毕业未超过一年希望就业的毕业生免费推荐和介绍工作的机构，希望就业的学生在毕业前要到学生职业中心登记，介绍自己的学习经历、特长和爱好，提出自己的就业意向，如希望就业的行业、所在地和具体岗位等。中心根据毕业生本人的特点和要求，为之介绍符合条件的职业。大学生毕业后，若在一定时间内还未找到合适的工作，中心就为其组织职业培训和各种实习活动。培训结束后，中心再对其进行就业面试技巧和适应性训练的指导，以增强他们推销自己的能力和就业的信心。

五、国家调控策略

在国外，尤其是欧美发达国家，政府一般不直接干预或负责大学生分配问题，但仍通过立法、经济、政策、咨询等手段实行间接调控。

日本政府对毕业生就业实行间接控制，其手段主要是强化立法和政策引导，而对毕业生就业的微观运行不加干预。日本的大学生就业工作是在政府统一管理下开展的，它主要由主管国民福利和就业问题的厚生劳动省负责，而不是由负责教育的文部科学省承担，从这一点也可以看出，在日本，大学生就业问题不单是教育问题。

法国设立了大学生就业指导中心，每个地区也都设有大学生就业指导机构，为大学生提供免费的就业指导与服务。

德国大学生就业工作属国家劳工部管理，大学生就业的信息化工作由劳工部信息管理中心承担。德国近年来由于经济发展放慢，就业问题较突出，在大学毕业生中，法律、新闻、教育、人类学等专业就业难，这一问题引起了政府的特别关注。政府采取了相应的一系列政策，其中重要的是强化劳动局系统的就业服务职能，靠社会保障体系给予充足的经费投入，加强就业培训，使大学生就业服务体现为政府行为。信息管理中心设立就业服务网，网上分别设置企业岗位空缺、职业方向和再培训等数据库，并由不同的专业部门管理。在就业服务网上，通过网络为大学生提供各方面的信息服务。另外，在德国拥有大学的城市均设有为大学生就业提供服务的就业团队。劳工部信息管理中心和各大城市的大学生就业服务团队紧密协作，开展大学生就业指导与服务。具体分为三个层次：一是对正在就读的学生举办就业培训，调整课程内容，使学生朝着有利于就业的方向发展。二是对即将毕业的学生，指导他们撰写就业申请书，组织他们参加中心网上举办的各类就业招聘活动，帮助其进入劳务市场择业。三是将毕业时有一定经验的学生介绍给企业，由学生直接与企业、雇主见面，实现就业。德国就业组织管理的突出特点就是把就业政策制定机构与宏观经济管理机构合而为一，在组织机构上保证就业与经济发展紧密衔接，同时充分发挥就业政策执行机构的作用。如学生在就业过程中，国家就业组织管理机构可以给予材料费、汽油费、汽车费等有关费用的补贴。对毕业后因知识、技能欠缺在一定时间没有找到工作的，政府为其进行 3 个月的培训、补课，费用由国家劳工部支付。劳工部还指导企业、雇主到高校选择学生，高校也把企业、雇主请到学校来，直接与学生见面，减少中间环节。劳工部充当了高校与企业、雇主之间的桥梁。

加拿大的各级各类教育由各省自主管理，联邦政府予以一定资助，各省政府设有主管教育的教育部和主管劳动就业的人力资源部，人力资源部一方面在全省各地设置职业指导所，负责学生及社会上其他人员的就业，负责对失业人员、移民、初次就业申请者进行培训指导，包括求职信、履历表的写法、面试技巧等。政府还为大学生工作实习提供资助，凡接受大学生工作实习的雇主，政府提供实习学生的工资补助。政府通过使用就业率这一杠杆推动学校重视就业指导及服务工作，政府人力资源部在毕业生毕业几个月之后，通过电话、雇主反馈等方式调查统计各高校毕业生的就业率，按就业率高低，把高校分为好、中、差各三分之一，将每年对学校拨款总数的十分之一用于奖励就业率高的学校，其中就业率为前三分之一的学校获得奖励总额的三分之二，处于中间三分之一的学校获得奖励总额的三分之一，处于后三分之一的学校则得不到奖励。政府开发并设立的就业指导网面向学校低价出售使用权，学校仅需花少许的钱便可买到使用权，学生可以快捷地获得就业的有关信息和政府提供的帮助，包括招聘信息、各种职业对受教育年限要求和报酬的统计资料及各种行业职业在社会的需求状况、社会职业从业人员对本人职业的客观评价等。此外，政府还为个人提供了解就业倾向的自评软件，为求职者进行自我分析提供方便。

风靡韩国的大学生创业热，也是在韩国政府的大力推动下形成的。在韩国政府的各种鼓励措施中，效果最直接的就是成立以大学为中心的“创业支援中心”。这些中心提供租金很低甚至免费的办公室，以及办公桌椅、电脑、上网线路等各种设备，中心还帮助大学生联系各专业的指导教师，协助进行可行性调查和分析，向经验不足的大学生提供法律、税务、谈判等咨询服务，还帮助大学生进行筹资。对大学生要求进入创业中心的申请，韩国政府和学校进行严格筛选，寻求创业的大学生需要提供详细的创业计划书，然后由大学教授和创业投资专业委员会组成的评价团来评价其创业项目可行性。与此类似，在丹麦，为了鼓励大学生自主创业，政府采取了一系列措施对创业者在一定时期内予以经济支持。

第九章　高等教育分流的发展趋势

第二次世界大战以来，各国经济恢复与发展的需要、现代科学技术的新发展、高等教育适龄人口数的激增以及教育民主化思潮的高涨等诸因素综合促成了高等教育的大发展。世界高等教育的数量和规模不断扩大，形式和类型日益增加，结构和功能渐趋复杂多样化。许多国家先后步入了高等教育的大众化发展阶段，部分高等教育发达国家已率先进入了高等教育的普及化发展阶段。基于各国高等教育自身的大发展，世界高等教育的分流也呈现出一些新的发展趋势。这些趋势主要是：分流主体的多元化、分流对象的大众化、分流目标的综合化、分流结构的合理化、分流策略的科学化、分流过程的民主化以及分流机制的协调化。

第一节　分流主体的多元化趋势

高等教育分流主体是一个复杂的主体系统，政府是高等教育分流决策与调控的主体，企业、家庭与个人以及与高等教育分流活动相关的社会组织是重要的参与主体，而高等学校和各类高等教育机构则是高等教育分流执行的主体，也是分流主体的核心。因此，此处所论的分流主体主要是指各类高等教育机构。

二战后，随着高等教育大众化的发展，接受高等教育的人数越来越多，人们对高等教育的需求也越来越多样化；同时，受一定时期经济不景气的影响，高等教育资金投入不足成为阻碍各国高等教育发展的共性问题。旺盛的高等教育需求与短缺的高等教育资源供给之间的矛盾日益突出，推动了社会、政府与大学关系的再调整。高等教育市场化或产业化成为一种必然的趋势，各式各样公私并举、校企结合、多元联办的颇具特色的高等教育分流主体应运而生。高等教育分流主体的多元化趋势主要体现在以下四个方面：

一、公立高校力度加大

公立高校是由国家或政府部门兴办和管理的高等教育机构。20世纪50年代以来，随着高等教育自身的发展、结构和功能的渐趋多样化，高等教育在适应社会发展和促进个人发展中的作用日益增强，高等教育机构也由社会的“边缘机构”日益演变为社会的“轴心机构”。于是，各国纷纷出台相关的高等教育政策，将高等教育纳入其议事日程，首先加大了在高等教育分流中起着核心作用的公立高校的建设力度。

各国加大力度建设公立高校，主要体现在政策上重视、经费上支持、管理上协调等诸方面。其一，各国无一例外地认识到高等教育的重要性，并将其纳入政府的议事日程，从政策上高度重视公立高校的建设和发展问题。法国将高等教育事务归入国家计划的重要组成部分，对公立高校的目标、入学人数、毕业生数等都有相关的政策规定；素以地方分权自治著称的美国，也越来越认识到联邦政府在高等教育上的职责，以1965年颁布的《高等教育法》为标志，开始并强化其公立高等教育政策。其二，在经费上加大对公立高校的支持力度。据统计，美国1964年以联邦政府资金为主的外来资金占整个高等教育科研经费的92%，总计高达12亿美元；1991年联邦政府投入高校科研的经费达到100亿美元左右，占高校科研总经费的56%[①]。英国传统的大学并非政府建立，但二战后，政府向大学拨款的比例连年上升，1953年政府拨给大学的经费已占大学全部经费的69.6%，到1973年，这一比例上升到76.4%[②]。即便在70年代以后，面对经济危机的冲击，各国在财政较困难的情况下仍保证了对公立高校经费上一定的增长率。

① 杨晓波．美国联邦政府的高等教育政策［J］．外国教育研究，2003（10）：31-36.

② 于富增．国际高等教育发展与改革比较［M］．北京：北京师范大学出版社，1999：212.

诚然，为适应时代和时局的需要，各国虽不乏将公立高校推向市场、以竞争促发展的举措，但总的来说，正是国家或政府经费上的支持保证了公立高校的持久发展。其三，政府还通过管理上的协调来加强公立高校的建设。管理上的协调包括整体规划各类公立高校的格局、整体层次、科类结构，积极促成各公立高校之间的合作等。例如1960年美国《加州高等教育总体规划》从全州范围通盘考虑，规划并协调了高等教育的整体格局，构筑了一个包含两年制社区学院系统、四年制州立学院系统和授予博士学位的大学系统在内的高等教育体系。此外，管理上的协调还包括建立一套质量的评估、监督和保障机制，以促进公立高校的办学效益等。

由于政府的重视，二战以来，各国公立高校得到了较快的发展，对高等教育的分流做出了突出的贡献。美国公立高校总体规模不断扩大，公立高校在校生人数有较快的增长，“目前美国公立高等学校在校学生总数占整个高等学校学生总数的比例，一般保持在75%左右”[①]。日本的公立高校主要包括两部分：国立大学和公立大学。其中作为公立高校主体的国立大学承担着全国近2/3的研究生教育，地方政府主办的公立大学为分流培养地方经济建设所需的科技人才做出了突出的贡献。法国所有的综合大学和一部分的“大学校”都是公立的，90%以上的在校生在公立高等学校就读，且公立高等学校代表着国家高等教育的优质水平。德国的高等教育分流主要是由公立高校承担的，公立大学就读的学生占大学就读学生总数的99%以上，公立高等专科学校就读的学生占在高等专科学校就读学生总数的93%。英国由地方教育当局设置并管理的多科技术学院和继续教育学院也得到了较快的发展，对高等教育分流培养技术人才、服务地方经济发挥了重要的作用。印度所有的大学均是公立的，且承担着高层次的研究生教育的分流任务。由此可见，各国的公立高校作为高等教育分流的核心主体，对容纳高等教育分流的对象、拓宽高等教育分流的服务面等作出了巨大的贡献。

---

① 于富增．国际高等教育发展与改革比较［M］．北京：北京师范大学出版社，1999：111-112．

二、私立高校蓬勃兴起

私立高等教育可谓欧美国家高等教育发展的源头，20 世纪中叶以后，更是私立高等教育迅速发展的时期，它不仅规模迅速扩大，而且出现了多层化，在高等教育的分流上展示了它的独特作用。在美国，私立高等学校数一直占高校总数的大多数，仅 1970 年至 1987 年的 17 年间私立高校就增加了 326 所。美国的私立高校中有一些极负世界盛名的研究型大学，如哈佛大学、耶鲁大学，同时也有大量的所授最高学位为学士学位的文理学院和单科性的专业学院。法国的私立高等学校的数量远远超过公立高等学校的数量，且多为培养社会需要的实用型人才的大学校类高等学校，它们尤以规模小、管理灵活为特色。德国的私立高等学校虽然规模小、数量少，但在高等教育的分流上起了一定的辅助作用。英国应该是最有私立高等教育的传统的，但 20 世纪以来随着国家政府资助力度的加大，高等教育越来越公立化了。即便这样，英国仍有其私立高等教育分流主体的典型代表——白金汉大学。该大学完全依靠企业界、个人捐赠者和学费资助办学，不接受政府的资助，享有高度的自治权，是纯粹的私立大学。日本私立大学是在 20 世纪才开始产生并得以发展的。近一个世纪以来，日本的私立高等教育得到很大的发展，承担了高等教育分流的主要任务。据 1943 年的一项统计，私立大学就读的学生占当年在校学生总数的 58%；从教育的层次上来看，私立大学容纳了全国 75%的在校本科生，是大学本科教育的主要承担者；短期大学的绝大部分是私立学校；据 1996 年的统计，日本私立短期大学数占短期大学总数的 84%，容纳了全国 92%的短期大学在校生。另外，日本还有一些著名的私立大学，其中以早稻田大学与庆应大学为突出代表。韩国的私立高等教育异军突起，业已成为韩国高等教育的主体。巴西的私立高等教育在该国的高等教育系统中占据主导地位。20 世纪80 年代起，智利私立高等教育开始崛起，1980 年至 1990 年间开办了 40 所私立大学、79 所专业学院和 161 所高等技术培训中心（均为私立的）[①]。

---

① 谢安邦，曲艺. 外国私立教育［M］. 北京：中国社会科学出版社，2003：243.

我国有着悠久的民办（私立）教育的历史。一些著名大学（如辅仁大学、复旦大学、南开大学、厦门大学等）的前身都是私立大学。新中国建立后国家实施政府包办教育的政策，致使民办大学销声匿迹。改革开放以来，民办高校异军突起、蓬勃兴起。“中国民办大学在70年代末80年代初开始恢复，至1999年底已发展到1270所。”① 民办高等教育先后经历了1984年—1988年和1992年—1994年两个高峰发展期。总之，二战后世界各国私立高校蓬勃兴起，成为高等教育分流的生力军，发挥了重要的教育分流作用。私立高校尤其对扩大高等教育的覆盖面、满足人民多样化的高等教育需求、促进个性化的教育等发挥了重要的作用。

三、企业办学方兴未艾

企业办学是指由企业投资开办并管理高等教育的办学形式。企业大学一般由一些极负盛名的大公司直接投资开办，主要开设与该行业相关或相近的一些技术性专业。它多为一些培训性质的学院，当然也有少数专门从事开发、研究的高级学院，其教学特色在于能较好地将理论与实践结合起来，学生既在企业大学学习相关的理论知识，又在企业直接从事实际的动手操作。企业大学对于企业来说常常具有立竿见影的功效，一般具有较好的经济效益，也颇受学生的青睐。在全社会共同办教育的过程中，企业作为一个经济实体对教育进行渗透业已成为教育发展的一个重要趋势，企业大学业已成为现代高等教育主体中一种颇具特色和顽强生命力的办学主体。

自20世纪80年代初以来，企业大学的数量迅速递增，到目前为止，美国已有企业大学1600多所，其中40%多为世界500强企业所办。办得较为成功并有一定影响的企业大学有：位于马萨诸塞州的唐博鲁，由王安电脑公司创办的“王氏研究生院”，IBM公司设在纽约州索思伍得的“技术学院”，通用汽车公司创办的“通用汽车学院”，国际商业机器公司创办的“企业技术学院”等，其中又以“通用汽车学院”（GMI）最为著名。该学院直接从高中毕业生中招生，学生入学后一边在公司所属

① 吴畏. 民办教育的改革与发展［M］. 北京：教育科学出版社，2002：43.

企业里工作，一边在学院里学习，通过5年的学习，学生毕业后大部分被公司录用。日本也掀起了企业办学之风，如1990年4月松下电器公司开办“松下政经塾”，1991年4月丰田汽车公司开办“丰田工业大学”，随后还有大荣百货公司开办的“大荣流通大学”、三井不动产公司开办的“不动产大学”、日立公司开办的“日立工业专门学院”等。在我国尚无企业办普通高校的先例，但不乏企业与其他主体联合举办高等教育的积极尝试，同时也出现了一批行业培训性质的学院，如海尔大学、春兰大学、金蝶大学、四川新希望大学、联想学院、康佳学院、明基学院、伊利集团商学院、武汉小蓝鲸企业商学院等。总之，企业办学也是当今世界各国高等教育分流主体中不容忽视的一股力量。

四、多元联办大势所趋

从以上各国高等教育分流主体的分析我们可以看到，二战以来各国在发展高等教育的过程中，出现了方兴未艾的企业办学。然而在高等教育分流主体上的公私立分类只是一种粗略的笼统的分类。事实上，随着社会及高等教育的发展，二者的界限并不是那么明显，有的高等教育机构兼具公私立的性质，或是介于二者之间。由此可见，“非此即彼”的传统的“二元办学”的划分方法已不再适用。从实践上来看，各国在高等教育分流过程中都注重了从本国的实际出发，大胆尝试，另辟蹊径，因此，形成了多元联办的办学主体。多元联办是适应时代发展的高等教育市场化、产业化的必然结果，也是投资主体多元化的集中体现。在当前高等教育的需求和供给存在矛盾的时代背景下，多元联办有利于筹集一切可资利用的资金来集中发展高等教育。因此，多元联办正成为当今世界高等教育办学主体的普遍模式，也将逐渐成为高等教育分流主体的理想选择。

分流主体多元联办的形式很多，既有国家和个人的联合，又有社团和个人的联合；既有政府和外资的联合，又有企业和其他主体的联合，甚至还有国有、集体、私有的混合主体；既有一国范围内的多主体联合办学，又有多国之间的合作办学，如德国工读交替制的职业学院多由企业与其他主体联办，原东欧国家就存在大量由企业、协会及国内外基金会联办的外语学院，俄罗斯的企业管理和市场学院，也是由国立院校、外国院校、财团、公司、企业及国际基金会组织等合办的。

我国在办学体制改革的过程中，经过不断的探索，形成了形形色色的多元联办的办学主体，概括地讲主要有以下四类：“国有民办”型高校、“一校两制”的附属型民办学院、股份制学校和中外合作办学的高校。“国有民办”型包括社会承办学校（也称为“民办公助”）和公立“转制”学校（也称为“公办民助”）。前者是由个人或社会团体出面，承办人筹备一定的启动资金，向政府教育部门或其他部门租赁、借用一定的校舍、场地开办起来的学校。通常承办者与教育行政部门签订一份合约，以明确双方的责任和义务。后者是政府将原有的公办学校交给有法人地位的社会团体或公民个人进行“转制”试验。这些学校享有民办学校的政策和待遇，但办学主体仍是政府，承办者根据承办协议对政府负责。它是一种在办学体制改革过程中为了稳妥发展而采取的过渡形态。不论是哪种形式的“国有民办”教育主体，实质上都属多元联办的形式。“一校两制”的附属型民办学院，一般也称之为“民办二级学院”，它依托母体高校的教育资源和社会声誉等优势，同时采取民办高校灵活的运行机制。股份制学校主要靠筹集社会各方面资金，采取股份制的运作方式来发展高等教育。中外合作办学是高等教育国际化的直接结果和重要体现，是一种跨国界的多元联办形式。

第二节　分流对象的大众化趋势

高等教育分流对象的大众化趋势是多种因素综合作用的结果。首先，分流对象的大众化是社会科技、经济发展的客观要求。20 世纪以来，即便经历了两次世界大战的重创，但由于科技的推动，世界经济仍然得到了较快的恢复和发展，客观上需要通过高等教育培养大量具有较高素质的专业人才。其次，教育民主化的思潮日益高涨，人人应该平等享有接受高等教育权利的呼声也促进了高等教育分流对象大众化。再次，二战后高等教育适龄人口的激增与教育系统自身的发展，也使高等教育分流对象的大众化成为一种必然的发展趋势。有资料显示，全世界的大学生入学人数从 1960 年的 1300 万增至 1995 年的 8200 万。高等教育分流对象的大众化主要表现在以下几个方面：

一、高等教育规模扩大

20世纪以来，世界高等教育学生数量的变化，大致分为四个时期：①20世纪初至50年代，高等教育学生数量一定程度的发展时期。美国在该时期随社区学院的崛起和发展，高等教育数量上发展很快，到二战前已基本实现大众化。在此时期，日本各类高等教育机构的在校生数量也大为增加，1914年为49319人，1920年为80010人，1925年发展到133941人，1945年为316308人，1945年是1914年的6倍多[①]。②二战后至上世纪70年代初，高等教育学生数量的大扩张时期。这一时期由于受战后“婴儿热”人口出生高峰期的直接影响，世界高等教育迅猛发展，仅在1960年—1975年的十五年间，全世界的大学生数量就从1200万人增加到3400万人[②]。1958年至1968年，美国高等学校的在校生数量由322万人猛增到692万人，平均年增长率达7.9%[③]。日本上世纪60年代比50年代的大学生在校人数增长了1倍多，从1960年至1970年，在校大学生又从68万人增加到165万人[④]。③上世纪70年代至80年代末，高等教育学生数量进入减缓增长或收缩调控期。进入上世纪70年代以后，一方面受经济危机的影响，另一方面也是高等教育自身发展规律的制约，加之同期人口出生增长率的减缓、劳动力市场的饱和等因素的综合作用，世界高等教育发展速度放缓。1970年至1980年被称为美国高等教育史上的“危机时代”。日本以1976年《整顿高等教育规划》为标志，进入了控制数量的发展时期。当然，德国高等教育的发展与上述分期稍有出入。德国高等教育的发展起步较晚，上世纪60年代始开辟“第二条教育途径”，60年代后期加快发展速度，80年代以后仍持续发展。④上世纪90年代以来，高等教育学生数量进入第二次大扩张时

---

① 黄福涛. 外国高等教育史［M］. 上海：上海教育出版社，2003：248-331.

② 符娟明. 比较高等教育［M］. 北京：北京师范大学出版社，1987：67.

③ 黄福涛. 外国高等教育史［M］. 上海：上海教育出版社，2003：248-331.

④ 胡建华，周川. 日本高等教育研究二十年［J］. 高等教育研究，1994（1）：18-27.

期。随着知识经济的到来，人才成为重要的战略资源。高等教育对于国家和个人所带来的巨大利益推动着世界高等教育的快速发展。1995年，世界高等教育入学率超过15%，进入大众化阶段的国家已有47个。全世界有美国、加拿大、法国、澳大利亚、韩国等9国高等教育入学率超过50%，进入普及化阶段。到1997年全世界共有11个国家进入了高等教育普及化阶段。美国高中毕业生进入大学的比例从1979年的49%提高到2000年的70%以上。据联合国教科文组织统计，2004年世界高等教育在校学生达到1.32亿人，占世界总人口63.96亿的2.03%，也就是说全世界有2%以上的人口正在大学学习。全球高等教育毛入学率从1999年的18%提高到24%，其中有38个国家和地区超过50%，最高的韩国达到87%。另据联合国教科文组织资料统计，在有数据统计的95个国家中，2003年有33个国家进入高等教育普及化阶段，数量上比1995年增加了24个；62个国家处于大众化阶段①。我国自1999年实行高校扩招政策以来，招生数亦年年增加，目前已经全面实现高等教育大众化。据统计，1999年我国普通高校在校生为742.26万人，2002年达到1512.62万人，至此，高等教育毛入学率达到15%。2015年，全国各类高等教育在学总规模达到3647万人，高等教育毛入学率达到40%②。

二、分流对象类型增多

分流对象的类型增多是分流对象大众化的重要标志。分流对象类型的增多意味着高等教育已不再是受过完全中等教育的18～25岁的年轻人的特权，而真正走向大众化，是大众的教育权利和既得利益。从年龄上来看，已经不存在明确的界限，青年人、中年人甚至老年人都能接受高等教育。如英国的开放大学，据统计，本科生的平均年龄为34岁，其中年龄最大的学生已经90开外，最年幼的学生仅仅十几岁，绝大多数学

---

① 王留栓．近10年来世界高等教育的大众化与普及化——联合国教科文组织最新统计数字分析［J］．世界教育信息，2006（1）：27-30.

② 中华人民共和国教育部．2015年全国教育事业发展统计公报［EB/OL］．(2016-07-06)　［2017-03-27］．http://www.moe.gov.cn/srcsite/A03/s180/moe_633/201607/t20160706_270976.html.

生的年龄在25岁至45岁之间①。从身份上来看，大量的在职人员、家庭主妇、退休老人都能接受高等教育。开放大学“约12%的本科生在入学时是家庭主妇”②。在联邦德国，越来越多的退休老人作为旁听生和半日制学生到高等院校学习并获取学位。如法兰克福大学开设了“第三年纪的大学”课程，慕尼黑大学也在尝试开设“老年人的学习”课程，“约一万多位老年人在利用这一类的学习可能性”③。20世纪70年代以来，美国高校的学生队伍构成也发生了显著变化，新增了大量的“非传统”学生（指年龄在22周岁以上的学生以及参加非正规教育计划的学生等)。有资料显示，1972年25岁及25岁以上学生在高等学校学生中所占的比例为27.9%，1980年这一比例达到34.4%。我国的高等教育改革中，入学者的年龄已放宽了限制，只要自认为有能力且身体健康的，不论年龄多大都可参加全国统一的高考。总之，在有的国家里，只要是有学习的愿望，并且能付出一定的学费的人，都能接受适合自己需要的某种形式的高等教育。

三、接受教育形式多样

受教育的形式多样是分流对象大众化的主要实现形式。综观20世纪以来国际高等教育的发展，其分流对象的大众化主要不是通过原有正规的全日制大学实现的，而是通过开创多种形式的短期大学或部分时间制的教育途径而得以实现的。从高等教育的性质来分，既有接受正式高等教育的分流对象，也有接受非正式高等教育的分流对象；从高等教育的时间跨度上讲，既有接受长期高等教育的分流对象，也有接受短期高等教育的分流对象。如日本的短期大学发展迅速，从1965年的269所，在校生147563人，增加到1985年的543所，在校生371095人，极大地促进了日本高等教育的大众化④；苏联有以夜校和函授两种形式为主

---

① 王斌华．英国开放大学的办学模式［J］．外国教育资料，1995（5）：68-74.

② 王斌华．英国开放大学的办学模式［J］．外国教育资料，1995（5）：68-74.

③ 克里斯托弗·福尔．1945年以来的德国教育：概览与问题［M］．肖辉英，陈德兴，戴继强，译．北京：人民教育出版社，2002：243.

④ 国家教育委员会教育发展与政策研究中心．当代国际高等教育改革的趋向［M］．北京：高等教育出版社，1988：8.

的业余高等教育制度，曾占据了整个高等教育系统的半壁江山，为国家培养了大批高等专业人员。20 世纪 60 年代，苏联夜校生占大学生总数的 15％，函授生占大学生总数的 44％，两者相加超过大学生总数的一半以上。由此可见，业余高等教育为苏联高等教育分流对象的大众化立下了汗马功劳。又如英国的开放大学，开创了英国远距离高等教育的先河，培养了数以万计的大学生，大大促进了高等教育对象的大众化。开放大学拥有庞大的组织机构，在英国各地建立了 13 个地区中心，地区中心下又设有 250 个地方学习中心，配备了 7000 名左右的兼职辅导教师和咨询教师，形成了全国性的辅导和咨询网络①。开放大学采取“开放招生”和“先报名先注册”的招生政策，主要采取广播电视和函授教学的方式，对实现高等教育的大众化做出了突出的贡献。我国除普通高校外，还有函授大学、夜大、广播电视大学等高等教育形式，截至 2015 年，各类成人高校总数达到 292 所②。总之，高等教育分流形式越来越多样化。正因为如此，灵活、多样的高等教育分流形式也越来越成为终身教育体系的重要组成部分，同时也是其重要的实现途径之一。

第三节　分流目标的综合化趋势

目标是人们在一定价值观念支配下做出的对发展某种事物的选择。合理、科学的目标体系是人们正确实践的行动指南，对实践的成效有着极其重要的意义。高等教育分流的目标即高等教育通过分流培养什么样的人，分流服务于何种目的。一般来讲，在教育的培养目标上有精英与大众之分，通才与专才之分；在教育的服务方向上有经济与政治之分，科技与人文之分，公平与效率之分等。20 世纪 50 年代以来，世界高等教育分流的发展，在分流目标上日益呈现出综合化的发展趋势。这种综合化趋势主要表现在：

① 王斌华. 英国开放大学的办学模式 [J]. 外国教育资料，1995 (5)：68-74.

② 中华人民共和国教育部. 2015 年全国教育事业发展统计公报 [EB/OL]. http://www.moe.edu.cn/srcsite/A03/s180/moe_633/201607/t201607/t20160706_270976.html.

一、精英目标与大众目标兼顾

精英目标即强调教育分流应首先满足现代社会及其科技发展对适量的（通常也是少量的）尖端科技人才的需求，是一种高度选择性指导下的目标追求；大众目标则强调教育分流应优先考虑社会经济发展对大量的具有较高劳动素质和受教育程度的普通劳动者的需求，是一种普及化、平等观支配下的目标追求。

应该说高等教育自诞生之日起就有着浓厚的精英目标的传统。“从整体上考察，20 世纪之前，世界高等教育属于英才模式，在这八九百年间高等学校目标中占绝对优势的是培养精英人才。”① 长期以来，大学被视为探究高深学问的场所，一直遵循着单一的精英人才培养目标。高等教育的分流也即挑选那些有着特定地位、特殊身份的部分对象，或少量确有天赋的“尖子生”进入象牙塔学习深造，以期培养社会的统治精英或神职人员。英国便是追求传统的精英教育的典型代表，在很长一段时期内只有牛津、剑桥大学卓然立世。即便是后来随社会的发展产生了其他新型的高等教育机构，英国也誓死捍卫学术性大学的传统，而将其他新型的高等教育机构统称为非大学的高等教育体系，不给予独立的学位授予权和高度的自治权。

大众目标则是时代发展的产物。二战后，随着现代社会的发展，科学技术的日新月异，社会对各级各类人才包括普通劳动者的数量和质量都提出了更高的要求。同时由于各国义务教育年限的普遍延长和中等教育渐趋普及化，客观上也要求教育向更高层次延伸。伴随民主政治的推进，教育民主化思潮也不断高涨，人们争取高等教育入学机会均等的呼声日益增强，于是，高等教育必须同时为大众服务的目标应时而立。各国在保持精英目标的同时开始兼顾大众目标，通过新建各种新型的高等教育机构、开创多样化的高等教育途径、采取多种形式的入学方式及扩大招生规模等措施来积极推进高等教育大众化。由此可见，高等教育的培养目标经历了一个由传统的精英目标——大众目标的产生——精英目

① 胡建华，周川，陈列，龚放．高等教育学新论［M］．南京：江苏教育出版社，1995：231.

标与大众目标兼顾的演变过程。诚然，这是一个逐步发展的过程，也遵循否定之否定的发展规律。高等教育一贯的精英目标在发展过程中发生了部分的本质变化，即由传统的“量”的精英教育发展为现代的“质”的精英教育，也就是“在大众化平台上的高层次的教育”①。今天的精英已不再仅仅是传统的由特定地位、特殊身份决定的那一少部分人，而更多的是经由个人后天努力在智力、情感、意志等诸方面得到良好发展、具有突出能力的高素质人才。这无疑是高等教育培养目标上的一大进步。

从世界各国高等教育分流的发展来看，精英目标与大众目标兼顾主要是通过校际分流的形式来实现的。在美国，哈佛、耶鲁等大学一直承担着精英教育的培养目标，而社区学院、赠地学院等高教机构则承担着大众化教育的培养目标。英国 1964 年宣布实行高等教育双轨制，一轨是以牛津、剑桥为代表的大学，以追求学术水平培养精英人才为目标；另一轨是多科技术学院和专业学院等高等学校，以面向大众和培养大众化人才为目标。法国的高等教育系统包括两个体系：大学体系和“大学以外的”体系。“整个大学以外体系的一项功能——或者更确切地说，仅就教育领域内的‘学校’的功能——就是训练国家的优秀人才。”② 法国的综合技术学校、路桥学校、国立行政学校等“大学校”培养的是国家的精英人才，相反，其综合大学培养的是大众人才。日本的东京大学、早稻田大学和庆应义塾大学因其高深的学术研究和精英式的人才培养而著称于世，同时日本还有大量的短期大学致力于大众人才的培养。德国的精英人才是通过柏林大学等学术性的大学来培养的，而大众目标主要是通过新型高等学校、高等专科学校和远程学院来实现的。我国的大学原来以精英人才培养为主，自 1999 年高校扩招以来，我国积极推进高等教育大众化，大众化的培养目标愈来愈受重视。如此看来，虽然各国采用了不同名称、不同形式的高等教育机构，但都包含着精英与大众两种高等教育的目标追求，且大众目标日益显示其活力，对促进社会经济

① 刘海燕．大众化教育进程中精英教育的重新审视 [J]．复旦教育论坛，2003 (4)：39-42.

② 北京师范大学高等学校干部进修班印．欧洲七国第三级教育 [M]．北京师范大学外国教育所，译，1983：9.

发展、政治进步和文化繁荣起到了重要的作用。

二、通才目标与专才目标结合

一般来讲，高等教育是相对于基础教育而言的专才培养阶段，目的在于培养符合社会所需的在某一专门领域具有较高深的专业知识与专业技能的专门型人才。早期的高等教育机构坚持这一目标，为社会输送了各类专门人才。然而，现代科技的进步与发展则是循着既高度分化又高度综合的方向发展的。现代科学一方面继续近代学科分化的趋势，日益朝向更专门化的方向发展；另一方面又朝着日益综合的方向发展，各类边缘学科、交叉学科、综合学科层出不穷。现代科技进步导致的知识的整体性和职业的多变性，客观上要求现代人才具有较宽的知识面和较强的适应性。为适应时代的变化，社会愈来愈需要适应性强的、“复合型”的通才，对传统的专才目标提出了挑战。为适应这种形势的要求，20 世纪以来国际高等教育分流目标日益呈现出通才目标与专才目标相结合的趋势。

通才目标与专才目标相结合，首先体现在校际间的分工，即综合大学与高等专科学校的并存。相对而言，综合大学强调学生坚实深厚的基础知识底蕴，培养的学生具有较宽的知识面和较强的适应性，应属通才的范畴。而高等专科学校一般不要求学生具有综合的知识面和学术水平，注重培养在某一领域、某一行业或专业独具专长的操作型、实用型技术人才，实属专才的范畴。在高等教育的分流上追求的是通才目标还是专才目标，从综合大学与高等专科学校的科类设置就可见一斑。综合大学通常设置不止一个科类的各种专业，甚至是以文、理两科为主兼顾工科和其他应用性很强的学科和专业的完全综合大学。而高等专科学校通常只设置一个科类的各种专业或涉及相近学科的部分专业（这些专业本身是不成体系的）。世界各国的高等教育机构虽然在名称上各异，但根据其内在科类设置的特征稍加分析，我们都能将其简单地分为综合大学和高等专科学校两大类。各国这两种性质的高校的普遍并存，充分体现了通才目标与专才目标的结合。如苏联和联邦德国普遍存在的大学一般包括人文、社会、数学、物理、化学、生物等大的科类。美国更是有很多闻名世界的完全综合大学，其中尤以加州大学、麻省理工学院为突出代表。我国也不乏典型的综合大学，如北京大学、浙江大学、武汉大学等。高等专科性质的学校更是不胜枚举，如美国大量存在的农学院、工学院，德国的高等专科学校等。

其次，通才目标与专才目标相结合，更多地体现在某一高等教育机构内部的实际运作中。各高等教育机构在分科系培养各科专门人才的同时均兼顾通才目标，强调人才培养的通专结合。具体来讲，高校运作中的通专结合主要体现在“拓宽基础”、“文理渗透”、设置综合课程等方面。“拓宽基础”即强调高等教育中的普通教育，培养学生具有宽泛的基础知识，能广泛地适应社会对人才的要求。例如，美国本科教育特别强调文理基础教育，在其四年学程的前两年着重进行普通教育，致力于形成学生广博的知识面，后两年才接触一些专业训练。即便是社区学院，在侧重专才培养、增设职业性课程的同时，也注重基础的教学，为一部分学生在学完两年后转轨进入大学继续学习奠定了一定的基础。日本大学在课程设置上也倡导普通教育，提出要培养能够独立思考、善于接受新思想、追求真理的自由的日本人，于是在大学课程设置中导入大量的普通教育课程，旨在养成学生对自然、人生应具有的生活态度与精神状态。在日本，作为全国性民间高等教育监督和评估机构，也是大学同行质量鉴定和评价的权威组织的大学基准协会，1949 年至 1951 年相继三次提出“大学中的普通教育”的同题报告，该报告论证了以下观点：普通教育与专业教育不是绝对对立的关系，应将二者有机结合起来；普通教育在于扩大专业人才的视野，提供独创性能力之基础；大学中导入普通教育在日本高等教育发展史上具有划时代的意义[①]。在法国，学生进入大学时并没有指定的专业定向，第一阶段必须接受普通教育，给予学生的是一般的科学和技术训练，也即普通教育，然后才接受各式各样不同类型的专业教育。法国人形象地把这种教育比喻成“衣架式教育”，即要求学生具有像衣架那样宽厚的基础，然后才让学生选修一个专业方向，这就是衣架的顶端。一直以来强调培养专门人才的苏联，20

① 胡建华，周川．日本高等教育研究二十年［J］．外国高等教育资料，1994(1)：18-27。

世纪70年代也提出要培养“专业面宽的专门人才”，并且采取切实措施调整了专业设置，加强了基础课的教学。所谓“文理渗透”，即在各专业教学计划的安排、课程的设置上强调文理科课程的结合，旨在协调学生的知识结构。20世纪以来各国都注重开设诸多文理相结合的选修课程，并对各专业的学生文理互选或跨专业、跨系选修做出了相应的规定。我国的诸多高校也规定，文科生（理科生）须选修至少一至两门理科（文科）课程，这也体现了文理渗透、通专结合的思想。此外，高校运作中的通专结合还体现在综合课程的设置上。综合化业已成为世界课程改革和设计的一大普遍趋势，各国高校课程设计中综合课程的日益增加也反映了培养目标上的通专结合趋势。

当今，通专结合目标愈来愈有取胜的趋势。时代的发展也越来越需要“宽口径、厚基础、广适应、复合型”的人才。正如赫钦斯在其所著的《美国高等教育》一书中所说：“我们永远不会有一所没有普通教育的大学。”联合国教科文组织在对发展中国家高等教育的建议中也特别提到，发展中国家的高等教育要“给多数学习者提供具有灵活性和革新性的通识教育，以使持续变革的经济和社会结构与快速变化的世界联系起来”①。因此，世界各国在高等教育分流中越来越注重把专才教育与通才教育结合起来。

三、公平目标与效率目标并重

公平本是一个伦理学范畴，意指处理事情合情合理，不偏袒某一方。教育公平也即人们在教育上享有公正、平等的待遇。一般来讲，高等教育公平包括三个层次的含义：机会公平（或称入学机会公平）、过程公平和结果公平。其中，机会公平居于核心地位，是过程公平和结果公平的前提和基础。“在现时代，机会公平也是我们唯一可以触摸到从而加以创造以期实现的近期目标，后二者尚只能作为人们的一种对于‘完美公平’的期盼存在于人们的心中。”② 因此，从一般狭义上来讲，高等教

---

① 韩映雄．高等教育质量研究——基于利益关系人的分析［M］．上海：上海科技教育出版社，2003：89．

② 李朝晖．论高等教育公平与效率［J］．江苏高教，2003（3）：9-11．

育公平也即指高等教育机会公平。效率与经济学中的“效益”相近，指的是投入与产出之间的比值。高等教育效率也即以尽可能少的投入取得尽可能多的社会效益和经济效益。结合到高等教育分流上来讲，公平目标即教育分流服务于社会公平，强调受高等教育是全体社会成员的权利，高等教育机会必须对全体学龄人口均等提供，高等教育资源应平摊给每一个学生；效率目标即教育分流服务于经济效益，强调以尽可能少的教育投入获得尽可能多的经济效益，高等教育机会应优先给予最有可能有效发展的学生，教育资源要重点投放在特定的对象上。高等教育的公平目标和效率目标存在一定矛盾，为实现公平目标就要把有限的高等教育资源均匀地分摊给高等教育机构和高等教育对象，效率的目标就难以实现；为实现效率目标就要有选择性地投放教育资源，也就难免牺牲部分人的受教育机会，教育公平无疑会被破坏。世界高等教育分流在发展过程中经历了由重效率—求公平—公平与效率并重的发展历程。因为高等教育资源的极其有限，早期的高等教育分流追求的主要是效率目标。高等教育的机会主要给予了有着特定地位、特殊身份的少数人，以期将其培养成社会的精英。随着社会的发展、时代的进步以及高等教育自身的发展，公平目标逐渐成为人们追逐的焦点。诚然，由单一注重效率目标的极端走向单一注重公平目标的极端，过分地追求公平也是不科学的。中国一度实行的“大学大家学”造成的危害也是显而易见的。

20 世纪 50 年代以后，随着时代的发展与教育研究的深入，对公平和效率关系的认识也不断深化，人们认识到“公平与效率之间的关系决非一种简单的相互对立的线性关系，追求公平并不必须牺牲效率，而追求效率也并不以牺牲公平为必然代价”①。当今时代，无论是西方还是东方都越来越清楚地认识到二者应并重。世界各国在高等教育分流上尽量地做到公平目标与效率目标并重，也积累了一些经验。具体来讲，主要体现在以下两个方面：

首先，从权利原则和保证原则两方面确保高等教育分流的公平目标。高等教育机会公平应该包括两个原则：“权利原则”和“保证原则”。

① 李朝晖．论高等教育公平与效率［J］．江苏高教，2003（3）：9-11.

“权利原则”即主张每个人都有接受高等教育的权利，从法律制度上规定人们平等的受教育权。排除人们因为智力水平以外的因素而无法接受高等教育的可能。“保证原则”即国家和政府采取切实的措施，从财政资助、政策倾斜等方面保证高等教育机会公平的实现。20 世纪以来，各国高等教育分流过程中也是以这两个原则来追求高等教育的公平目标的。如美国的《高等教育法》、《国防教育法》等都规定了人们接受高等教育的基本权利，并致力于为社会大众提供更多的接受高等教育的机会。同时，美国联邦政府继续通过一系列的学生资助政策来贯彻并保证这一宗旨。1965 年颁布的《高等教育法》明确规定，联邦政府设立基本教育机会补助计划，资助家庭条件不利的学生和少数民族学生进入高等学校。1972 年通过的《高等教育法修正案》创设了基本教育机会助学金(Basic Education Opportunity Grants)，作为一个最基本的学生资助项目，为一切需要资助的学生提供直接的帮助。该助学金也是全美最为普及的佩尔助学金，仅 1992—1993 学年就为全美 400 多万名中等后教育机构的学生提供了 60 多亿美元的助学金资助①。其他资助项目还有补偿教育机会助学金、州立学生激励助学金、学院工读助学金、帕金斯贷学金、退役军人助学金等。

其次，在追求公平目标的同时特别注重效率目标。效率目标主要体现在对教育对象的高度选择性及教育资源的重点分摊上。从教育对象的角度来讲，各国的重点、一流大学或研究型大学在招生时均有严密的考核、选拔程序，仅招收各方面表现突出的具有较大发展潜力的优秀学生。美国的一流大学特别注重对申请者的综合选拔。如哥伦比亚大学曾制定过严格的选拔标准，其内容包括：个人背景；在中学时表现出来的领导能力；在社区中表现出来的领导能力；兴趣、动机和潜力；桑代克智商测验或大学入学考试委员会举办的大学入学考试成绩②。另外还包括学生的书面申请表格、三封推荐信（包括中学校长一封）、中学成绩

① 杨晓波. 美国联邦政府的高等教育政策 [J]. 外国教育研究，2003 (10)：30-36.

② 符娟明. 比较高等教育 [M]. 北京：北京师范大学出版社，1987：153.

单或中学校长所作的评语。经过上述所有这些考核筛选后还要求与学生面谈。由此可见，一流大学注重对教育对象的选择，从而追求高等教育的效率目标。从教育资源的角度来讲，各国均有其重点投放对象。如美国联邦政府的科研资助对象主要集中于少数几所研究型大学。据美国国家自然科学基金会统计，全美前100所博士学位授予大学从联邦政府获得的科研资助金额占联邦政府高校科研开发资助的80%，且这一比例长期保持不变①。

第四节　分流结构的合理化趋势

结构是指系统内各要素（两个以上）之间的有机联系、相互作用、相对稳定的组织形式和连接方式。结构—功能理论告诉我们，结构是功能的基础，合理的结构能保证系统良好功能的发挥。高等教育分流结构是指高等教育过程中学生分流进入不同层次、不同类型、不同形式与不同区域的高校的比例构成与纵横连接方式。20世纪50年代以来，随着高等教育的大发展，高等教育的分流结构也日趋合理化，一个多层次、多流向、多形式、多地域的立体交织、相互渗透的分流结构体系已在不少国家形成。分流结构的合理化主要体现在以下四个方面：

一、流层结构的合理化

高等教育分流的流层结构是指分流进入不同层次高校及其学生的构成状态及比例关系，是以高等教育的层次结构（又称水平结构）为基础的。高等教育分流的流层结构的形成与发展有其清晰的历史脉络，按先后顺序依次经历了本科生教育、研究生教育和高等专科教育。高等教育产生之初仅有本科层次的教育，单一层次的本科生教育在英国与法国均可追溯到12世纪，在美国可追溯到1636年哈佛学院的创建。19世纪70年代以后，社会人才需求结构发生巨大变革，在社会需求的外在压力和高等教育自身发展的内在动力共同推动下，单一的本科教育才逐步发

① 杨晓波．美国联邦政府的高等教育政策［J］．外国教育研究，2003（10）：30-36.

生层次的分化，1876 年约翰·霍普金斯大学的建立标志着研究生教育的正式产生。而作为本科生教育向下延伸的高等专科教育则普遍兴起于 20 世纪 60 年代。至此，高等教育系统才形成了完整的三级流层结构体系。

流层结构的合理化，主要体现在各国高等教育在适应社会经济发展过程中逐步形成的专科、本科及研究生层次教育之间的合理的比例关系，也就是既注重一流研究型大学的建设，又注重大众化的本专科高校的建设。研究生层次的教育主要培养具有较高理论素养、较高科研能力的科技尖端人才；本科层次的教育主要培养具有一定学术水平、较高综合素质的普遍适用型人才；专科层次的教育则主要培养具有在某一方面颇具专长的实用型、技能型人才。基于社会对人才需求的多样性和变化性，高等教育分流系统也十分注重随时代的变化，不断调整分流的不同层次高校的组合比例关系。以美国为例，其三级高等教育分别是由社区学院、文理学院和综合大学研究生院来实施的，且随着时代和社会的发展及人才层次呈现的日趋多样化趋势，美国的高等教育也随之作相应的调整。在原有三级层次分流结构的基础上，高等教育分流的流层结构更趋多样化、合理化。据 20 世纪 70 年代初美国卡内基高等教育委员会的研究成果《高等教育分类》（*Classification of Higher Education*）统计，美国的高校分为6 大类 11 个层次：第一类为博士学位授予大学（包括研究型大学Ⅰ、研究型大学Ⅱ、研究生院大学Ⅰ、研究生院大学Ⅱ），第二类为开展多学科专业教育和硕士研究生教育的综合大学（依据专业学科数和学生数又分为综合大学Ⅰ与综合大学Ⅱ），第三类为以文理教育为特色的本科学院（依据招生考试的选拔性程度和毕业生升入一流博士学位授予大学获得博士学位的人数的多少又分为本科学院Ⅰ和本科学院Ⅱ），第四类为从事专业性职业教育的单科大学，第五类为以社区学院为主的两年制院校，第六类为“非传统性院校”[①]。2000 年8 月，卡内基基金会又出台了新的高等学校分类法，对美国 3856 所高等学校进行了重新分类。具体分为：博士学位授予/研究型大学（广博型，占高校总数

---

① 胡建华. 关于大学体系层次化的若干思考 [J]. 清华大学教育研究，2003 (4)：29-32.

的 3.8%）、博士学位授予/研究型大学（集中型，占高校总数的 2.9%）、硕士学位授予学院和大学（综合型）Ⅰ类（占高校总数的 12.7%）、硕士学位授予学院和大学（综合型）Ⅱ类（占高校总数的 3.3%）、学士学位授予学院（文理类，占高校总数的 5.5%）、学士学位授予学院（普通类，占高校总数的 8.0%）、学士/副学士学位授予学院（占高校总数的 1.3%）、副学士学位授予学院（占高校总数的 42.5%）、专门学院（占高校总数的 19.2%）、部落学院（占高校总数的 0.7%）①。如此多样化的层次结构堪称世界高教层次结构优化的典范，适应了社会发展对不同层次人才的需求，对其高等教育的合理分流做出了突出的贡献。

二、流向结构的合理化

高等教育分流的流向结构是指分流进入不同类型高校及其学生的构成状态及比例关系，是以高等教育的科类结构及其专业设置为基础的。高等教育的科类结构及其专业设置从根本上讲是由社会的经济发展水平、产业结构以及社会分工状况决定的。因此，合理的高等教育分流的流向结构应该反映社会经济发展对专门人才的需求，尽量做到与社会的产业结构、职业结构及人才需求结构相适应。当然，流向结构的合理化必须建立在反映社会需求、种类相对齐全的学科专业构成体系的基础上。同时，流向结构的合理化更是一个动态调适的过程，要随着社会和时代的变化而发展变化。20 世纪 50 年代以来，世界高等教育或受政府的调节干预，或以市场信号为导向加强自我调节，抑或两种机制有机结合，从而使自身的科类结构及专业设置逐步适应时代的要求，不断促进高等教育流向结构向合理化方向发展。

苏联历来坚持以工业为主导的经济建设道路，所以工科教育一直是高等教育发展的重点，但随着实践的发展其弊端也日益暴露，因而苏联解体后，俄罗斯特别注重致力于科类结构上的调整，大大压缩工科，扩大文、理科类，使科类结构渐趋合理化。二战前，日本高等教育科类结

① 刘宝存. 美国卡内基高等学校分类新方法评介［J］. 世界教育信息，2001（10）：21-23.

构中一直存在着重文法、轻理工的传统。20 世纪 50 年代中期以后，日本进入经济高速发展时期，迫切需要大量的科技型、应用型人才，客观上对高等教育的科类结构提出新的要求。为适应社会经济发展的要求，日本 1957 年提出了颇具影响的理工科扩充政策，要求从 1958 年度至 1960 年度分 3 年有计划地增招理工科学生。随后文部省又制订了从 1961 年度之后继续增招理工科学生的第二次扩充计划。在此影响下，日本在 1965 年到 1987 年间研究生院硕士课程技术学科在校生所占比例由 42.8%上升到 57.8%，其中工科生所占比例由 33.7%上升到 43.9%[①]。美国在高等教育的发展上非常重视科类结构的和谐发展，历来追求文、理、工科的平衡。此外，在合理调整科类结构的基础上，各国在具体的专业设置上更加注重市场信号的引导，考虑国家经济建设对人才的实际需要，从而在招生上使各个专业的学生保持合理的比例关系。总之，近五十年来，各国都十分注意从经济发展的实际需要出发，积极促成高等教育分流流向结构的合理化，努力做到同产业结构、劳动力市场相适应。

三、流型结构的合理化

高等教育分流的流型结构是指分流进入不同形式高校及其学生的构成状态及比例关系，是以高等教育的形式多样化为基础的。流型结构的合理化意味着在发展正规教育的同时，注重各种形式的非正规教育的发展，使全日制与非全日制（部分时间制和业余时间制）高等教育保持合理的比例关系。二战后，世界进入了一个新的历史发展时期，新形势和新趋势促成了高等教育形式结构的多样化。其一，二战后工业化国家普遍面临着大批退伍军人的安置问题，全日制的普通高等教育难以全部容纳他们，只能在扩大正规高等教育规模的同时，发展其他形式的高等教育。到 20 世纪 60 年代中期，战后“婴儿热”时期的出生者也陆续达到高校入学年龄，加上教育民主化思潮的冲击，各国高等教育不约而同地进入了一个发展高峰期，除全日制正规高等教育外，出现了诸如函授、广播、电视、夜校、开放大学等新的办学形式。其二，新技术革命的兴

① 赵秀琴. 发达国家高等教育发展的战略措施 [J]. 外国教育研究，1991 (1)：49-55.

起，引起生产力的飞跃发展和知识的急速更新，社会各部门对求职和在职人员的素质和能力提出了更高的要求，促成了终身教育思想的产生和传播，推动了成人高等教育的大发展，继续教育成为高等教育发展的新趋向。同时，新技术革命也为各种新的高等教育形式提供了强有力的技术教学手段，改变了传统的教学组织形式，提高了教学效率，使许多以前难以想象的办学形式成为现实。如苏联在发展正规高等教育的同时，还独创了业余高等教育制度，以夜校和函授为主要形式培养了大批国家建设人才。业余高等教育制度曾占据苏联整个高等教育系统的半壁江山。据一项20世纪70年代的统计，“高等学校入学新生911500人，其中全日制学生占54.9%，夜校学生占14.0%，函授生占31.1%”①。正规与非正规、全日制与业余时间制高等教育互相促进、互相协调，犹如两套马车共同推进了苏联教育及经济的发展。美国的非正规教育也不甘示弱，呈现出多样化的态势。如美国大力发展函授教育、广播教育、电视教育和电子教育等，其中尤以电视教育颇具特色，而且非常发达。又如英国的多科技术学院适应人们的多样化需求，实行全日制、工读制和部分时间制等多种形式相结合，其中又以部分时间制为主。英国高等学校学生有40%接受业余教育。再如日本的短期大学也普遍采用灵活的部分时间制，有效促进了高等教育流型结构的合理化。

四、流域结构的合理化

高等教育分流的流域结构是指分流进入不同地域高校及其学生的构成状态及比例关系，是以高等教育的区域结构为基础的。流域结构的合理化，也即指在高等教育的发展过程中要注重高等教育合理的区域规划，既重视大中城市的高等教育分流，也重视落后边远山区的高等教育分流。综观20世纪50年代以来各国高等教育的发展，都注意到了高等教育区域发展的合理布局的问题。如美国高等教育的发展起步于东海岸，随后慢慢向中部及西部地区扩展，在发展的过程中力求区域间的平衡发展。今天美国最西边的加利福尼亚州也成为美国高等教育非常发达

---

① 外国教育丛书编辑组．外国教育的发展与改革［M］．北京：人民教育出版社，1984：14．

的州之一。又如英国在发展英格兰及威尔士高等教育的同时，也充分注意到苏格兰和北爱尔兰的高等教育发展。日本在1976年公布的《整顿高等教育规划》中，制定了努力实现高等教育地区布局合理的具体要求和实施方案。我国的高等教育分流流域结构，呈现出从沿海到内地、从经济发达地区到欠发达地区逐级递减的梯度分布特征。这种分布特征一方面是与我国区域经济发展不平衡特征相适应的，另一方面又对我国高等教育区域发展提出了严峻的要求。我国也越来越意识到高等教育均衡化发展的重要性，不断地加强高等教育区域规划及结构调整的研究和改革，如在推进西部大开发战略的过程中提出以教育援助为战略重点，也表明了教育分流流域结构的合理化趋势。

第五节　分流策略的科学化趋势

分流策略的科学化是指教育分流的选择与分化顺应时代的要求，符合教育规律，适应每个人的特长与志趣，并能切实促进实现个人和谐发展的目的。综观世界各国高等教育分流的发展，在分流策略上逐渐体现出了科学化的趋势。这种趋势具体体现在分流依据、分流方式、分流时机、分流比例和分流次数五大方面。

一、分流依据：从偏重知识向综合选拔发展

分流依据亦即高等教育的选拔标准，它是随着时代的发展不断变化发展的。20世纪以来，各国高等教育在实践中不断地摸索，不断地采用并修正各种分流依据，使高等教育的分流依据渐趋科学化，逐渐从偏重知识向注重综合考核发展。

无论是东方或西方，传统的高等教育都注重以阶级出身、家庭背景、社会地位、金钱等因素来选择高等教育的对象。这一分流的依据显然是错误的，因而在历史发展的洪流中遭到淘汰。随着社会的不断进步与发展，特别是民主化程度的不断提高，各国普遍以学业成绩作为高等教育选拔的标准。这无疑是一大进步，它充分肯定了儿童的后天努力，具有相对的公平性。然而学业成绩更多反映的是对基础知识的掌握程度而非学生实际的能力水平，单纯的学业成绩标准也有其片面性。有关研究也

表明，学生的学业成绩与其家庭背景也有一定的关系，诸如家长的职业类别、家长的文化程度、家庭的经济状况等都对学生的学业成绩有一定的影响。1968 年美国卡内基高等教育委员会发表的《质量与平等：联邦高等教育责任的新高度》报告书指出："几乎 1/2 的大学本科生来自全国 1/4 收入最高的家庭；只有 7%来自收入最低的家庭。""1/2 最富有家庭青年进入高等学校的机会是 1/2 最低收入家庭青年的 3 倍。"20 世纪 50 年代以来，高等教育在分流依据上日益注重综合成绩的考查。也即在选择合适的对象接受高等教育时，注重知识、能力、智力、性向（尤其是学术性向）、创新等综合素质的考查，有时还适当考虑个人的兴趣、爱好、专长等。

为了促进教育机会公平，美国在分流依据的选择上注重多层面考核，不仅要看高校入学考试成绩、中学阶段成绩、中学校长或教师的推荐信等，同时还考虑体育、音乐和艺术方面的特殊才能、领导才能、在社区的服务和工作的经历等。部分大学（尤其是一流大学）还要求对学生进行面试。其中主要参考入学考试成绩和中学成绩。美国没有统一的高考制度，其入学考试主要是由权威性的民间机构主持的被普遍认可的两种考试——SAT 和 ACT。SAT 即学术性向测验（1993 年更名为学术评估测验），ACT 即美国高校测验。SAT 和 ACT 主要测查学生已掌握学科知识的水平及其是否具备在大学学习的能力。中学成绩主要反映学生在中学阶段的平均成绩、在毕业班的名次及中学已学的课程与学分。校长或教师的推荐信也格外重要，推荐信中详细地记述了学生的学习、活动、个性、兴趣、劳动、特长、社会交往等种种表现，较为集中地体现了对学生的综合评价。日本的综合评定录取法一般包括如下内容：国家共同第一次考试的成绩，各大学自行第二次考试的成绩，记录学生高中学习成绩、出缺席情况、品德性格的调查书、体检表等。国家共同第一次考试选用由文部省大学入学考试中心制作的"中心命题"，侧重于考查学生对高中阶段基础课程的掌握。各高校的第二次考试根据本校或特定专业的具体情况，从"中心命题"中选择考试科目，对考生作进一步的考查，内容包括专业水平考试、实际操作运用能力、小论文和面试等。

近年来，日本一些一流大学争相实行的AO入学考试，其实也是一种综合选拔的方式。这种选拔的程序是：首先，实行AO招生的高校在考试的前一年11月以前与考生见面，向考生介绍学校及学生准备报考专业的情况，通过与考生的面谈以及对包括报考志愿理由在内的学生自我推荐书等个人资料的审查，初步评估学生的能力、素质以及对该专业的适合程度；其次，要求学生撰写小论文，全面考查学生的理论思考能力、表达能力、创造性、知识面等；最后，学校对学生进行正式的面试，对学生的学习热情、判断力、知识以及理解能力等进行考查；此外，还全面调查学生在高中期间参加小组学习、课外活动、学生会工作、志愿者活动及其兴趣爱好等情况，并将其作为综合选拔的一项重要内容。如"以庆应义塾大学综合政策学部和环境情报学部的AO入学考试为例，他们是通过材料审查和面试多方面地、综合地评价学生自初中毕业至报考为止的学业及学业之外的诸成果来选拔新生的"①。其他国家也在纷纷向诸如此类的综合选拔的方式靠拢。

二、分流方式：从偏重考试向灵活多样发展

与注重学业成绩选拔标准相适应，过去许多国家都注重通过考试来实现分流，我国更是把升学考试作为唯一或主导的分流方式。随着时代的发展和人们认识的提高，考试越来越受到人们的批判。如认为考试只能考查固定不变的死知识，而不能检测考生实实在在的真实能力；考试不能真实地反映考生的个性差异；考试难免受一些偶然因素如心理因素的影响，"一考定终身"弊端多多，"一失足成千古恨"的惋惜声声；更有甚者，高考成了基础教育的指挥棒，促成了教师为考试而教、学生为应试而学的应试教育弊端。因此，在对考试这一分流方式进行反思的基础上，各国竞相寻求新的途径与方法，使高等教育分流的选择方式更趋科学化。

人的知识和能力结构是多元的，单一的知识考试必然造成对人的片面认识。分流选择方式的科学化，首先就应体现在运用灵活多样的选择方式，诸如资格认定、推荐保送、开放招生、特别选拔等。英、法、德

① 崔成学．日本的AO入学考试［J］．外国教育研究，2003（2）：6-8.

等国十分重视资格认定的选择方式。这些国家大学招收学生，往往以学生在中等教育即将结束时高中所学科目的水平考试成绩为依据。成绩合格，获得毕业证书的学生同时也获得了进入大学学习的资格。日本、苏联和我国在注重考试成绩的同时，常以推荐保送为辅助选择方式。如日本20世纪90年代末几乎所有高校都招收了推荐生，近1/3的大学生是作为推荐生被录取的。英国的开放大学及美国的一些社区学院还实行过开放招生的制度，即对所有的入学申请者来者不拒，招生的录取率达到100%。此外，在特定国度特定的历史时期，出于政治、经济、文化等多方面因素的考虑，对一些特别的群体采取一些特殊的选择方式。如苏联在20世纪20年代为了增加大学生的工农成分，对凡是工人、农民的子女实行优先入学的选择策略。美国二战后为解决大批军人的善后问题，通过《军人权利法案》使数以万计的军人免费接受高等教育。日本除通过考试的一般选拔和辅助的推荐入学外，还有针对特别群体的特别选拔，如归国子女特别选拔、社会人特别选拔等。德国针对在某一专业上掌握了特殊才能的从业人员专设从业人员的高校入学考试，使一些未获得大学入学资格（中学毕业证书）的人经过一个特殊的考试程序得以进入高校学习。又如瑞典近期规定凡工作满五年的成人均可申请入学，且都能被录取到一定的高校学习。一些国家还有针对部分天才的早期招生计划，即一些天才学生在中学未毕业时就被提前录取升入大学。这些灵活多样的选择方式适应了各国的实际需要，有利于各国因时、因地、因情、因人制宜地选择大学生。

诚然，灵活多样的分流方式并不排斥考试这一选择方式。各国仍在谨慎、适度地坚持使用考试选拔的方式。首先，各国注重对考试科学的研究与改革，使考试本身更具科学性，如研究考试如何加强对学生能力的考核，并以此作为命题的依据；研究考试试题设计如何提高信度与效度，使考试能真实反映考生的个性差异。其次，通过增加考试次数来增强客观性，体现科学性。如美国的SAT和ACT考试对考生的报考次数不作限制，考生可以挑选自己最好的成绩来申请入学，这样就很好地避免了因考试的偶然因素导致的不公平现象。总之，坚持全面、公正的考试也是分流方式科学化的重要体现。

三、分流时机：从进校分流向适时分流发展

在分流时机的选择上，过去各国普遍采用进校分流的方式。这种分化策略简单快捷、方便省事。然而，其弊端也是很明显的，最突出的后果是导致了学生学习的不适应。学生在最初选择专业时，或因为对该专业不甚了解，或源于自己的兴趣倾向尚未形成，因而总免不了选择的盲目性。各高校在招生时，也不可能根据合理的信息、可靠的表征来对学生的志愿加以调整，主要还是依据学生的盲目志愿来对其进行分流。即使有的国家根据就业市场或各高校的招生计划对一部分学生的志愿进行了调整，也往往顾此失彼，偏颇在所难免。由此导致大量的“非本意”学生和不适应学生，极大地降低了教育分流的实效。所谓“适时分流”即适当把握时机的分流。“适时”主要反映在三个方面：一是开始分流的时间适当；二是再次分流的时间适当；三是几次分流的时间之间的间隔适当。适时分流就要求我们在尊重学生发展规律的前提下，在对不同层次不同类型人才的培养目标、培养规格、培养时间进行认真研究的基础上，能对一次或再次分流的时间做出合适的选择。例如与市场结合紧密、培养目标明确的专业，可以考虑进校分流；有些专业则是需先观察一年、两年甚至三年后再具体地分流；有的可以一次分流到位，有的需要有两次或三次的选择才能确定；有的时间段可以长一点，有的时间段可以短一点；对某些个别、特殊的学生还要考虑适时地转流。总之，适时分流就是因专业、因目标、因人、因情、因时制宜的分流。

德国是适时分流的典型代表，德国在中等教育Ⅰ阶段结束之后，学生就开始实行普通教育与职业教育的分流。实际上，当中等教育刚刚开始，亦即学生处于五年级和六年级之间时（约 10～11 岁），学生便面临着定向的选择问题。这两年通常称为观察期，旨在探测学生的发展倾向。真正的分流是在读完九年级或十年级之后，学生根据自己的志向、爱好和家庭条件选择进入相应的学校：想早日参加工作当工人的，选择职业学校；想有一定专长，今后当白领工人或者技术员的，选择职业专科学校；希望今后在高等学府继续深造，当工程师、研究员或教授的，选择高级中学高年级。如果说九年级或十年级高中阶段的分流是第一次大的分流的话，那么在大学阶段则是第二次大的分流。德国整个大学学

习阶段大致分为基础知识学习阶段和专业知识学习阶段。大学的前两年是基础知识学习阶段，其中第一至第二学期学习基础课，第三至第四学期学习专业基础课。学生上专业基础课时只确定了大方向，对具体从事什么专业还没有完全确定。在这期间，学生就要根据自己的实际情况考虑自己的专业选择问题。在结束基础知识学习阶段之后，学生开始第二次分流。从第五学期开始，学生开始上名副其实的专业课。由此可见，德国的教育分化策略力图体现适时分流的特征，尤其是它充分考虑到学生一定时期适应与调整的问题。当然，德国的这种教育分流模式也受到一部分人的批判，批判主要集中于中学阶段的教育分流为时过早，不符合青少年发展的客观规律。但是德国大学阶段的第二次分流充分体现了适时分流的科学化趋势。我国现在有很多大学实行大类招生，待学生进校学习一段时期后再细分专业，这种做法也反映了适时分流的发展趋势。

四、分流比例：从片面适应向动态平衡发展

分流比例，从宏观层次上讲，是指在整个高等教育系统中分流接受不同层次、不同类型、不同形式高等教育的学生的合理的比例关系；从微观层次上讲，是指在某一高等教育机构内接受不同科类、不同专业教育的学生的比例关系。教育分流比例的确定，既要考虑高等教育的培养能力，更要考虑各国的经济发展水平、产业结构以及社会分工状况，要以变化着的人才市场为晴雨表。与高等教育的发展水平及人才需求市场相适应是合理的教育分流的本质要求。同时，因为教育培养人才具有一定的周期性与滞后性，也由于市场机制固有的自发性与盲目性，确定教育分流的合理比例还需要辅之以科学的预测和适当的宏观调控。过去，因受经济体制的制约，西方一些市场经济体制的国家片面地强调以市场变化来调节高等教育的分流比例，一些实行计划经济体制的国家，如苏联、中国等则片面地强调以国家指令性计划来调控高等教育的分流比例。因而在分流比例的确定上，这两种片面的适应观在两种不同经济体制的国家各行其是，并在一定程度上适应了各国发展的需要，但随着时代的发展，两种片面适应的弊端也日益暴露。当今分流比例的调控是在计划与市场之间保持一个适度的张力，以协调市场和计划的关系来确定高等教育分流中的各种比例。

从宏观层次上讲，世界各国逐渐加强了对高等教育系统的宏观调控力度，注重对高等教育需求及发展潜力的科学预测，从而根据市场的需求及受教育者的意愿与要求来协调高等教育的发展。如美国出于各地社区建设的需要，同时也反映大众普遍希望接受高等教育的愿望，曾大力倡导并发展社区学院。日本20世纪50年代中后期，应经济高速发展的要求曾大力扩充理工科教育。从微观层次上讲，各国高等教育越来越重视市场信号的调节作用，各高校纷纷以市场为导向加强自身的科类、专业设置，并力求各专业的招生数及时地反映劳动力市场的变化，各专业的招生保持适度、合理的比例关系，切实培养符合社会实际需要的各类专门人才。如美国的各高校根据市场信息不断调整自己的专业设置，相应地在原有的理、工、经、文、史学位外，增设了财政、教学法、护理、公立学校音乐、演讲等学士学位。同时，它们不断改革课程内容，使课程迅速反映科技发展的最新成果和最新动向，还注意增设跨学科和边缘学科课程。德国的高等专科学校根据市场行情适时调整专业设置及各专业的招生比例，在处理学校与劳动力市场的关系方面较为成功，产生了良好的社会效益。又如一些比较发达的发展中国家和地区（东南亚和东亚的某些国家和地区）的高校根据该国和该地区的技术结构、产业结构、劳动力就业结构与出口结构的变化纷纷对自己专业的设置进行了必要的调整。总之，当今世界各国都十分注重运用计划和市场两种手段来灵活地调整高等教育发展中的各种比例关系，使高等教育的分流比例更趋合理。

五、分流次数：从一次到位向多次选择发展

分流次数对分流的科学性产生着极大的影响。过去，苏联和我国往往是“一锤定音”，即一次分流到位，学生一旦进入某一高校或某一专业后就没有再次选择的机会。“一次到位”的分流操作方式虽然实施起来简单方便，但难保不失误，一旦失误就会给学生造成终身的遗憾，危害也颇多，显然不利于学生的发展。相反，有些国家如美国、英国、德国、法国、日本等让学生享有多次自由的选择权，当学生发现自己不喜欢或不适应所学的专业时便可申请调换专业。美国初级学院的学生还可以转流进入大学的相应年级继续学习，有资料显示，“美国初级

学院毕业生转入四年制高等学校继续学习的，已占初级学院全部毕业生的1/3"①；英国1963年的《罗宾斯报告》明确提出"学生有从一个学校转学到另一个学校的机会"，并将其视为高等教育的六大原则之一；德国整个教育系统有两次统一的教育分流，但对学生个人来讲，分流远远不止两次，随着学习的深入，一旦发现自己不适合或对原来所学的专业不感兴趣，可随时更改；法国大学生几乎每一年级都可以得到某种文凭而分流；日本两年制大学与四年制大学的学分可以互换，有志深造的两年制大学毕业生可以继续升学，实现再次分流。随着世界民主政治的日益推进，高等教育领域也日益强调管理的民主化，于是高等教育的分流也体现了其民主化倾向。教育民主化的首要体现就在于充分尊重学生的自由选择权。因而，当今高等教育分流发展的普遍趋势是给学生更多的选择机会，由一次到位向多次选择发展，为学生提供转专业、转系甚至转学校的机会和可能。在我国，有的大学学生也可以自由地转换专业，虽然程序上还有点麻烦，但也体现了向多次选择发展的科学化趋势。

第六节　分流过程的民主化趋势

民主，原意是指一种国家制度，指人民有参与国事或对国事有自由发表意见的权利；派生含义是指充分尊重人的主体性、尊重人们自主决策的权利、保护人们自我意愿的表达并保障人们自主活动的实现。随着时代的发展，民主已被广泛地引用到多个领域。高等教育民主一般包括三层含义：一是指高等教育入学机会的均等；二是指接受高等教育过程中的公平；三是指高等教育管理过程中的民主。20世纪50年代以来，世界高等教育分流的民主化既反映在接受高等教育的机会均等上，也反映在高等教育分流的过程中。高等教育分流过程的民主化趋势主要体现在突出个性发展、尊重自主选择、改进分流指导等方面。

---

① 国家教育委员会教育发展与政策研究中心. 当代国际高等教育改革的趋向[M]. 北京：高等教育出版社，1988.

一、突出个性发展

民主从根本上讲，亦即尊重人的主体地位，保障人的个性发展，因此，突出个性发展是高等教育分流过程民主化的首要体现，也是高等教育分流的根本出发点。个性发展与高等教育分流有着密切的相互联系：个性发展是高等教育分流的目标追求，而高等教育分流又是促进个性发展的有效途径。高等教育分流不仅要适应社会发展的需要，也要适应和满足人的个性发展的要求，是社会价值和个体价值的有机统一体。促进人的个性发展是高等教育改革与发展的价值取向之一，高等教育分流正是通过提供能适应不同个性发展要求的不同层次、不同类型、不同形式的高等教育机会和可能，从而分流培养社会所需的各种专门人才，同时有效地促进每位学生的个性发展。

二战以后，随着社会的发展和民主政治的日益推进，关注个性发展已成为世界各国教育改革与发展的共同趋势。高等教育的分流也将个性发展摆在了首要的位置，体现了分流过程的民主化趋势。日本 1947 年颁布的《教育基本法》提出，教育的中心目标就是“全面发展人的个性，努力育人，使其身心健康”，其后历次教育改革都将“重视个性”作为基本原则。1983 年日本又提出面向 21 世纪的教育改革问题，要求进一步“打破过去教育的划一性、封闭性，大胆而细致地推进由划一主义向个性主义的转变与变革”。

二、尊重自主选择

充分尊重学生的意愿，让学生自主选择，是分流过程民主化的重要体现。20 世纪以来，各国普遍强调人人均有接受高等教育，且享有自主选择接受何种层次、何种类型、何种形式的高等教育的权利。不论事实如何抑或人们的能力怎样，至少在法律制度层面确定了人们自主选择的权利，在社会舆论上自主选择接受高等教育也被人们普遍地接受和认可。在具体的实践过程中，各国普遍尊重学生的自主选择权，如自主选择学校、自主选择专业、自主选择课程、自主选择学习方式等。法国 1984 年颁布的《高等教育法》规定：“所有申请入学的人均可以在自己选定的学校自由注册”，“在尊重选择自由的前提下，让学生确定以后的学习方向”。法国近期采用现代网络技术，实行新的填报志愿及录取办法，为学生更好地行使其自主选择权提供了便利。在具体的操作中，学生可以在两个专业方向上各申报6所学校，并将12个志愿依照自己的中意程度排序。随后全国招生办公室在互联网上公布第一榜，通知学生按照自己排定的顺序愿意接收该生的学校名单。这时，学生有多种选择：接受第一榜的结果；保留第一榜招收的机会，同时等待更靠前的志愿的第二轮放榜；放弃第一榜的结果，等待第二榜是否有更好的机会；放弃所有志愿等。日本近些年来的高等教育改革也强调“大学入学资格自由化、弹性化”，让学生在学习过程中拥有更多的选择自由，建立了学分互换、学分累积等自由学习制度。德国《高等学校总法》规定：“在不违犯学习和考试制度的情况下，学习自由主要体现在，学生可以自由选课，并在所在的学年课程中自行决定学习重点，以及提出和发表科学和艺术方面的意见。”① 在美国，学生甚至有更大的自由，他们可以自己设计学习计划和课程体系。美国“大多数院校约有10%的本科生选择自己设计的主修课程”，又如“格林内尔学院一位本科生希望从事外国政策的职业，但不愿选择诸如历史或政治学之类的课程，于是自己设计了一个主修课程，称之为‘比较共产主义：中国与俄国’”②。

三、改进分流指导

在尊重学生自主选择的前提下，为保证学生真正行使选择的权利、真正找到适合自己发展的分流方向，各国还普遍重视对学生分流的指导。改进分流指导是分流过程民主化的有力保障。首先，国家从宏观层面加强了对学生的分流指导。具体措施主要包括：由国家和地方政府牵头建立分流指导信息系统，经常向全社会发布有关各级各类高等教育的相关信息；做好高等教育发展预测、规划及相关的宣传工作，为学生自主选择提供依据；出台一些高等教育报考及组织招生的相关政策，鼓励学生报考一些冷门但又是社会所必需的专业等。如罗马尼亚国民教育部

---

① 符娟明. 比较高等教育［M］. 北京：北京师范大学出版社，1987：234.

② 陈列. 市场经济与高等教育——一个世界性的课题［M］. 北京：人民教育出版社，1996：168.

推出高中生旁听大学课程的计划，以确保高中生在高考前对自己计划报考的专业有充分的了解，帮助他们选择更适合自己的专业。其次，学校从实际出发指导学生的分流。在德国高校通常给学生一段时期的定向预备阶段，让学生去试着适应，不适应可及时改向。其他许多国家在高中快结束时开设一些与专业选择或职业选择相关的辅导课程，专门对学生进行系统的分流指导。同时，学校还配备相应的职业辅导或学业指导教师，及时地、全方位地给学生提供相应的指导和帮助。不少国家在大学阶段实行的导师制也对分流指导发挥了重要的作用，也就是学校为每一位刚入学的学生指定一位导师，负责对学生的学习、生活、发展等诸方面进行指导。导师既是引路者，更是朋友，导师可以通过与学生的交谈，了解学生的发展倾向和特长，从而指导学生的学习，促成其正确、合理地分流。再次，积极调动家庭及其他各种社会力量，参与对学生的分流指导。不少国家的大学，通过各种方式保持与学生家长的联系，因为家长在与孩子的朝夕相处中容易了解自己的孩子的个性、兴趣、爱好和专长，从而为孩子的分流提供有益的建议。

第七节　分流机制的协调化趋势

任何事物都不是孤立的，它必然与周围事物有着千丝万缕的联系，高等教育分流的顺利实施，除了要有多元的主体、大众的对象、综合的目标、合理的结构、科学的策略、民主的过程外，还需要有一系列配套化的分流措施，即有一套健全的运行机制，从而确保高等教育分流的正常运转。高等教育分流机制的研究，实质上是探讨如何协调好同高等教育分流活动有关的教育系统内外各方面的关系问题。二战以来，各国高等教育分流机制体现出协调化的发展趋势，从宏观、中观与微观三个维度剖析，主要包含宏观调控机制、中观自主适应机制和微观导向机制。

一、政府：宏观调控有力

20 世纪 50 年代以后，随着高等教育的发展与高等教育功能的多样化，高等教育与社会发展的关系更为密切，在促进社会发展上的作用也日益增强。与此同时，传统高等教育分权体制的弊端在一些国家也日益暴露，“国家对高等教育的调控已成大势，各市场经济国家的高等教育职能明显加强”①。各国政府逐渐将高等教育的规划与发展提上了国家的议事日程，并不断加强高等教育宏观调控力度。虽然各国调控高等教育的实际情况可能有很大的差别，如有人将其分为“起促进作用的国家”和“起干预作用的国家”②，但无论是以往强调中央集权制教育行政的国家，还是原来实行充分地方自治的民主国家，在注重宏观调控的认识上几乎达成了惊人的一致。从政府与高校之间的关系变化中能够观察到一个国际的趋势，即各国政府在越来越把高等教育的发展、革新和多样化的责任转移到各高等院校的同时，保留制定广泛的政策，特别是预算政策的特权的趋势。政府的宏观调控对促进高等教育的合理分流具有不可替代的作用，它是高等教育合理分流的基本前提。政府对高等教育分流的宏观调控主要体现在：

第一，通过立法手段确立国家涉足高等教育的基本权限，宏观指导高等教育的分流。教育立法是对教育管理和决策的最强有力的手段，对高等教育的分流起着重要的指导作用。各国关于高等教育的立法均规定高等教育活动的性质、目标、职责和权限等，从而在根本上规定着高等教育分流。法国是一个崇尚集权的国家，为了激发高等教育分流的活力，20世纪60年代以来连续制定了几部法律，如1968年的《高等教育方向指导法》、1984年的《萨瓦里高等教育指导法》、1986年的《德瓦凯高等教育指导法》等高等教育的专门法案，对高等教育的分流提供了基本的指导。向来在教育管理体制上崇尚彻底分权的美国，也于1965年颁布《高等教育法》，第一次开始加大其对高等教育的宏观调控。教

① 陈列．市场经济与高等教育——一个世界性的课题［M］．北京：人民教育出版社，1996：47.

② 起促进作用的国家，指政府赞同高校为那些具有正式资格进入高校的人提供一个机会，并不实际指挥高等学校的核心（如出台参与模式、内部管理、学术计划的开发和权力等方面的政策）；起干预作用的国家，指政府试图影响诸如毕业生的性质（例如，增加技术方面的毕业生）、学校的内部事务（改进效率）、一所大学和它的环境之间的关系（和工业更加密切的联系）等方面的工作。弗兰斯·F．范富格特．国际高等教育政策比较研究［M］．王承绪，译．杭州：浙江教育出版社，2001：6.

育立法对高等教育分流的影响还突出地体现在其对高等教育机构、高等教育结构、高等教育对象等的直接作用上。例如，美国二战后通过的《军人权利法案》使200多万名退役军人获得了享受高等教育的权利。日本1950年修订《学校教育法》，规定设立临时短期大学，并于1965年再次修正《学校教育法》，正式将短期大学规定为高等教育体系的一个部分，有力推动了短期高等教育的发展。

第二，通过教育预测和规划来指导高等教育的分流。高等教育的分流要求有一定的计划性，要根据一定时期社会发展的实际需要、劳动力市场的特定状况等作出合理的预测和规划。政府应责无旁贷地承担起这一任务。二战以后，各国政府均注重从本国的实际出发，适时推出相应的计划来指导高等教育的分流和发展。法国从第四个国家计划开始正式涉及高等教育计划，并将其作为国民经济发展计划的一个组成部分。其高等教育计划包括对高等教育的目标政策、入学人数预测、毕业生数预测、职业变化预测、毕业生就业率预测、教育经费增减等。英国政府自20世纪80年代起也先后发表高等教育发展的白皮书和绿皮书，对发展本国的高等教育作出了全面的整体规划，如1983年的白皮书公布了未来三年教育发展的规划数字，其中对高等教育和继续教育的学生人数作了预测和规划。1985年英国政府发布的《20世纪90年代英国高等教育发展》的绿皮书也是一份高等教育规划文件。美国教育统计中心每两年提出一次《美国教育统计预测》报告。美国教育部在1989年也曾提出过一个1990年—2000年高校学生数的预测。日本1976年提出《关于有计划地整顿高等教育》、1979年提出《关于后期计划》的报告，都强调有计划地培养人才和纠正高等教育机构地区间分布的不合理、专业构成不均匀的状况。又如澳大利亚政府在1987年的绿皮书中明确指出：增加总入学率，包括高级学位数，要从1987年的475000增加到2001年的530000；增加所有的毕业生数量，从1986年的约88000增加到2001年的100000①。

① 弗兰斯·F. 范富格特. 国际高等教育政策比较研究［M］. 王承绪，译. 杭州：浙江教育出版社，2001：1.

第三，通过宣传导向、经济调节、行政干预、政策鼓励等辅助手段来调控高等教育的分流。宣传导向主要是通过向学生介绍部分高校或相关专业的信息，公布各级各类高等教育及其专业教育的行情，从而引导学生报考相应的学校和专业。经济调节包括国家从财政上资助偏远地区从而促进高等教育合理的地域布局。如美国根据州平等化准则，向许多学区提供额外的经费。行政干预指政府通过政令、政策、通告、条例、建议、警告等行政措施，对高等教育的分流实行调节。政策鼓励旨在通过制定各种优惠政策，鼓励学生报考相对冷门的专业，从而保持合理的分流比例；反之，也制定限制政策，以减少不合理的分流。

二、高校：自主适应灵活

当今，世界进入了一个市场经济全球化大发展时代。无论是西方国家经自然历史演进而来的市场经济，还是苏联及东欧国家由计划经济转换而来的市场经济，或者是中国创建的有本国特色的社会主义市场经济，都强调市场是社会生活的首要调节机制。高等教育分流同样要按市场规律办事。高校作为高等教育分流的主要执行主体，就必须面向各级各类人才需求市场，以市场为导向来进行自我调整，促进合理而高效的高等教育分流。20 世纪 50 年代以来，各国政府在直接干预高等教育以便保证更大的经济效益、成果的质量、学生的入学机会和责任制等当前高等教育决策的重大要求的同时，也在把对教学计划和预算的更多的控制权移交给各高等院校。尤其是那些实行传统高度集权管理体制的国家日益认识到市场机制的作用，开始尊重并给予高校自主权，以便其灵活适应市场。如法国 1968 年颁布了《高等教育方向法》，继而在 1984 年通过《高等教育法》，这些法案都规定了大学充分的自主权，扩大了大学的职责范围。依据这些法案，法国高等学校是“在教学、科研、行政及财务方面享有自主权的国立高等教育和科研机构”，它在“履行由法律所赋予的使命的过程中，可以在国家规定的范围内，在遵守自己义务的前提下，确定自己的教学、科研及文献资料活动的各项政策”。正因为有了这些制度和政策的保证，各国的高校拥有越来越多的自主权，成为面向市场的独立的办学实体。由此决定了各国的高校能够积极灵活地适应人才市场的变化，从而也确保了高等教育的合理分流。

高校灵活适应市场体现在高等教育发展的方方面面，如在高校内部管理体制上的革新，打破内部管理上的条块分割，增强内部各部门的横向联系，从而形成对教育分流内外系统变化反应灵敏、调整迅速、富有弹性的教育系统自我调整机制；依据市场行情的变化，自主改革考试与招生制度，健全自我选择机制，为社会培养适应时代所需的各级各类人才；根据市场提供的讯号，适时调整自己的专业设置及各专业招生比例的变化，确保高等教育的合理分流；还注意适时改革教学内容与方法，增设反映时代进步的新的科学技术知识，抛弃传统的已过时的陈旧的知识，并善于采用新型科学的教学方法等，例如，在课程的设计上，据美国《基督教科学箴言报》报道，一所名为伊季山的学院，20 世纪 90 年代初推出了“犬科动物学（饲养狗）”、“居丧辅助服务（经办家庭丧事）”和“流行商品的广告推销”等学位，以极快的速度响应劳动力市场的需求，向学生提供比抽象知识更能赚钱的技术技能课。又如大学在教学管理体制和组织方式上的改革和创新（诸如选课制、学分制、学分累积与互换制、自由转学转校制、交叉注册制等）都体现了大学适应市场调节的积极应对。凡此种种都直接体现着高等教育分流的走向。由此可见，高校市场适应灵活是高等教育实现合理分流的关键所在。

三、社会：积极主动参与

高等教育分流机制的协调化趋势还体现在各国社会的积极参与。20 世纪 50 年代以来，各国在高等教育分流上注重调动社会各方面力量积极参与高等教育分流，从而为高等教育分流的正常运转提供了良好的社会环境。

首先，各国的改革与发展，如发展生产、更新观念、调整产业结构、改革劳动人事管理制度，形成的尊重知识、尊重人才、尊重教育的社会氛围等为教育分流活动创造了一个良好的外部环境，并提供了分流培养人才所需的足够的物质资源与信息资源，从而维持了高等教育分流的正常运行。

其次，学生、家庭、企业及各类社会组织的积极主动参与为高等教育的分流提供了有力的保障。学生是高等教育分流中最重要的利益主体，高等教育的分流说到底是对学生的分流，因而离不开学生的主动参与。学生的主动参与既是高等教育分流源流不断的基础，也是高等教育分流过程充满活力的保证。20 世纪 50 年代以来，各国在高等教育的分流中日益注重学生的主体地位，给予了学生充分的自主选择权，既体现了高等教育分流的民主性，也保证了高等教育分流的真正实现。例如，学生的积极主动参与对高等教育分流的意义主要体现在自主选择的意识、积极参与的过程以及及时准确的反馈。其一，学生意识到选择适合的高等教育是自己权利的一部分，从而以一种积极的态度来对待高等教育的分流，乐于表达自己的意愿并做出慎重的选择，是高等教育分流的原始内动力；其二，学生积极参与到教育分流的过程中，分别流向不同层次不同类型的高校、不同的专业、不同的地域，从而实现高等教育的真正分流；其三，学生积极主动地参与的价值还在于为改革和发展高等教育的分流提供了宝贵的反馈信息，在学生积极参与分流之后，根据其发展的具体情况特别是毕业生面向劳动力市场的行情，各国及各高校可以适当地调整自己高等教育的结构、专业设置、课程选择、教育方式等，从而更好地适应市场、优化高等教育分流的格局。家庭作为社会的基本构成单元，其积极主动地参与，对于高等教育的分流具有重要的意义。家庭的参与主要表现在以子女为中心所做出的有关高等教育的选择以及为高等教育所担负的学费上。由于子女在物质与精神方面对家庭的依赖性，以及亲子间的情感力量，家庭对子女的高等教育的流向指导具有长期性、潜在性与深刻性的特点。企业一方面对高等教育所培养的人才提出了要求，另一方面又积极参与到高等教育人才培养的活动中。企业对人才素质的要求之于高等教育的分流具有重要的影响，当前方兴未艾的企业办学更是一种充满活力的高等教育分流形式。此外，还有其他各类社会组织的积极参与，例如美国普遍存在的各种高等教育的民间组织（如民间考试机构、民间的高等教育认证机构等）对高等教育机构往往具有实质性的影响和作用，从而间接地影响到高等教育的分流。

第十章　我国高等教育分流的现状分析

第一节　我国高等教育分流的改革背景

高等教育分流作为一种教育社会现象，其发生与发展总是与时代的要求及社会改革的进程密切相关。它既是一个国家民族文化与教育传统在一定时期的反映，又是特定时期国家的改革取向与教育主导思想的体现，更是一定时期国家的政治、经济与高等教育自身发展的要求。党的十一届三中全会以后，我国进入了一个新的历史发展时期，为高等教育分流的改革与发展提供了良好的时代背景。

一、政治改革为高等教育分流的改革与发展提供了良好条件

中国共产党的十一届三中全会开启了中国历史上的三大转折，即从“以阶级斗争为纲”转向以经济建设为中心，从传统的计划经济逐渐转向社会主义市场经济，从封闭半封闭型社会转向开放型社会；提出了发展生产力是社会主义社会的首要任务，开辟了社会主义现代化建设的新局面，从而使我国社会进入了“改革开放”的新时期。在这一新的历史背景下，党和政府乃至全社会越来越明确地认识到：科技的发展、经济的振兴乃至整个社会的进步，都取决于劳动者素质的提高和各级各类合格人才的培养。“科技兴国”、“人才强国”的战略思想成为国家主流政治取向。1985 年中共中央做出《关于教育体制改革的决定》，指出今后“社会主义现代化建设成败的一个重要关键在于人才”，提出“要造就数以亿计的工业、农业、商业等各行各业有文化、懂技术、业务熟练的劳

动者”；“要造就数以千万计的具有现代科学技术和经营管理知识，具有开拓能力的”、“能够适应现代科学文化发展和新技术革命要求的”多方面、多类型的高级专门人才。为此，《决定》明确提出在我国不同地区实行“三级分流”，即边远地区实行小学毕业后分流，一般地区实行初中毕业后分流，城市与经济发达地区实行高中毕业后的高等教育分流。通过三级教育的合理分流，满足社会主义现代化建设对熟练劳动者与合格高级人才的需求。

振兴经济、发展科技，关键在人才，而人才的培养关键在教育。高等学校教育是分流培养高级专门人才的重要环节，为此，党和政府制定了一系列政策和法规，促进高等学校教育大力发展与合理分流。《中国教育改革和发展纲要》指出，“高等教育担负着培养高级专门人才、发展科学技术文化和促进现代化建设的重大任务”，“高等教育要适应加快改革开放和现代化建设的需要，积极探索发展的新路子，使规模有较大发展，结构更加合理，质量和效益明显提高”，“要区别不同地区、科类和学校，确定发展目标和重点。制订高等学校分类标准和相应的政策措施，使各种类型的高校合理分工，在各自的层次上办出特色”。《中华人民共和国高等教育法》明确规定：要“根据经济建设和社会发展的需要，制定高等教育发展规划，举办高等学校，并采取多种形式积极发展高等教育事业”，“高等教育采用全日制和非全日制教育形式”和“学历教育和非学历教育的形式”，要“支持采用广播、电视、函授及其他远程教育方式实施高等教育”，要“按照社会主义现代化建设和发展社会主义市场经济的需要，根据不同类型、不同层次高等学校的实际，推进高等教育体制改革和高等教育教学改革，优化高等教育结构和资源配置”。教育部制定的《面向21世纪教育振兴行动计划》指出，“积极发展高等职业教育，是提高国民科技文化素质、发展国民经济的迫切要求”，“普通高中毕业生除进入普通高等学校外，多数应接受多种形式的高等职业教育”，“要逐步研究建立普通高等教育与职业技术教育之间的立交桥，允许职业技术院校的毕业生经过考试接受高一级学历教育”。党的十五大报告明确指出：国家要加大对中西部地区的支持力度，对中西部地区的投资是现代经济增长的发动机。对中西部欠发达地区加大教育的投资力度，支持这些地区适度发展高等教育是非常必要的。

要搞好高等教育分流，必须提高分流实施主体的主体意识，赋予其自主分流的权利，从而使他们能够兼顾各方主体利益，合理分流施教。《关于教育体制改革的决定》提出要“扩大高等学校的办学自主权，加强高等学校同生产、科研和社会其他各方面的联系，使高等学校具有主动适应经济和社会发展需要的积极性和能力”。《中华人民共和国高等教育法》明确规定，“高等教育由高等学校和其他高等教育机构实施”。“独立设置的学院主要实施本科及本科以上教育。高等专科学校实施专科教育”，“其他高等教育机构实施非学历高等教育”，“高等学校自批准设立之日起取得法人资格。高等学校的校长为高等学校的法定代表人”，“高等学校根据社会需求、办学条件和国家核定的办学规模，制定招生方案，自主调节系科招生比例，自主设置和调整学科、专业”，“自主制订教学计划、选编教材、组织实施教学活动”。

在中央文件精神的指导下，各级地方政府也制定了相应的政策，采取了相应的改革与发展举措，从而为高等教育分流的改革与发展，创设了新中国成立以来前所未有的良好的政治条件。

二、经济变革为高等教育分流的改革与发展提供了强大动力

改革开放以来，我国社会主义市场经济的迅速发展，不仅把我国的经济建设推进到一个新的阶段，也给我国的高等教育分流及其模式的改革与发展，乃至整个教育事业的改革与发展带来了强大的动力。首先，市场经济的发展为高等教育分流及其模式的改革提供了“引动力”。市场经济的发展增强了行业与部门之间的竞争，促进了科技成果的广泛应用，激发了社会对知识与人才的需求。新行业的产生，技术结构的调整与劳动手段的变化，对提高劳动者素质与分流培养高级专门人才起关键作用的高等学校教育提出了更高的要求，促使高等学校采取多样化的分流模式培养人才。其次，市场经济的发展为高等教育分流及其模式的发展提供了“推动力”。市场经济固有的开放性、竞争性与多元性特征，必然对传统的大一统的高等教育管理体制与单一的办学模式产生全面的冲击，迫使高等学校加速自身的改革以适应市场经济发展的要求，多种

模式合理分流的格局由此逐步形成。再次，市场经济的发展还为高等教育分流及其多样化模式的顺利实施创造了有利条件。在计划经济条件下，办学靠政府，人才靠分配，社会其他主体无须关心教育，教育也不必关心社会其他主体的需要。在市场经济条件下，多种经济成分并存的局面决定了社会利益主体的多元化，社会各利益主体为了自身的发展，会自觉地关心与积极参与高等教育分流活动，以政府办学为主体、社会各界共同参与的办学体制与多渠道集资的投资体制必然形成，这就有利于为高等教育分流及其多样化模式的实施提供更为充足的人力、物力和财力。例如新中国成立以后，私立大学曾被一律取消。20 世纪 80 年代，随着改革开放带来的民营经济、个体经济的发展，私立大学（民办高校）不断发展起来，到 2003 年，全国共有民办普通高等学校 173 所，在校生 81 万人；民办的其他高等教育机构 1104 所，各类注册学生 100.40 万人①；2015 年，民办普通高校 734 所（含独立学院 275 所），在校生 610.90 万人；民办的其他高等教育机构 813 所，各类注册学生 77.74 万人②。办学主体多样化必然会带来高校类型多样化，从而为高等教育分流多样化发展提供动力。

三、高等教育自身发展为分流的改革与发展奠定了坚实基础

随着政治改革和经济的变革，高等教育自身也进行了一系列改革，主要是高等教育体制的改革，包括办学体制、投资体制、管理体制、招生分配制度和高校内部管理体制五个方面。自上世纪 80 年代以来，我国高等教育的办学体制由原来的政府包揽办学逐渐转向“以政府办学为主、社会各界共同办学的体制”；投资体制由原来的政府单一投资方式

① 中华人民共和国教育部. 2003 年全国教育事业发展统计公报［EB/OL］.(2004-05-27)［2017-03-27］. http://www.moe.edu.cn/publicfiles/business/htmlfiles/moe/moe_633/200409/3570.html.

② 中华人民共和国教育部. 2015 年全国教育事业发展统计公报［EB/OL］.(2016-07-06)［2017-03-27］. http://www.moe.gov.cn/srcsite/A03/s180/moe_633/201607/t20160706_270976.html.

逐渐转向多元主体投资方式；管理体制由原来的政府统一管理逐渐转向“分级办学、分级管理”体制；分配制度由原来的国家“统包、统配”逐渐转向“双向选择”制度；高校内部管理体制由原来的按照主管部门的“计划、指令”管理方式逐渐向高校自主管理方式转变。我国高等教育体制的改革使高校办学模式发生了巨大的变化。近年来，不仅各种“共建模式”、“合并模式”、“联合模式”等有了迅速的发展，而且“民办模式”、“国有民办模式”、“一校两制模式”、“多校区办学模式”等也在各地蓬勃兴起。高等教育自身改革以及办学模式的多样化，使我国高等教育有了很大发展，取得了巨大成就。首先，高等教育规模扩大。一是普通高等学校数量增加；二是在校学生人数增多。1977 年，我国普通高等学校只有 404 所，在校学生总共才 62.50 万人。至 2015 年，全国普通高等学校达 2560 所（含独立学院 275 所），增长 6.37 倍；在校生达 2625.30 万人，增长 42 倍。2015 年全国各类高等教育在学总规模达到 3647 万人，高等教育毛入学率达到 40.0%。其次，高等教育类型多样。不仅有普通高等教育、高等职业教育等全日制高等教育类型，而且有高等函授教育、夜大、电大、脱产进修班、远程高等教育、高等教育自学考试等非全日制高等教育类型；还有私立（民办）高等教育类型。2015 年，全国有成人高等学校 292 所，在校生 635.94 万人；全国高等学校举办的各类成人非学历教育结业达 907.54 万人次，注册学生 725.84 万人；全国共有非学历教育资格民办高校 813 所，注册学生 77.74 万人；民办高校 734 所，在校生 610.90 万人①。再次，高等教育结构逐渐完善。目前已经具备了专科、本科、硕士、博士（博士后）等多层次结构，2015 年，在学研究生 191.14 万人，其中博士生 32.67 万人，硕士生 158.47 万人，本专科在校生共 2625.30 万人。主要有哲学、经济学、法学、教育学、文学（包括外语）、历史学、理学、工学、农学、医学、管理学、师范、军事等 13 个一级学科的专业结构。基本形成

① 中华人民共和国教育部. 2015 年全国教育事业发展统计公报［EB/OL］. (2016-07-06)［2017-03-27］. http://www.moe.gov.cn/srcsite/A03/s180/moe_633/201607/t20160706_270976.html.

了以东南沿海为主，向中部和西部逐渐延伸的区域分布结构。2015 年全国共有普通高校 2553 所，其中东部 1243 所，中部 671 所，西部 639 所。“985 工程”和“211 工程”的 151 所重点院校中，有 97 所在东部，32 所在中部，西部有 22 所①。我国高等教育自身改革所取得的巨大成就，为高等教育分流的目标整合、结构优化、策略改革与机制健全奠定了坚实的基础。

第二节 我国高等教育分流的改革试验

随着我国高等教育改革的不断深入，高等教育分流的改革也如火如荼。这种改革反映在高等教育分流价值目标的转变、结构功能的优化、操作策略的创新与调适机制的健全等方面，集中体现在高等教育分流模式的改革与试验上，并呈现出以下五大趋势：

一、由“入学分流型”向“中期分流型”发展

（一）“入学分流型”模式的特征与局限

上世纪 80 年代中期以前，我国高校的专业分流实行的是“入学分流型”模式，它具有如下特征：第一，强调分流培养“专才”。学生入学就被分流到专业或专业方向，然后进行长期培训，使学生成为某一专业的“专门人才”。第二，专业划分细化。在高校内部取消校、系之间的学院一级建制，以“专业”组成“系”对学生施教。在学系之下，按照国民经济计划中各行业部门的具体要求设置专业流向，专业划分非常具体和细致，特别是工科专业大多按行业的具体产品，甚至按照产品的零部件和具体的工艺环节来设置流向，针对性极强，适应面较窄，如锅炉专业、热处理工艺及设备专业、木材水运专业等。第三，采用“学年制”培养学生。以学年计算学生学习量，本科四年、专科三年，学生修满规定的学年就可毕业。第四，国家统一安排并一次性分流到位。高校按照国家的指令，依据学生的统考成绩直接将学生分流到各个学科的专

① 陈乐．我国高等教育发展区域比较研究 [J]．大学（研究版），2016 (2)：65-75.

业或专业方向，直至毕业不更改；然后由各系按专业分班，安排教师上课；课程全部是必修课程，班级是固定班级，课堂是固定课堂；学生按部就班听课，教师按部就班上课；随着年级的升迁，学生修满规定的学年才能毕业。

我国高校“入学分流型”模式，是在新中国建立初期的特定历史条件下形成的。当时国家急需专门人才搞建设，为调整高等教育结构，借鉴苏联模式，国家对高等学校进行了“院系调整”。院系调整，不仅使我国单科性院校增多，专业划分细化，而且形成了学生入学就被分流到细化专业的“入学分流型”模式，以便有针对性地培养国家急需人才，提高人才培养效率。

这种模式将学生一次性分流到位，免除了中间环节的许多繁杂事务，使管理活动简化，确实起到了国家需要什么人才就设置什么专业以有计划地培养人才的作用；并通过这种“计划性”起到了节约资源、提高效率的作用，为当时的国家建设做出了贡献。但是，这一分流模式具有限制学生再次选择专业的权利，导致学生“一次选择定终身”等缺陷；尤其造成学生知识面不宽，视野狭窄，不利于素质全面、基础宽厚、长于探究的创新人才成长等，是这一模式的致命弱点。

随着改革开放的深入，社会经济的快速发展，社会对人才的要求不断提高，“通才型”、“复合型”人才成为社会的主流人才需求，人们越来越发现“入学分流型”模式培养的“专才”不适应经济社会发展的需要，改革这一模式势在必行。尤其是上世纪90年代中期我国高等教育分配政策改革之后，大学生流入社会人才市场遭遇就业难的问题，更加快了高校朝着“中期分流型”模式改革的步伐。

（二）“中期分流型”模式的兴起与特征

我国高校“中期分流型”模式的改革试验始于上世纪80年代后期，至本世纪初掀起了改革热潮。近几年“中期分流型”模式作为一种全新的人才培养模式正逐渐被我国高校所采用。试验最初是在一些重点大学开始的，如北京大学、清华大学、北京师范大学、复旦大学、山东理工大学等；然后发展到一般本科高校，如湖北大学、天津商学院、浙江宁波大学、锦州师范学院等。由北京大学和清华大学的部分院系率先试验了按学科大类进行招生、中期分流的培养模式。从2003年开始，北京大学、清华大学等一批重点高校陆续实施了按专业招生、中期分流的新模式。据统计，“在‘211工程’院校中的综合性大学有40所，其中31所高校实施‘大类招生、分流培养’模式，比例高达77.5%；理工科类大学32所，其中12所大学或多或少地实施‘大类招生、分流培养’模式；此外还有财经类大学5所，农业类大学7所也在试行这一模式”①。这表明“中期分流型”模式已经呈现一种全面展开的趋势。

我国高校正在实行的“中期分流型”模式具有如下特征：

第一，强调“宽口径、厚基础”的教育理念，分流培养“通才型、复合型”高素质人才。北京大学“元培计划”提出在“加强基础、淡化专业、因材施教、分流培养”的改革方针指导下，致力于培养“厚基础、宽口径、高素质”的复合型人才的目标；山东理工大学提出在“厚基础、宽口径、重能力、求创新”的教育理念指导下，努力培养文理兼备的“通才型、复合型”高素质人才的目标；湖北大学提出努力培养“专业面宽、知识新、适应能力强”的高素质人才的目标。

第二，以大类学科招生，延缓学生流入专业的时间。在“大学科”前提下，学生接受两年或三年的基础理论教育，然后再分流进入专业，接受专业训练。山东理工大学就是以大学科为单位，试行“2+2”式中期分流模式，前两年接受基础理论教育，后两年接受专业训练；湖北大学也试行“2+2”式中期分流型模式；北京师范大学则实行“3+1”式中期分流模式，前三年学生接受基础理论和专业理论教育，后一年分流进入专业方向接受专业训练。

第三，考试、选修和学分兼用。有的高校以学生的考试成绩为依据进行中期分流，如北京师范大学在第三年末举行一次考试，然后依据考试成绩将学生分流进入学生选择的专业流向。有的高校依据学生所修课程的学分累积数和学生的选择进行中期分流，如山东理工大学规定，第一年底必须修满14学分才有资格选择院系，第二年底必须修满36学分

① 李娇娇，陈莉．“大类招生、分流培养”运行机制的困境和对策［J］．黑龙江高教研究，2014（8）：81-83．

才能选择专业流向；湖北大学规定，学生学习前两年的基础平台课程，须取得应修课程学分的70%以上（含70%）学分，方可参加专业或专业方向分流。

第四，宏观调控、高校自主分流与学生自主选择相结合。在报请教育行政部门批准的前提下，高校根据本身及学生需要自主设置分流渠道，学生在教师指导下选择参与分流。北京师范大学的具体运作过程是：在学生学习三年基础理论知识，打好“扎实功底”的基础上，学校设置三种流向，供学生选择：一是研究生升学考试流向；二是教育专业硕士流向；三是师范专业流向。在第三年末组织考试，依据学生的成绩及其选择进行分流。选择研究生升学考试流向的学生，继续在其原专业学习一年，四年级末参加本专业研究生升学考试，未考取者作为本科非师范专业毕业生就业。选择教育专业硕士流向的学生，达到规定成绩要求者，在完成第四年专业学习之后，直接进入教育专业硕士阶段学习两年，获得硕士学位。选择并进入师范专业流向的学生，通过第四年教育类课程和完成教育实习后，获得该师范专业的学士学位。

山东理工大学的具体运作过程是：在全国统一招生考试的条件下，学校分文理两大类招生。学生入校第一年，开设的课程由学校统一排课；学生可以选择上课教师和上课时间、地点；由学校举行统一考试，成绩合格者获得学分。在第一年底，学生按成绩、志愿和规定自选院系，不满14学分者，取消其在本学年选择院系的权利。在第二年，开设的课程由院系统一安排；到第二年底，学生根据入学两年来的成绩（学分）、志愿和规定，按“优先顺序”自主选择本院系的专业；第三年开始进入专业学习。山东理工大学的这一“中期分流型”模式，实际上在中期分流了两次，即第一年底分流进入“院系”，第二年底分流进入“专业”。

湖北大学的具体运作过程是：在全国统一考试的前提下，按大类招生。分流进入学院的新生前两年不分专业，按大类学科学习公共基础课程和学科基础课程，称之为“基础平台课程”。其中公共基础课占课内学分的比例为35.8%，学科基础课占课内学分的比例为38.5%，这两部分加起来，占课内学分的比例为74.3%，占毕业学分的比例为

64.7%。在第四学期末，依据学生的学分和学生的志愿进行专业分流。学校规定：学生学习前两年的基础平台课程，须取得应修课程学分的70%以上（含70%）学分，方可参加专业或专业方向分流。分流限定在就读的大类学科所含的专业或专业方向内。以学生第一至第三学期修读课程的平均学分绩点数进行排序，确定学生对专业和专业方向的优先选择权，在可能的情况下尽量考虑学生的个人志愿。在第五学期按照不同的培养规格将学生分流到专业和专业方向继续学习，以材料工程与化工类为例，该大类分流为三个专业流向：高分子材料与工程、材料化学、化学工程与工艺。根据社会需要，这三个专业又可以分流为不同的方向，如化学工程与工艺可以分流为五个方向：化工工艺、精细化工、生物化工、化工计算机应用和化工商务。

（三）“中期分流型”模式的优点

我国高校的“中期分流型”模式与“入学分流型”模式相比，具有较大的优越性。主要表现在：(1) 有利于分流培养“通才型”、“复合型”人才，满足各方主体的需要。学生入学就分流进入专业，会导致过早专业化、知识面狭窄、适应面不宽，这样的人才只能适应国家社会特定时期的需要。通过一段时间的文理基础理论学习之后，再分流进入专业，这就在一定程度上为学生打下了扎实的功底，并拓宽了知识面，从而有利于宽口径、厚基础的“通才”养成。这样的人才既能满足国家长远需要，有利于促进社会可持续发展，又能兼顾各方主体的需要。(2) 有利于学生选择适合自身发展需要的专业，关注学生利益。入学就分流进入专业，中途又不允许变化，这对学生是不利的，因为许多高中毕业生对大学的专业和课程设置并不十分了解，对毕业后的走向、社会对人才的需求无法做出合理的判断；许多学生升学志愿实际上是老师、父母的志愿，志愿的选择带有明显的功利主义倾向，加上我国各高校普遍缺乏系统的专业介绍，学生对专业课程的设置、毕业后的走向知之甚少，考生大多盲目选择专业。而“中期分流型”模式大类学科招生，让学生在入学后通过一段时间的学习和生活，了解大学、学科、专业，发现自己的兴趣和特长，全面了解和认识自己，然后再选择学习和发展方向，就会更符合学生的需要。按大类招生延迟了学生选择专业的时间，学生能够相对准确地预测和了解毕业时国际和国内经济社会发展趋势，专业的选择就能够更适合社会需要，也能够更适合本身发展需要。据笔者所在的韶关学院教务处领导反映，他们的“中期分流型”模式，对于减少学生报考志愿的盲目性，帮助学生合理选择专业起到了很好的作用。

我国高校的“中期分流型”模式目前还处在试行中，与国外中期分流型模式相比还存在一定差距：其一，专业分流不明显。按照德国中期分流型模式的特点，他们是在前两年学习基础理论的基础上，两年末再安排学生选专业。我国高校一般是在学生选择了一定专业的条件下，一至两年后再选专业，有点类似转专业式的转流，因为按照我国的招生制度，学生入学时都选择了一定的专业。北京师范大学三年后的分流不是专业分流，实际上是毕业流向的选择。其二，中期分流没有举行考试。按照德国中期分流的做法，除了所有的课程考试合格之外，在两年后还应有一个考试。我国的一些高校主要是根据学生的学分进行中期分流，虽然北京师范大学举行了考试，但却是毕业流向的选择。当然，中期分流方式究竟是考试好还是学分好，是值得研究的。其三，中期分流时间不一。按照国外的经验，一般是在两年后分流为宜，因为这有利于学生选择发展方向，即两年后学生即使没有达到标准而不能进入专业，他们也可以转专业、学技能或就业。我国高校有的在三年后（如北京师范大学三年后选院系），有的在一年后（如山东理工大学一年后选院系），这表明我国高校中期分流的时间有待研究。

二、由“专业主流型”向“专业分岔型”发展

（一）“专业主流型”模式的作用与缺陷

“专业主流型”模式是指学生主修一个专业的分流模式[①]。20 世纪 80 年代中期以前，我国高校实行的是将所有的学生都分流进入“专业主流型”模式，学生没有选择余地。当时这一模式的突出特征是指令计划性，为了培养国家建设急需的各生产部门、行业的专才，高校将学生分流到“对口”的专业领域，让其主修一个专业方向，设置必修课程、固

① 学生主修一个专业还是有另外的选修，这应该由学生选择。这里的专业主流是指由高校配置学生主修一个专业，学生没有选择权利。

定班级和课堂，对学生进行长期培训，中间不允许更改，随着年级的升迁，学生修满规定的学年，然后才能毕业。

在我国特定历史时期，高校按照国家建设的需要所形成的“专业主流型”模式，确实为国家建设计划培养急需人才起到过极大的作用。大学生在高校主修一个专业，然后按计划分配，流入到与专业“对口”的社会职业，获得了很好的毕业流向。短期内高校通过这一模式为国家培养了大量的“对口”专业人才。但是，学生过于单一的主流专业，且过早专业化，造成学生知识面狭窄，适应面不宽，严重忽视了学生个性发展。随着时代和社会的发展，人们发现“专业主流型”模式培养的人才越来越不适应经济社会发展的需要。特别是高等教育分配制度的改革，学生自主择业策略的实施，使人们发现要在就业市场上找到专业完全“对口”的职业越来越困难。在计划经济时代，学生知识面狭窄、适应面不宽的缺陷被“包分配”所隐蔽。在当今社会主义市场经济时代，“专业主流型”模式的缺陷越来越凸显，因此对这一模式进行改革势在必行。

（三）“专业分岔型”模式的发展与特点

20 世纪 80 年代中期以后，“专业分岔型”模式逐渐成为我国高等教育分流模式改革的发展趋势。首先是在一些重点大学开始试行“主辅修式”分岔，即为学生开设一些选修课程，使学生在主流专业之外有了其他流向的可能选择。1986 年北京大学就开始推行选课制，允许学生在主流专业之外选修其他专业的课程。随后“双专业式”和“双学位式”分岔型分流逐渐在我国高校中展开试验，武汉大学、浙江大学、中山大学，以及湖北大学、韶关学院、河南科技大学、广西大学等地方高校都有这方面的试验①。最早试行“双学位式”分岔型分流的高校是武汉大学。根据中国与法国政府于 1992 年正式签署的《中法文化交流合作协定》，武汉大学从 1992 年 9 月开始举办“中法经济双学士学位班”，试行“双学位式”分岔分流。目前“分岔型”分流模式已经在我国高校中

① 这些高校的改革情况的资料主要来源于笔者访谈调查、查阅高校网站。笔者实地访谈调查了武汉大学、中山大学、韶关学院等院校。

全面展开，据笔者查阅一些高校的网站，几乎百分之百的高校都设置了选修课程。显然，“专业分岔型”分流模式已在我国高等教育分流中成为一种常规做法。

我国高校实行的“专业分岔型”模式具有如下特征：

1. 从满足各方主体需要出发，培养知识面宽、适应性强的复合型人才。武汉大学提出，打破以往学校内部各专业学科之间的传统界限，有效地整合和配置武汉大学的优质教育资源，充分发挥学校不同院系的比较优势，把学生培养成既具备主流专业特长，又牢固掌握分岔专业知识的复合型高级人才，为我国改革开放和经济建设做出积极贡献。中山大学提出从关注学生利益出发，即有利于学生就业出发，扩大学生知识面，培养学生适应能力，为学生开设分岔流动渠道。韶关学院提出从“培养宽口径人才”、“有利于学生就业”出发，鼓励学生分岔流动。

2. 以各类学科专业流向为基础，分设多种流动渠道，引导学生选择多种流向。目前最主要的是三种流动渠道：双学位式分岔，即学生在主流专业之外选修另一个专业学位；双专业式分岔，即学生在主流专业之外选修另一个专业，但不获学位；主辅修式分岔，即学生在主流专业之外选修一些感兴趣的课程。武汉大学最初以世界经济、金融和法语三个大类专业流向为“主流”专业，在三个“主流”专业之间进行“分岔”分流，主流国际经济向法语“分岔”，主流法语向国际经济“分岔”；或者主流金融向法语“分岔”，主流法语向金融“分岔”。结构比例是：从这三个主流专业的新生中，挑选10名左右的学生，分流进入这一“分岔型”模式。经过在校四年的学习之后，由学校向符合毕业条件的学生授予武汉大学经济学学士学位和外国语言文学学士学位。这一模式至今已历时20多年，累计招收学生近千名，其中六分之一以上的学生先后去法国高校留学，已有部分毕业学生在法国银行业或企业界就职，还有的承担起中法经济和文化交流的工作。中山大学允许本科二、三年级的所有学生从双学位式、双专业式、主辅修式三种分岔形式中自由地选择任何一种。韶关学院目前只开设了双专业式和主辅修式分岔型分流模式。

3. 综合运用考试、学分制、选修制等分流策略。各高校在具体运用分流策略时略有不同。武汉大学在试行“中法经济双学士学位班”分岔分流模式时，采用考试和面试等策略选拔学生。最初是在每学年伊始，由世界经济系、金融系和法语系从当年录取的新生中各挑选 10 名左右的学生，分流进入“分岔型”模式；中间环节实行在学年制条件下的选修制、学分制策略。中山大学主要采用学分制和选修制策略进行分岔分流，该校规定：大二学生第一学年所修读的必修课程平均学分绩点数在 2.0 以上者，可申请修读辅修课程；大三学生第一、二学年所修读的必修课和限定选修课的平均学分绩点数在 2.8 以上者，可申请修读“双专业”；绩点数在 3.0 以上者，可申请修读“双学位”。韶关学院也采用学分制和选修制进行分岔分流，该校规定：修读公共基础课程和学科基础课程的学分达到 40 个以上者，可以申请修读第二专业，但毕业时只发主修专业文凭及学位，对于所修读的第二专业，学校开具证明。修读基础课程的学分达到 20 个以上者，可申请辅修课程，即学生除了选修本专业的课程以外，可以跨专业选修课程。

4. 在获得教育行政部门批准的条件下，高校自主设置分岔渠道，供学生选择。武汉大学最初的“中法经济双学士学位班”分岔型模式是在获得教育部批准的条件下设置的，其具体的分流运行过程有如下几个步骤：一是选拔。新生入学一个月时间内，自主自愿提出书面申请，然后由世界经济系与法语系相关教师组成专门评审委员会对申请者进行面试和笔试，从中择优挑选大约30 名学生进入双学位班，并听取法国教师的意见；综合选拔标准主要包括学生的英语水平、数理基础、学习动机、对法国及欧洲的认知程度、交际反应能力、身体条件、性格特征、家庭状况以及毕业志向等。二是分流施教。第一学期学生就开始在主修专业外辅修“分岔”专业流向的课程，如主修经济专业的学生，辅修法语，第一学期由法语系教师授课；第二学期起由法国教师训练口语；进入第三学期由法国教师进行法语强化训练。三是中期流动。为防止学生“本末倒置”（如主修经济专业的，把主要精力放在法语学习上，而耽误主修专业的学习），一方面允许学生中途退出；另一方面学校每学期末举行考试，成绩不合格者，劝其退出双学位班。此外，部分双学位班学生在四年级上学期可以选择到法国有关高校学习。

值得一提的是，在“中法经济双学位式分岔型”分流模式的示范作用下，武汉大学其他形式的“分岔型”模式，如“双专业式”、“主辅修式”，以及其他主流专业外的“双学位式”也大量地建立起来，这些模式在武汉大学被统称为“跨学科人才培养试验班”，如数理经济试验班、数理金融试验班、世界历史试验班、中西比较哲学试验班、WTO试验班、七年制法语医学试验班、国学试验班等。目前，武汉大学还与在汉的其余六所部属高等学校签署了合作协议，本科生可以在各校互选课程，相互承认学分；可以跨校辅修和攻读双学位。

中山大学采用学分制分流，其运作过程是：首先由学校根据需要设置分岔渠道；然后由学生按照学校规定，依据自己的学分绩点数以及自己的志愿或兴趣爱好，向本院系提出申请；最后院系根据学生的申请审查学生资格（包括学生平时成绩、学习态度、家庭经济情况等），报学校教务处批准。

（三）“专业分岔型”模式的优点与不足

我国高校目前正在实行的“专业分岔型”分流模式与“专业主流型”模式相比较具有如下优点：(1)“分岔型”模式有利于培养复合型人才，满足社会发展需要。主流型模式有利于培养“专才”，但社会发展必然需要大量的复合型人才，这是知识经济、信息化时代提出的要求。“分岔型”模式通过学生分岔流动，不仅熟悉主流专业知识与技能，而且掌握分岔专业的必备知识，这就有利于复合型人才的培养，在一定程度上满足社会发展需要。(2)“分岔型”模式有利于学生就业，满足个体需要。“主流型”模式培养的“专才”，虽然具有一定“专门化”的优点，但在社会发展中难以使学生找到完全“对口”的职业。“分岔型”模式通过学生分岔流动，在一定程度上扩大了知识面，增强了社会适应能力，这就有利于学生顺利就业，使个体需要得到满足。

当然由于处在试行阶段，与国外“专业分岔型”模式相比较，我国高校还存在一定的差距。其一，专业分岔有比例限制，并不是向所有的学生开放。武汉大学的分岔型模式，并不是完全由学生自由选择的，而是要经过严格考试才能进入，这就有点像选拔优秀人才一样，可能会使学生望而却步。中山大学虽然不举行考试，但每个专业分岔的人数也是有比例的，大致在10%～15%之间；广东韶关学院明确规定专业分岔人数不得超过15%。其二，大多高校的分岔分流集中在课程分岔，而双学位和双专业分岔的人数比例不大，如广东韶关学院主要设置了主辅修式的课程分岔和双专业分岔，而双学位分岔则没有设置。

三、由“一次分流型”向“适时转流型”发展

（一）“一次分流型”模式的改革

多年来，我国高校在学生入学时将所有分流活动一次性完成，即根据国家统一入学考试成绩将学生分流到专业、课程、班级和课堂，中途除了更换不同课程的授课教师之外，其他并无多大变化，直至学生毕业。一次分流型模式与入学分流型模式一样严重限制了学生再次或多次选择流向的权利，造成学生“一次选择定终身”的局面，不仅忽视学生的利益需求，而且极不利于学生成长。在当今“以人为本”的时代，将学生一次性分流到位的高等教育分流模式与社会的发展是不相称的，必须进行改革。

20世纪80年代中后期，我国的一些重点高校开始试行“适时转流型”模式，1985年北京大学和清华大学开始试行转系、转专业等转流活动。至目前，适时转流的改革试验已在许多高校中展开，复旦大学、厦门大学、华中师范大学、中山大学、华南理工大学以及一些地方性高校都有这方面试验。据笔者进行的网上问卷调查统计，300份问卷（293份有效）中回答有转专业做法的一般地方性高校占96.3%[①]，“适时转流”已成为高等教育分流模式改革的方向。

（二）“适时转流型”模式的特点

1. 强调“以生为本”的教育理念，关注学生利益，赋予学生自由选择权利

目前我国整个社会都在强调“以人为本”的价值取向，在这一价值取向指导下，高等教育界提出“以生为本”的教育理念，促使高校从关注学生利益、赋予学生选择权利出发进行合理的分流。华中师范大学为

① 这里的转专业是指入学后经过一段时间的基础学习再转专业，不包括入学新生转专业。

贯彻“以生为本”的理念，近年来采取了许多举措，其中尊重学生的教育选择权利，让学有专长的学生自主转换专业，就是其中之一。为扩大学生自由选择权利和发展机会，学校专门制定了学生入学后适时选择专业转流及跨学科转专业等管理措施，使转专业制度化、规范化。复旦大学也从满足学生需要，关注学生教育选择权利出发，允许学生转专业。中山大学、华南理工大学等均提出，要以学生为本，关注学生成长，关注学生利益，允许学生入学后再次选择专业。

2．以跨学科转专业即转系为主，同时允许在系科内部的专业转流规定转流的比例；一般在学生入学一个学期以后或一年以后进行转流

清华大学允许每一个本科生有3次转专业的机会，可以在第一学期、第二学期和第三学期期末自由提出申请，包括理科与文科院系之间的跨学科转换，这在全国高校中属于转流次数较多的。华中师范大学除特殊专业外，相关专业每年提供占当年招生总人数10％的指标数，供其他学科专业的学生转专业时自由选择；转专业的时间定在第一学期期末，不允许入学新生转专业；2005年有78名本科生实现了跨学科转专业，2006年有147名本科生实现了跨学科转专业；从目前情况来看，一些看似“冷门”的基础学科报名并转入的学生人数也不少，没有出现令人担忧的“冷热”悬殊问题。复旦大学从2004年开始，对于专业转出没有限制；将各院系的专业转入名额从10％放宽到15％；转流的时间由原来的入学改为第一年底，并在第二年底也允许一定比例的学生转专业。中山大学规定新生在入学后的第二学期可提出转专业申请，并在一定条件下办理，转专业申请获批准的学生，在入学后第三学期转入新专业学习；转专业学习的学生可申请将原所学专业作为第二专业或第二学位；如果学校某个专业招生少于60人，转专业人数要控制在10％以内，即低于60人的专业最多只能转出6名学生。华南理工大学本科生在校期间均有一次转专业的机会，主要有两种形式：一是在第三学期结束后，前三个学期学分总绩点数排在专业年级前20％的学生，有资格申请在全校所有专业范围内转专业；二是第四学期结束后，有志于学习软件开发的学生可通过参加转专业选拔考试转入软件学院相应专业学习。

3. 考试、学分制、选修制策略并用，但各高校略有不同

华中师范大学专业转流的“入口”环节采用考试策略，考试科目一是大学英语；二是高等数学（拟转入理科类、经济类、管理类等专业者须考科目）；三是其他科目（拟转入其他专业者由转入专业的院系确定的考试科目），凡有转专业意向者，均可报名参加考试。中间环节采用学分策略，学校规定，学生转专业后，已经取得的学分与转入专业要求相同的课程学分仍然有效；与转入专业要求不同的课程学分，可作为任选课学分计入其总学分。复旦大学以学分和选修策略促使专业转流，该校不再以申请者的成绩为准绳，彻底取消申请者转专业的成绩“门槛”，改为学分制策略和选修制策略，即依据学生的选择和所取得的学分以及其他方面综合地考虑学生是否能转流。该校规定：第一年取得公共基础课程 16 学分以上者，允许申请转专业；第二年取得公共基础课程和学科基础课程 30 学分以上者，允许申请转专业，转入院系根据学生的申请、转出院系的推荐信、平时成绩，通过面试等决定学生能否转流。

4. 主要按照学生意愿实施转流

我国高校均强调在学生自主自愿的原则下，按照学生的意愿实施转流，但转流的学生也要达到一定的条件。华中师范大学的具体运作过程：一是由学生自主提出申请。学生入学后的第一学期结束前一个月，向所在院系提交跨学科转专业意向申请表；各院系对申请者进行资格审查，审查项目包括学生思想品德、拟转入专业的特长与志趣、平时学习态度与成绩等，然后报学校教务处批准。二是由教务处组织考试，依据学生选择和考试成绩，对学生进行分流；要求学生在第二学期转流到其要求转入的学科专业继续学习。复旦大学也是由学生自主提出申请，然后由转出院系和转入院系根据学生的学分条件决定其是否转流。

（二）“适时转流型”模式的优点

我国高校目前正在实行的“转流型”模式，与“一次分流型”模式相比，具有一定的优点：

1. 扩大了学生教育选择权利，有利于调动其学习积极性。“一次分流型”模式将学生一次性分流到位，中间不可转流，严重限制了学生的教育选择权利。“适时转流型”模式为学生提供了再次甚至多次选择流

向的机会，无疑扩大了学生的教育选择权利，学生通过适时转流可以选择到自己感兴趣并适合自身发展的专业流向，这可以在一定程度上激发学生的学习积极性。

2. 调整了分流结构，有利于适应社会发展的需要。“一次分流型”模式将学生一次分流到位，直到学生毕业没有变化，这使各个专业流向的学生比例在入学时与毕业时没有多大差别，这在“包分配”时代，可以与社会结构适应。然而社会是发展的，特别是在当今市场经济、知识经济时代，社会变化日新月异，学生在校学习的几年中，社会的人才结构必然发生变化，入学时的人才结构必然与毕业时不同。在此种情况下，如果仍然实行一次性分流到位、无可更改的分流模式，显然不能适应社会发展的需要。“适时转流型”模式通过学生自主选择，可以在一定程度上调整分流结构，适应社会发展，因为学生的选择有可能是依据社会的需要来进行的，如某行业需要的人才多，而学校在这一流向的比例不够，学生就可能转流到这一流向。反之亦然。

3. 适时转流，有利于学生发展。一次性分流到位，造成学生“一次选择定终身”，即使选择错了，也因没有转流渠道而无法更改，这将会限制学生的发展。“适时转流型”模式为学生设置转流渠道，增加了学生再次或多次选择的机会，无疑也增加了学生发展的机会。

4. 依据学生意愿，有利于贯彻“以生为本”的理念。“一次分流型”模式完全不允许学生转流，即使学生发现了自己感兴趣的专业流向，有要求上进的思想，也不能如愿，这就使得学生的利益受到损害。“适时转流型”模式根据学生的意愿，设置转流渠道，使学生在需要转流时能够及时如愿地转流，这就在一定程度上使学生的利益需求得到满足，达到调动学生学习积极性、促进学生健康发展的目的，这是符合“以生为本”的教育理念的做法。

我国高校的“转流型”模式与国外“转流型”模式相比较，还存在一定的距离。一是转流仍有诸多限制。有的高校学生转流须参加考试，有的高校对学生转流有比例限制，因此学生转流的自由度不大（当然这个度是值得研究的）。二是转流的时间不一。有的高校在第一学期末，如华中师范大学；有的高校在第一学年末，如复旦大学、中山大学；有的在第三学期末，如华南理工大学；还有大量的高校仍然只允许学生入学转专业，这表明我国高校的转流型模式还需要完善。三是转流次数有限。根据英国“新大学”的经验，学生一般在第一年底是跨学科转流，第二年底是学科内的专业方向转流，至少应该有两次转流，而我国高校一般只允许转流一次。

四、由“学校配置型”向“学生选择型”发展

（一）“学校配量型”模式的型成原因与利弊

长期以来，我国高等教育分流实行的是“学校配置型”模式。在计划经济体制下，国家强调一切从“计划”、“管理”、“稳定”出发，反映到高等教育上，要求高校培养学生“听安排、守纪律、服从管理”的思想品质（当然是必要的），使学生成长为社会的政治精英或管理精英。为此，政府通过教育行政部门对各高校的专业与课程做出计划与规定；高校按照政府及教育行政部门的指令，实行统一培养规格、统一专业设置、统一教学计划、统一课程、统一教材等以“统一性”为特征的施教活动；学生“听从安排”，课程全部必修；必须按照学校的布置，在规定的时间、地点上课，听规定教师的课；在固定的行政班级听课和作息；毕业时间由学校确定等。大到课程的学习，小到学生的衣食住行，都由学校“统管”起来，学生的选择权利非常有限。

“学校配置型”分流模式显然有利于管理者的计划与管理，满足了管理者的利益需求，在一定程度上也能够培养学生“服从安排、听从指挥”的品质，但是这一模式严重忽视了学生的利益需求，不利于学生主体性养成。如前所述，学生分流进入高校的学科专业之后，每一专业的课程、课程学习的方式（如上课的教师、时间、地点等）以及班级等就成为分流学生的重要渠道，学生通过流入不同的渠道有可能成长为不同类型的人才，因此对学生来说，流入到什么样的课程、课堂和班级等分流渠道，其意义是不同的。“学校配置型”分流模式忽视学生的教育选择权利，使学生不能按照自己的意愿选择有利于自身发展的流动渠道，学生的利益需求必然受损；同时由于学生的选择权利受到限制，需要得不到满足，其流动性、自主性、积极性等必然受到影响。长此以往，学生主体性不仅难以养成，而且会受到损害，因为人的主体性是在长期的

学习、工作、劳动、交往等自由、自主、自觉的实际活动中，认识世界、认识自我的基础上形成的①。

（二）“学生选择型”模式的改革与持续

随着主体性教育理论的提出以及社会和高等教育的发展，人们逐渐认识到“学校配置型”分流模式的缺陷。现代社会需要的是会选择、会交往的人，是具有自主性、能动性、创造性的人，而“学校配置型”分流模式限制了人的主体性发展，因此对这一模式进行改革成为必然。20世纪80年代中期以来，强调学生“自主选择”的分流模式逐渐成为高等教育分流改革的发展方向。改革最初是在一些重点大学以试行“选修制”为起点，随后在各类高校中逐渐推行“选修制”以及“学分制”（包括学年学分制）两种重要的分流培养策略，使“学生选择型”分流模式逐渐发展起来，华中科技大学、华南理工大学、天津商学院等都推行了这一模式的改革试验；笔者网络调查显示，目前在一般地方高校中，试行这一模式的几乎为100%，“学生选择型”分流模式已成为改革发展的强大趋势。

目前我国高校实行的“学生选择型”分流模式具有如下特征：

1. 关注学生教育选择权利，培养学生主体性。华中科技大学教务处领导介绍，他们实行这一分流模式就是为了关注学生权利，鼓励学生自主学习，发展学生个性乃至主体性。华南理工大学教务处领导介绍，他们从“强调学生的教育选择权利，培养学生主体性”出发，实行这一模式。天津商学院强调“宽口径、厚基础”的理念，培养具有“主体性”的复合型人才。

2. 以课程的选修、课堂的流动、灵活流动的班级为分流活动结构，形成学生的流动，达到分流学生的目的。华中科技大学不仅有主流专业内的选修课程（限选和任选），而且有跨学期、跨专业甚至跨学校选修课程，这就促使学生能够自由、自主地流动。“跨学期选课”是指学生在学有余力的情况下，超前选修“主流”专业下一学期的课程；“跨专业选课”是指学生在确保能完成“主流”专业培养计划的前提下，根据

① 王道俊，郭文安．主体教育论［M］．北京：人民教育出版社，2005：66-70.

自己的兴趣选修其他专业的课程；“跨学校选课”是指学生在学有余力的情况下，根据自己的兴趣，在与本校有联合办学、互认学分协议的高校选修某些课程。华南理工大学以行政班级为基础，在公共基础课程，如英语、计算机、数学等几个学科领域实行流动课堂，称为“走班上课”，或教师“挂牌上课”。笔者所在的韶关学院在行政班级的基础上，试行活动班组，比如爱好兴趣相投的班组、研究性学习活动班组、自组社团活动班组、社会实践活动班组等。

3. 实行开放、选修、学分等分流策略。华中科技大学所有的专业、课程、课堂向所有的学生开放，由学生自主选择；中间环节实行“有规定的”选修策略和学分策略，该校规定：二年级及以后年级的普通本科学生，前修课程的平均学分在75分以上者，可以根据自己的学习基础、学习能力及身体状况，自主安排学习进程，除根据专业分流培养计划选修限选课和任选课外，可以跨校、跨专业、跨学期选修课程；该校还与其他六所高校（武汉大学、华中师范大学、武汉理工大学、华中农业大学、中南财经政法大学、中国地质大学等）签订了协议，允许学生跨校选修课程，相互认可对方的学分。华南理工大学和笔者所在的韶关学院也采用选修和学分策略对学生进行分流。

4. “套餐”式、“走班”式等运行方式。华中科技大学试行的就是“套餐”式，即由学校把课程组成“板块”，然后由学生自主选择和流动。该校将各专业学生修读的课程分为必修课、限选课和任选课三类，然后对这三类课程作出规定，从而组成“套餐”。“必修课”是学生必须按照课程设置计划修读的课程和实践性教学环节；对部分必修课程，学校按不同档次（内容深浅不同）和不同类型（面向专业不同）开设，学生可依据所学专业的要求，结合自己的志趣及特长等情况进行选择。“限选课”是指学生必须按照课程设置计划从若干组课程或若干门课程中选修一定数量的课程。“任选课”是指学生按照课程设置计划的要求，从全校公共选修课中选修的课程。公共选修课是学校面向全体学生开设的、以人文社会科学和自然科学课程为主干的课程，学校规定，理学、工学、医学、经济学和管理学各专业的学生必须至少选修10学分的人文社会科学课程；哲学、法学（含社会学、政治学）、文学（含中国语言文学、外国语言文学、新闻传播学）各专业的学生应至少选修6学分的自然科学课程（计算机类课程除外）。

天津商学院的“套餐”式运作过程是：首先把课程设置为“平台+模块”。所谓“平台”是指必修课程，包括共同基础课、学科基础课、专业基础课3个“平台”，这是保证人才的基本规格和全面发展的共性要求；“模块”是指选修课程，包括专业方向模块和全院任选课模块，“模块”主要是实现不同专业方向人才的分流培养，体现个性。其次，由上述两种课程组成“套餐”，供学生自主选择；或者由学生按规定自组“套餐”，该校规定：学生的必修课占65%～70%，选修课占30%～35%。再次，对学生所学的课程进行考试，成绩合格者获得相应的学分；不合格者，必修课要重修，选修课可以另选其他课程补修。

华南理工大学在公共必修课和选修课两种课程上试行“走班”式分流。一是将全校性公共必修课英语、计算机、数学三类分别设置为A、B两种水平层次不同的班级。对入学新生进行一次测验，规定70分以上者可以选择A班；70分以下者应选择B班。学生依据自己的成绩自主选择听课班级。为满足个别学生想拔高层次的需要，先试选听课4个星期，4个星期后确定在某个班级上课。二是将全校性选修课中的每一门都设置为两个平行班，由两个教师上课，在开学初的四个星期内，由学生自由选听，4个星期后再确定上课的班级。专业选修课包括跨专业选修课，由于不同的学生有不同的选择，事实上学生也在“走班”上课。

（三）“学生选择型”模式的优点

学生主动选择型分流模式给管理者增加了工作量和管理难度，如要设计分流渠道、指导学生的选择、计算学生的学分、保存学生的学分等；尤其是对学生选择的指导，必须认真细致，如果指导不够，有可能造成学生选择不当，影响其发展。但是，“学生选择型”分流模式与“学校配置型”分流模式相比较，具有以下的优点：

1. 扩大学生选择权利。学校配置分流型模式强调“一切行动听指挥”，不给学生任何选择课程、课堂、班组活动的机会，这显然是对学生选择权利的限制甚至侵犯。学生主动选择分流型模式赋予学生选择课程、课堂、班组等自由，这无疑扩大了学生的选择权利。

2. 培养学生主体性。学生选择权利的扩大意味着学生主动性、能动性、积极性乃至创造性的发挥，这无疑有利于学生主体性的养成。

3. 促进学生流动性。流动性即人的活动性，而活动性意味着人的生长或发展。人是在活动中成长起来的，“活动意味着生长”（杜威语）。因此，人只有流动，才能健康成长。学校配置型分流模式虽然给学生学习的专业配置了课程、课堂等，但由于学生不能选择，就无法使学生流动，即“分而不流”，这将会影响学生发展。学生主动选择分流型模式不仅给学生设置了流动渠道，而且允许学生选择流动渠道，如选修什么课程，选修哪些课程，什么时候听课，听谁的课，去哪个班级听课等，这无疑促成了学生的流动，从而有利于学生健康发展。

4. 锻炼了学生能力。学生主动选择分流为学生提供了选择机会，这就促使学生必须思考、权衡、分析、比较、判断，通过这些活动不仅使学生学会选择，而且使各种能力得到锻炼，使能力逐渐提高。

5. 推动社会发展。人权的提升本身就是社会发展的表现，通过学生选择权利的扩大，就会使学生学会尊重别人的选择权利，尊重人权，从而推动社会伦理进一步向前发展，这是一种良性的循环。

当然，我国高校的学生选择型分流模式与国外高校的模式相比较，也还存在一定的差距，表现在：其一，学生选择权利仍然有限。许多高校的学生仍然不能自由地选择课程、班级和课堂，即使能选课程，也不能选择教师。其二，学生流动性仍然有限。由于选择权利受到限制，学生流动性仍然不能自主，而只能被动地接受安排。

五、由“单一学业型”向“工读交替型”发展

（一）“单一学业型”模式的要求与问题

“单一学业型”模式是指学生单以学业为主的一种分流模式。它与前述的入学分流型、专业主流型和一次分流型等多种分流模式是联系在一起的。它有两个重要特征：一是单一学业，即学生单以学业为主，不受其他事务的干扰；二是按时完成学业，即学生的学业不可中断，必须在规定的时间内完成学业，不能提前毕业，也不可推后毕业。

学生要以学业为主，这是理所当然的事情，尤其是在计划经济时代，

人们更是这样认为的，因为当时的大学生入学就享受“国家干部”待遇，就业有保障，所以没有任何理由不专心学业，也没有任何理由不按时完成学业。因此，这一模式的优点也就非常明显，即保证学生专心学业，按时完成学业。但是，随着时代和社会的发展以及高等教育成本分担政策的改革，“单一学业型”模式的不足也逐渐表露出来。

一是不适应社会对人才素质的要求。现代社会人才需求强调其社会实践经验、实践能力，即解决实际问题的能力。社会用人单位明确提出聘用具有社会实践经验的人才，尤其是对应用型和技能型人才更强调实践能力。而人的实践能力只能通过参与社会实践、参与社会交往才能逐渐养成。学生单以学业为主固然有利于其按时完成学业，但不与社会接触、不参与社会实践，毕竟掌握的只是书本知识，而不是直接经验，这样的人才较难符合社会的要求。

二是对“弱势群体”家庭子女不利。这里的弱势群体家庭主要指处在社会底层、经济不富裕的家庭。随着高等教育成本分担政策的实施，高等教育收费逐渐抬高，“单一学业型”模式的刚性规定必然使弱势群体家庭子女产生两难困境：接受高等教育，则难以承担连续几年的高昂费用，恐怕难以按时完成学业；放弃高等教育，则丧失了宝贵的发展机会。近年来，我国弱势群体家庭子女因经济问题而放弃高等教育机会的现象屡见报端。

（二）“工读交替型”的试行与特征

鉴于“单一学业型”模式的不足，20 世纪 90 年代中期以后，我国一些高校开始改革试验“工读交替型”分流模式，如黑龙江大学、武汉工业职业技术学院、华中师范大学、华中科技大学、韶关学院等高校都有这方面的改革试验①。笔者网上调查显示，目前一般地方性高校中试行“工读交替型”模式的占比例 86%②。

---

① 这些高校的资料主要来源于实地调查；黑龙江大学的资料来源于其网站。

② 调查以有这方面的制度规定为标准：如允许学生边学习边“打工”的制度规定；允许学生延期毕业的制度规定；允许学生边学习边实习的制度规定；允许学生“休学创业”的制度规定等。

目前我国高校试行的“工读交替型”模式具有如下一些特征：

1．关注学生利益，培养学生社会实践能力。黑龙江大学为了贯彻“以生为本”的教育理念，从关注学生利益、培养学生的社会实践能力出发，允许学生“工读交替”流动。武汉工业职业技术学院提出，从“高素质、强技能”的目标出发，强调增加学生的社会实践能力，允许学生“工读交替”流动。华中师范大学提出应从培养学生主体性出发，增加学生社会实践活动，培养学生参与社会实践的能力。广东韶关学院为了增强学生社会实践能力，有利于学生就业，学校制定相关政策和制度，鼓励学生“工读交替”流动。

2．限定专业，规定比例。我国高校的“工读交替型”模式还处在试行阶段，高校对于交替流动的专业及人数比例有一定的限制和规定。黑龙江大学主要是在俄语、英语、日语、计算机及应用、电子工程、涉外会计、新闻学和经济学 8 个专业流向中试行“工读交替型”分流，进入这一分流模式的学生比例控制在 5%～10%；学校允许学生勤工助学，休学打工 1 年或 2 年，但学制年限不得超过 6 年。武汉工业职业技术学院以机械工程、计算机、建筑工程等几个学科流向的学生为对象进行试点，学生可以申请休学创业 1 至 2 年，但整个学制不得超过 5 年；可以申请边学习边工作，但整个学制不得超过 4 年；可以申请边学习边实习，比例控制在 10%以内；目前申请休学创业的“回归式”和边学习边实习的“实习式”人数较少，主要是边学习边工作的“工读式”人数较多。华中师范大学以师范类学科的各专业为试验对象，允许学生工读交替流动，比例控制在 10%以内；目前以“家教”形式和利用课余时间到周边学校兼课形式的“工读”式交替流动的人数较多。广东韶关学院以师范类的语、数、英、物、化等专业，非师范类的生物、电子、计算机、汽车等专业为对象，允许学生申请休学创业的“回归流”，比例控制在 5%；允许学生申请边学习边工作的“工读流”，比例在 10%～15%；鼓励学生参加边学习边实习的“实习流”，如英语系就鼓励一、二年级学生利用课余时间到附近中小学去进行上课实习，这是一种不收取费用的活动形式，称为“义教队”。

3．学分制和弹性学制。为保证学生能够工读交替流动，一些高校实行了学分制和弹性学制，规定学生修满一定的学分就能申请“工读流”，并将学生的学分累计、保存，规定修满一定的学分可以提前毕业，也可以推后毕业。武汉工业职业技术学院规定凡修满第一学年基础课程 18 个学分以上的学生可以申请“工读交替流”，整个学制可以延续至 5 年。黑龙江大学规定进入工读交替流的学生必须修满 20 个学分以上，整个学制最多不超过 6 年。韶关学院规定进入交替流动的学生要修满基础课程的 20 个学分以上，允许学生学习年限可控制在 6～8 年以内。

4．学生自主，高校审查。我国高校的“工读交替型”强调学生自主自愿参与，由高校创造条件并审查学生资格。武汉工业职业技术学院的运作程序：一是学校创造条件。该学校与武汉市机械厂、中百公司、武汉市建筑公司、东风汽车有限公司等工企单位签订协议，同意接受该校学生到这些单位“边工作边学习”；学校允许学生每周两个下午以及周末时间去工作，其余时间回学校学习。二是学生申请、学校批准。学生向所在系提出申请，经系审查（主要是学生的学习成绩、品德表现、学习能力、家庭情况等）同意，报学校批准后，才能进入“工读交替流”。黑龙江大学的运作过程是：首先由学生自主自愿提出书面报名申请；然后由学校组织管理人员对学生的申请进行审查，根据学生的实际情况做出是否允许其进入“工读交替流”的决定，一般要在入学一年以后才能允许学生进入“工读交替流”；最后报请学校批准，并由教务处对进入“工读交替流”的学生学籍另行管理，以便记录、保存其学分。

（三）“工续交替型”模式的优点与改革

我国高校试行中的“工读交替型”分流模式，与传统的单一学业型模式相比，具有以下优点：

一是有利于培养大学生的社会实践能力。传统的大学教育要求学生单以学业为主，学生掌握的只是书本知识，流入社会后需要较长时间才能适应社会生活。大学生通过工读交替流动，不仅掌握了书本知识，而且锻炼了社会实践能力，这正是当代社会对大学生素质的基本要求。

二是有利于保证弱势群体接受高等教育。传统的单一学业型模式强调学生只能主流学业，而不能有其他变通，这在“包分配”的时代，固然可行，但在学业成本分担以及学生自主择业的条件下，单一学业型模式往往使有些弱势群体由于家庭经济困难而放弃接受高等教育的机会，从而使他们的利益受损。工读交替型模式允许学生学习与工作交替进行，这就为家庭经济困难的大学生提供了便利，他们可以先注册入学，然后通过休学打工或边学习边兼职等形式，解决学习经费问题，这既保证了他们接受教育的机会，又锻炼了他们的能力。

由于我国高校的交替型分流模式还处在试行阶段，与国外高校的交替型模式相比较，还存在一定的差距。其一，有的高校有学科专业、人数比例等限制，并不向所有人开放，甚至有的高校不允许学生交替流动。其二，有的高校选修策略和学分策略等不完善，影响学生交替流动。其三，外部支持工读交替流动的制度不完善，如政府在协调高校与企业方面的政策缺乏，高校与企业联系不够，对于学生交替流动的制度设置不完善等。此外，传统的社会文化观念也影响学生对这一模式的选择。

第三节　我国高等教育分流改革中存在的问题

我国高等教育分流改革到目前已取得了多方面的成就。但是必须看到，由于主、客观多方面的原因，我国高等教育分流在改革和发展中还存在着诸多问题与矛盾，妨碍着其进一步改革与发展。因此，深入探讨这些问题并找到其原因，对于优化我国高等教育分流模式具有重要的意义。问题与原因是多方面的，但集中表现在价值目标、结构功能、操作策略和运行机制等几大要素方面。

一、价值偏颇，目标冲突

分流活动总是要求指向一定的目标，并围绕这一目标而运转，而一定的目标又是依据一定的价值取向确定的。价值目标不仅是构建分流模式的核心要素，而且对整个分流活动起着重要的导向作用。合理的价值取向，即具有合目的性、合规律性的价值取向，能使分流目标的确立较好地处理社会与个人、需要与可能、近功与远效、公平与效率等多方面的矛盾，协调多方面的关系；不合理的价值取向，不仅使分流目标脱离社会与教育发展的实际，造成目标冲突，而且会导致新的矛盾。

我国现阶段高等教育分流的价值取向偏颇首先表现为“重学轻术”、“重高轻低”、“重外分流轻内分流”、“重理论轻应用”、“重重点轻一般”、“重精英教育轻大众教育”等，这种偏颇主要体现在调控主体——教育主管部门方面。长期以来，教育主管部门非常注重外分流，控制高校按照社会和国家的需要来分流培养人才，忽视学生的选择，强调“精英”教育，强调“专才”教育，强调高校按照统一规格培养人才，从而使高校的分流模式趋向“统一”。诚然，随着时代的发展，政府主体的认识水平有了很大提高，因而强调“以人为本”的价值取向。十六届三中全会通过的《中共中央关于完善社会主义市场经济体制若干问题的决定》明确提出“坚持以人为本，树立全面、协调、可持续的发展观，促进经济社会和人的全面发展”，明确要求深化教育体制改革，构建现代国民教育体系和终身教育体系，建设学习型社会，全面推进素质教育，增强国民的就业能力、创新能力、创业能力，努力把人口压力转变为人力资源优势，并做出决定要大力发展职业技术教育流向，包括大力发展高等职业技术教育专业流向。“以人为本”的价值取向，必然要求开展“大众”教育，并注意人的“差异性”，这就有可能促使分流模式多样化。然而，传统的“惯习”仍然在一些分流决策者的头脑中根深蒂固，有些地方领导人不顾地方社会经济发展对人才多样化的需求，也不顾国民对高等教育多样化的需要，一味地把分流重点放在“重点”高校的发展上，摆在“重点”学科或专业的发展上，以分流培养学术型人才为取向。在政策的倾斜、资金的投入上主要倾向于“重点高校”、“重点学科”、“重点专业”，甚至“重点课程”，而一般高校、一般学科专业与课程则次之，导致它们发展艰难。据有关资料，从 1995 年开始至 2005 年底的最初 10 年间，各级政府就为“211 工程”投入了 368.26 亿元，其中中央政府专项资金投入 78.42 亿元；“985 工程”从 1999 年开始实施至 2007 年的头 8 年间就完成投资 669 亿元，其中中央政府专项资金 331 亿元；此外还有后续资金投入①。从 1999 年开始至 2001 年，国家已经投

① 李雨潜，眭依凡．985、211 工程建设的得与失［N］．中国社会科学报，2016-08-18（004）．

入 100 多亿元支持“高层次创造性人才工程”、“现代远程教育工程”、“高校基础课程建设工程”、“基础学科人才培养基地”等重点项目建设①。

其次表现在既是分流对象又是参与主体——大学生主体及其家庭方面。由于受传统的“官本位”、“重学轻术”、“重官轻民”等错误价值取向的影响，有相当一部分学生一味地追求上重点高校，上名牌高校，报重点学科，上“热门专业”，对一些基础学科专业，尤其是与农、林、地、矿等相关的相对“冷门”学科专业报考者甚少，如甘肃农业大学在 2013 年招生中农学类专业计划招生 861 人，但提档线上第一志愿报考人数仅为 474 人，还不足计划招生人数的 55%。另从学科类别看，农学类专业的第一志愿报考率低于工学、经济学、管理学学科②。在学生家长中，鄙视职业技术教育流向、鄙视技术应用专业的思想观念比较严重，传统的“读书做官”观念仍主宰着许多人的价值取向。现在独生子女多，家长对子女的期望值都很高，都渴望子女能够上“重点”高校，上“热门”专业，希望将来有个好前途；在农村，有许多农民更是热衷于让子女考“重点名校”，考“热门”学科及专业，他们认为让子女上一般高校、上“冷门”专业没有“出息”，觉得是出于“无奈”。由此导致个人目标对高校分流目标的选择产生巨大影响，例如 2016 年一项关于学生家长教育期望的调查，内容是家长期望子女达到何种文化程度的学历以及选报何种学科专业，结果显示，硕士及以上占 36.1%，本科生占 44.1%，专科生只占 16%，即国民期望子女达到较高层次文化程度者占被调查的 80.2%，其中占总数超过 2/3 的家长期望子女选报具有“较高文化修养”、能够带来“较高的经济收入”、“较高的社会地位”等特点的学科专业③。另据报载，有些学生认为“护理专业是伺候人的专业”而不愿报考，即使报考了也放弃就学，2014 年全国 45 所开设老年服务

① 王英杰. 2005：中国教育发展报告——高等教育的发展、问题与对策 [M]. 北京：北京师范大学出版社，2005：4.

② 郭娟娥，刘朝霞，刘泽华. 地方高等农业院校农科类本科招生现状与对策 [J]. 山西农业大学学报（社会科学版），2014，13（7）：741-746.

③ 朱琳. 学生家庭背景与家长教育期望 [J]. 忻州师范学院学报，2016（5）：98-102.

与管理专业的院校中，有10所院校没有在校生，有10所院校在校生人数少于50人，其中邢台一所高等专科学校计划招生50人，最后只招到1名学生①。

再次表现在就业市场主体——社会用人单位方面。有些社会用人单位也普遍存在着“重学轻术”、“重普轻职”、“重本轻专”、“重高学历轻低学历”、“重名牌高校轻一般高校”、“重重点学科专业轻一般学科专业”等错误价值取向。他们盲目拔高用人标准，只看文凭不看能力，只看学生所学专业的学校“牌子”不看学生素质，本来只需专科学校毕业生就可胜任的工作，偏要招聘本科生甚至研究生等。社会用人单位的价值取向对高校分流目标产生了巨大冲击，导致一些高校不该办的学科专业屡禁不止，而许多亟待发展的学科专业却屡倡不兴，造成了大量的教育资源浪费。例如一些“重点”高校利用其“重点”效应和资源，举办二级学院，开办“热门”专业，与其他非重点高校争抢生源，但由于其教学设施、设备等条件有限，结果培养的人才既非研究型人才，也非应用技能型人才，造成学生就业困难。

最后表现在高等教育分流的实施主体——高校主体方面。实施高等教育分流和对学生进行分流指导，主要靠高校的领导和教师，他们的价值取向影响着学生的教育观、人才观、教学观，进而影响着对分流目标的选择。从我国高校的情况来看，许多高校不顾自身条件，盲目攀比、相互模仿，无本身特色，一味追求“高”、“大”、“全”②。“盲目攀比、相互模仿”是我国高校特有的现象，职业高校模仿普通高校，专科高校模仿本科高校，一般本科高校模仿重点本科高校等，造成“千校一面”，无自身特色。所谓求“高”，是指高校不顾自身条件，盲目追求高流层，如近年来的盲目“升格风”，专科高校要升本科高校，本科高校要争上硕士点，有硕士点的高校则要争上博士点，有了博士点的高校又要争取一级学科博士学位授予权等；求“大”，就是高校片面追求规模的扩大，

① 郑林，李梦婷．养老护理专业招生遇冷［N］．中国老年报，2016-07-11(004)．

② 罗云．中国重点大学与学科建设［M］．北京：中国社会科学出版社，2005：46．

表现为一味通过扩大招生、增设教学科研机构、增加教学科研编制等手段来促进高校外延的发展，而忽视通过多样化的分流模式来提高内涵建设；求“全”，就是高校在专业流向设置上，不顾自身条件，盲目追求流向齐全。有不少高校为了求得学科专业流向的齐全，不顾自身条件和本身教育教学基础，不考虑社会和学生的实际需要，不考虑分流的内在规律，或盲目扩张，竞相增设新的“热门”专业和学科流向，或见风使舵，东拼西凑搞合并，致使流向结构严重失衡。

价值取向偏颇，导致分流目标冲突。如前所述，高等教育分流目标是一种兼顾的目标，主要由高校主体根据各类主体的需要来确定。由于各类主体的价值取向偏颇，以至于高校在确定分流目标的过程中产生矛盾与冲突。分流目标的冲突是指已经形成的高校分流目标与构成高校分流目标的其他目标之间的不一致现象。例如社会规定办的专业，高校不愿招、学生不愿选；而社会需要相对过剩的专业，却竞相争办；社会规定的课程，高校不愿开，学生不愿学等，这种冲突主要表现为高校及个人目标与国家规定目标的不一致。造成这种现象的原因是多方面的，具体来说有如下几点：

首先，面对一般性的社会规定目标，高校在具体的分流实践过程中感到难以遵循。教学大纲或课程标准作为社会规定目标的具体化要求，对于保证高校按规定传授一定范围、一定数量的知识起着重要的作用，但对于难于测量和评价的能力、思想信念及道德规范等内容，则很难做出具体规定，只能凭高校教师的自我理解去执行，由此难免不出现冲突。特别是我国，由于幅员辽阔，各地经济、文化发展不平衡，高校之间差异很大，如果社会只有总体目标要求，没有因地制宜的具体化的目标指导，那么高校在分流实践过程中可能出现的问题就更多。

其次，学生个人目标超越社会现实，对高校形成潜在压力。学生个人目标反映了国民对教育的需求，这种需求的存在是高校得以维持与发展的必要条件，但是这种需求的盲目膨胀也会对高校分流目标产生强烈的冲击波。个人需求的膨胀主要是社会刺激的结果，从我国现阶段情况来看，城乡差别的扩大加剧了贫困地区子弟升学“跳龙门”的决心；就业困难迫使许多学生不得不通过“热门专业”寻找理想的职业；现行政策也从多方面鼓励人们获得学历文凭；传统的“唯有读书高”的价值观仍然根深蒂固；随着时代的发展，国民教育期望值普遍提高也是必然趋势。由于我们长期以来不重视对个人需求的研究，更缺乏正确的引导与必要的抑制措施，处于社会具体的环境中的高校，面对个人需求膨胀形成的社会压力，为了自身的生存和发展，有时不得不采取让步措施，做出一些违背社会规定目标的事情。

再次，社会目标与个人目标的矛盾激化，使高校陷入两难困境。当前，这两种目标的矛盾激化，主要表现在两方面：一是社会目标的统一性与个人目标多样性的矛盾。现代化建设需要出类拔萃的人才与丰富多彩的个性，千差万别的学生也要求有灵活多样的教育。但我国的教育方针多年来只提全面发展，而实际上是要平均发展，在教学内容上强调整齐划一，在方法上注重齐头并进，致使培养出来的学生千人一面，缺乏个性。二是社会目标的理想化与个人目标的现实化的矛盾。在我国，高等教育长期被视为追求理想未来、塑造理想人格的途径。在社会规定目标上，突出指向遥远的未来，忽视现实社会的迫切需要。而随着时代的发展，人们的行为追求却日益趋向于现实的物质性与可感性。这种情况，必然导致高校陷入两难困境：完全遵循社会目标，势必影响学生的发展与国民办学的积极性；试图适应个人目标，不仅困难多，而且必然要造成高校分流目标与社会规定目标的冲突。

除了上述冲突之外，高校还与社会用人单位的目标存在矛盾。社会用人单位按照其“成本—效益”经济原则使用人才，迫使高校必须对其做出一定的反应，但高校对人才的分流培养又必须考虑人的精神追求，不能完全按照经济规律来办学和分流培养。这种状况也往往使高校处于两难的尴尬境地，完全迎合用人单位，势必影响人才的内在素质，会造成与社会规定目标的冲突；完全按照某种精神追求办学，又难以适应用人单位的需求，人才分流不出去会威胁到自身的生存。

高校作为高等教育分流的决策与调控主体，必须兼顾各方主体的分流目标，才能使分流合理。但是，高校也有自身的目标追求，否则自身也难以发展。因此，在现实的分流活动中，一些实施主体为了自身的利益，分流目标定位难免片面，由此导致高校分流目标与其他利益主体的目标产生冲突。

二、结构失调，功能受阻

随着科学技术的迅速发展与知识、信息社会的到来，随着我国市场经济体制的逐步完善和经济增长方式的根本性转变，特别是随着社会分化的加剧以及高等教育大众化进程的快速迈进，我国高等教育分流结构逐渐呈现出一系列明显的不适应。分流结构出现比较严重的失衡现象，即流层结构偏颇、流向结构失重、流型结构割裂、流域结构失衡。

（一）流层结构的偏颇

我国当前的流层结构可分为专科教育、本科教育和研究生教育三个层次。它们之间既应相互衔接、比例适度，又应相互独立、层次分明，以满足社会对各种专门人才的数量以及层次比例要求。从我国目前的情况来看，高等教育流层结构的问题主要表现在：

一是专科层次独立性不强。专科层次高等教育构成了高等教育体系厚重的底部，从发达国家高等教育大众化进程来看，他们大多是借助专科层次的短期高等教育大发展来实现高等教育规模扩张的。例如，美国20世纪大力发展了初级学院与社区学院。英国在20世纪50年代创办了高级技术学院。日本则分别在20世纪50、60、70年代创设了面向妇女的短期大学、面向第二产业的高等专科学校和面向第三产业的专修学校。我国《全国教育事业“九五”计划和2010年发展规划》提出：“在层次结构上，重点发展高等专科层次教育，特别是面向广大农村、中小企业、乡镇企业、城镇第三产业的高等专科教育和专科层次的高等职业教育。”《国家中长期教育改革与发展规划纲要（2010—2020年)》指出：“要大力发展职业教育，特别是要加快发展面向农村的职业教育。把职业教育纳入经济社会发展和产业发展规划，促使职业教育规模、专业设置与经济社会发展需求相适应。到2020年，高等职业教育在校生要达到1480万人。”由此可见，我国专科层次高等教育的发展任务十分迫切，但目前我国专科层次高等教育的发展还存在着较大的问题。首先是人们对专科层次教育的认识不清。长期以来，在我国教育学界就存在着一种不把专科层次视为一个独立层次的观点。如有的学者认为高等教育层次结构，“包括本专科教育、研究生教育两个层次……大多数专科教育，是高等教育系统中与本科教育处于同一层次的两个并列的子系统”[①]。由于存在着以专科层次为焦点的高等教育办学的“二层次”与“三层次”之争，人们对专科教育独立性的认识不清导致其办学定位不明，从而出现了我国相当一部分高等专科学校盲目攀高、升格的现象。其次是专科层次教育办学特色不明。正如潘懋元先生指出：“以往高等教育基本上是单一的本科教育，两层次不分，因具体的质量要求不明确而被忽视，以致人们往往把高等专科教育视为本科教育的压缩型，无非是本科课程学浅一点，学少一点。这样培养出来的专科毕业生，‘理论水平不如本科，动手能力不如中专和职业高中’。”[②] 由于办学特色不明，导致培养出来的学生适应或胜任工作能力较差，用人单位满意度较低。据人力资源和社会保障部就业促进司的调查显示，以 5 分制表示工作胜任程度，用人单位对大学毕业生的基本评价是：研究生、本科生和专科生的得分依次为 3.8、3.64 和 3.47 分；从不同类型用人单位的评价来看，机关单位对研究生、本科生和专科生的评分分别为 4.12、4.05 和 3.72 分；企业单位相对应的评分分别为 3.75、3.58 和 3.45 分[③]。另一项基于用人单位对“985”高校、“211”高校、老本科高校、新本科高校和专科（高职高专）院校毕业生的满意度调查显示，用人单位对专科（高职高专）院校毕业生各项素质和总体情况的满意度，位于各类高校的末端；即便是在专业技能上，表示非常满意和比较满意的企业也只有 69.5%，而其余各类高校则在 75～90%之间[④]。可见，专科高等教育的

---

① 王伟廉．高等教育学［M］．福州：福建教育出版社，2001：95.

② 潘懋元．高等教育大众化的教育质量观［J］．清华大学教育研究，2000（1）：11-15.

③ 人力资源和社会保障部就业促进司．用人单位对高校毕业生需求与满意度调查［J］．中国就业，2011（1）：15-16.

④ 丁笑炯．基于用人单位的高校毕业生就业能力调查［J］．高等教育研究，2013（1）：42-50.

办学被社会认同的比例要低于其他层次的教育。

二是研究生层次较为薄弱。21 世纪是知识经济时代，它以知识的创造和应用为社会发展的主要推动力，同时 21 世纪国家间的竞争日趋激烈，各国综合国力的竞争归根到底是科技人才的竞争，是创造能力的竞争。基于这些认识，在一些高等教育基本大众化的发达国家里，高等教育的重心逐渐由本科教育转向研究生教育。如早在 20 世纪 70 年代中期在校研究生与大学生的比例，英国为 23.6%、美国为 15.2%、法国为 17.9%，其中美国 1975 年读硕士、博士学位的注册人数比 1960 年增加了三倍多①。这种趋势为我国研究生教育的发展指明了方向。我国制定的《国家中长期教育改革和发展规划纲要（2010－2020）》也明确提出，2015 年高等教育发展目标是使在学研究生规模达到170 万人左右，占高等教育在学人数的 5.07%；2020 年目标是使研究生在学人数接近 200 万人，达到高等教育在学人数的 5.63%。这表明我国研究生教育在高等教育发展中所占比重还将逐步提高，其发展速度必须超过其他层次的高等教育。但目前我国的研究生教育还是一个相对薄弱的教育层次。从我国高等教育各层次高等教育数量来看，我国研究生层次的招生规模一直偏小。从1999 年开始扩招以来，招生规模连年增长，到 2015 年招生规模已达到64.51 万人，在学研究生规模达到 191.14 万人，但研究生层次在整个高等教育入学和在校人数中所占份额仍然很少（见表 10-1）。

由表 10-1 可知，2015 年我国的硕士研究生与博士研究生招生共计 64.5 万人，仅占高等教育全部招生人数的 8.04%，在校生仅占高等教育全部在校生的 6.79%。我国研究生教育在高等教育系统中所占的比例明显偏低。此外，由于近年来的连续扩招，在师资力量未得到强化的前提下，一些学校的某些专业研究生培养已出现学生入学“批量化”、导师授课“班级化”趋势，这给本就规模不大的研究生教育带来了质量薄弱的新问题。

---

① 外国教育丛书编写组. 六国教育概况［M］. 北京：人民教育出版社，1979：108-109.

表 10-1　2015 年全国高等教育研究生层次招生与在校生比例表

单位：万人

高等教育层次	招生人数	招生比例	在校生人数	在校生比例
本专科生	737.9	91.96%	2625.3	93.21%
硕士生	57.1	7.12%	158.5	5.63%
博士生	7.4	0.92%	32.7	1.16%
合计	802.4	100%	2816.5	100%

资料来源：根据教育部《2015 年全国教育事业发展统计公报》

（二）流向结构的失重

衡量流向结构是否合理的标志主要有二：一是与产业结构的变化相适应；二是与产业结构的要求相适应。我国目前高等教育的流向结构不合理主要表现在：

一是急需科类重点不突出。从我国当前的产业结构变化趋势来看，同 1978 年的 28∶48∶24 的比例相比，2014 年我国三类产业产值比例为 9.2∶42.6∶48.2，而三类产业的就业比例也由 1978 年的 70.5∶17.3∶12.2 发展为 2014 年的 29.5∶29.9∶40.6，第一产业的比重已大大降低，第三产业的比重上升很快①。这一趋势将会持续一段时期。据预测，到 2050 年我国第三产业产值比例与就业比例将分别达到 65%与 70%。产业结构的变化必然会对高校学科结构的调整产生影响；此外，我国加入 WTO 以及全球经济一体化与世界范围高新技术的迅猛发展，也决定了我国高等教育应“重点培养适应技术产业化的计算机、生物技术、新材料、电子通信技术、医药、自动化等专业技术人才。加快培养加入世界贸易组织急需的、具有国家竞争能力的法律、金融、贸易、工商管理、公共管理等方面的高层次管理人才。高等学校的专业设置与调整，

① 景建军. 中国产业结构与就业结构的协调性研究［J］. 经济问题，2016(1)：60-65.

要进一步适应人才市场的需求和国际的竞争与变化，职业教育必须进一步办出特色，增强适应性”①。然而，我国高等教育对“国际未来发展急需的高新技术类专业人才、高层次经营管理人才供给不足；面向地方经济建设的应用型人才培养薄弱；新兴、边缘、交叉学科的建设和发展重视不够；一些学校重专业外延发展，轻专业内涵建设的倾向严重；高等学校主动适应社会变革需要的自我发展、自我调整的专业管理机制有待形成”②。这一评价是客观的，它反映出我国高校在社会急需人才培养方面存在着一定问题。为此，《国家中长期教育改革和发展规划纲要(2010—2020年)》进一步提出，高等教育要“优化结构办出特色；优化学科专业、类型、层次结构，促进多学科交叉和融合。重点扩大应用型、复合型、技能型人才培养规模”③。2016年，《教育部关于中央部门所属高校深化教育教学改革的指导意见》又提出要求，“制定高校学科专业建设发展规划，适应经济社会发展需要，结合办学特色、学科特色，加强内涵建设，合理布局学科专业。优化学科专业结构，积极设置‘互联网+’‘中国制造2025’等战略性新兴产业、经济社会发展和民生改善领域急需相关专业，调减与学校办学定位不相符的专业，推动教育资源向服务国家、区域主导产业和特色产业的专业集群汇聚”④。由此可以断言，面向今后国民经济和社会发展的需要，调整我国高等教育的科类结构已势在必行，刻不容缓。

二是专业设置不合理。高校的专业设置，既要考虑社会经济的需要，

① 中华人民共和国教育部. 全国教育事业第十个五年计划［EB/OL］. http://www.moe.edu.cn/publicfiles/business/htmlfiles/moe/moe_177/200407/2486.html.

② 中华人民共和国教育部. 关于做好普通高等学校本科学科专业调整工作的若干原则意见［EB/OL］. http://old.moe.gov.cn/publicfiles/business/htmlfiles/moe/moe_309/200412/4685.html.

③ 中华人民共和国教育部. 国家中长期教育改革和发展规划纲要（2010—2020年）［EB/OL］. http://old.moe.gov.cn/publicfiles/business/htmlfiles/moe/moe_838/201008/93704.html.

④ 中华人民共和国教育部. 教育部关于中央部门所属高校深化教育教学改革的指导意见［EB/OL］. http://www.moe.edu.cn/srcsite/A08/s7056/201607/t20160718_272133.html.

又要考虑学校的条件与实力。二者必须结合，才能实现专业设置的合理化。而在我国，相当一批高校在专业设置上不是考虑社会需要，而仅从学校利益出发，为了抢生源，争上热门专业，盲目地跟风，从国际贸易热、国际金融热到保险热、会计热，总之是看到市场需要什么就设置什么，致使一些专业重复设置。这样不仅造成了高校资源严重浪费，而且导致一些专业人才培养的相对过剩。这种人才过剩已在当前的人才就业市场中反映出来，据《2015 年中国大学生就业报告》报道，2015 年本科就业红牌专业包括：生物工程、美术学、生物科学、应用物理学、应用心理学、法学、音乐表演，其中法学、生物工程、美术学专业连续两年成为红牌专业。高职高专红牌专业有：法律事务、语文教育、初等教育、投资与理财、应用日语、国际金融，其中法律事务、语文教育专业上届也是红牌专业①。此外，有的学校在新办专业时，不认真考虑自己的硬件、软件和师资状况，甚至提出“有条件要上，没有条件抓住机遇也要上”。研究表明，我国部分高校在学科设置方面存在着较为严重的师资不足问题。2000 年的研究显示，在 90 所开设法学专业的理工院校中，有 60 所院校的专业教师不足 10 人，有 16 所院校法学专业的教师无高级职称，有 6 所院校无专任教师②。2011 年的研究显示，某高校在新办的 15 个专业中就有 4 个专业的教师无高级职称，另外 4 个专业的副高职称教师比例不足 50%；有 1 个专业 7 名教师全部为中、初级职称，另外还有 2 个专业的 46 名教师中仅有7 名教师具有硕士研究生学历，其余均为本科学历③。另据 2015 年的研究显示，某高校会计学院师生比达到 1∶92，75 名专业教师中有 56 名教师是本科学历④。

---

① 中国教育在线. 2015 年中国大学生就业报告［EB/OL］. http://www.eol.cn/html/c/16dxsjybg/index.shtml.

② 戴井冈，贺绍禹，邱国华. 我国普通高等学校布局结构的现状分析［J］. 教育发展研究，2000（3）：20-25.

③ 张丽杰. 普通高校新办专业师资队伍建设问题探究［J］. 辽宁师范大学学报（社会科学版），2011（6）：76-79.

④ 谢振莲，和丽芬. 地方高校热门专业师资队伍现状及建设策略［J］. 河北企业，2015（2）：54-56.

（三）流型结构的割裂

合理的高等教育流型结构应与国民经济所有制、消费结构以及社会对高等教育的要求相适应。为了满足社会及国民的多样化要求，美、英、韩、日等许多国家都是通过开办部分时间制的开放大学、电视大学、夜大、业余大学、函授大学和自学考试等多种形式的继续教育与远程教育来拓展高等教育空间的。在我国，形成合理的流型结构还是促进高等教育大众化的主要途径。我国当前高等教育流型结构的问题主要表现在：

首先，全日制普通高校与成人高校定位不准。一般来说，全日制普通高校与成人高校存在着职能上的分工，它们有着各自的人才培养方向与模式。全日制普通高校侧重于应届高中毕业生的培养，以全日制学习，并获取学历为主；成人高校侧重于以岗位培训为主，以业余学习与非学历教育为主。二者的合理分工，有利于促进终身高等教育体系的形成。发达国家的成人高等教育机构正是围绕着丰富个人的知识涵养，提高个人的社会适应力而设立的，因此，两种类型的高等教育各应所需，各求发展，不相重叠。而在我国全日制普通高校与成人高校的发展过程中，存在着较为严重的职能共享、资源互争的现象。近些年来，我国全日制本、专科高等学校为获取招生效益，以封闭班、网络学院、二级学院等形式，用“成教指标”大量招收应届本、专科生，而这些学生实际上只是与普通全日制学生在交费与分数上有所不同。在生源不足的情况下，各成人教育机构也在竞相招收全日制专科学生，或以“专升本”的形式扩大接受学历教育学生的规模。由于不同类型高校定位不准、相互争夺生源，造成高等教育系统内普通高校与成人高校间的无序竞争。

其次，民办高等教育先天不足。世界各发达国家推进高等教育发展的重要途径之一，就是通过发动社会参与、举办多种形式的民办高等教育。如美国在1950—1994年间私立高校数总体保持在全部高校数的50％以上，1995年美国高等教育的学费和私人捐赠已占到高校经费来源的61.5％，私立高校在校生316.94万人，占全部学生数的22％。而日本在高等教育大众化进程中，私立高校学生数占大学生总数的比例从1950年的57.9％上升至1999年的78％，1990年日本来自官方的与非官方的高等教育经费比例为1∶2∶3[①]。我国是穷国办大教育，随着高等教育规模的扩张，经费短缺已成为高等教育可持续发展的主要障碍。因此，我国必须积极鼓励多种形式发展民办高等教育。在1999年召开的第三次全国教育工作会议上，我国已明确提出了“民办教育与公办教育并重”的指导思想，但由于过去法制不健全、政策不到位，民办高校的生存多处在夹缝之中。目前，民办高校虽然有所发展，但与发达国家相比仍存在很大差距。据统计，2003年我国民办普通高校173所，占全国高校比例只有8.2%，在校生81万人，占全国比例只有4.26%；到2015年我国民办普通高校增至734所（含独立学院275所），占全国高校比例只有25.74%，在校生增至610.9万人，占全国比例也只有16.75%[②]。我国《民办教育促进法》的通过，对民办高等教育的发展无疑会起到重要的推动作用，但民办高等教育的先天不足仍然是客观存在的事实。这种先天不足表现在两个方面：一是与国内公办高等教育相比，民办高等教育起步较晚，规模偏小，层次较低，师资不足，在质量保障与颁发学历文凭等方面没有优势；二是与国外民办高等教育相比，发展时间短、底子薄、基础差，更主要的是相当一批办学者抱有办学营利的目的。在美国等发达国家，民办高校多是依靠公民个人或教会等组织捐资创办，政府还提供一定的经费资助，因而不以营利为办学目的，所以生源较足，发展较快。从我国新颁布的《民办教育促进法》来看，规定“投资者可以取得合理回报”，相比之下，我国民办高等教育在吸引生源上就失去了优势。更令人忧虑的是，新法对什么是“合理回报”，如何判定“合理”、“回报”等并未做出解释，这就给民办高校的无序管理留下了空间。总之，如何形成民办高等教育与公办高等教育共同发展的新格局，还有很多值得探讨的问题。

再次，成人高校发展令人担忧。成人高校作为我国高等教育的重要组成部分，是终身化的教育体系中不可或缺的重要环节。长期以来，我

① 谢作栩. 中国高等教育大众化发展道路的研究［M］. 福州：福建教育出版社，2001：72-131.

② 数据来源：根据中华人民共和国教育部发布的2003、2015年全国教育事业发展统计公报的数据计算。

国成人高校普遍存在“重创收、轻管理，重数量、轻质量”的倾向，相当一部分成人高等学校没有形成稳定的教师队伍，办学严重依赖普通高等教育系统。在大规模扩大招生的形势下，目前我国成人高校的师资问题尤为突出。据统计，2015 年我国成人高等教育学校数为 292 所，比上年减少 3 所；专任教师 3.02 万人，比上年减少 0.13 万人；在校生 635.94 万人，比上年减少 17.19 万人。成人高等学校在学生规模上平均为 2.18 万人/校，生师比达 210.58：1①。成人高校在校生规模扩大，而师资力量却在萎缩，加之在管理人员的数量与管理的质量上存在着众多的问题，导致其发展前景堪忧。

（四）流域结构的失衡

合理的高等教育流域结构，不仅要面对已经形成的历史格局，更要充分考虑与我国各地社会宏观经济发展的要求相适应。优化流域结构的目的在于通过对现有高校分布进行必要的调整，形成能带动地域政治、经济、文化发展和缩小地区差别的高等教育布局。从这一点出发，我国目前高等教育流域结构问题主要表现在：

一是中心城市与非中心城市高校分布不平衡。我国是一个农村人口十分庞大的国家。在城市结构中，非中心城市的比例也较大。而非中心城市的高等教育在很大程度上是直接或间接为广大农村服务的。同时，近年来，珠江三角洲等地的地方经济迅速发展，也对区域高等教育发展提出了迫切要求。但是，在我国，高等教育资源主要集中于中心城市。有资料显示，31 个省会城市和直辖市的高校占全国高校总数的 55.3%；而 312 个非省会地级市的高校数只占全国高校总数的 38.8%；108 个县级市的高校数只占全国高校总数的 5.9%②。高等教育区域布局的不合理，直接导致每年大量的生源涌入高等教育发达的中心城市，造成本地人才过分外流。据调查，大学毕业生在大中城市就业者占总数的

---

① 中华人民共和国教育部. 2015 年全国教育事业发展统计公报 [EB/OL]. http://www.moe.gov.cn/srcsite/A03/s180/moe_633/201607/t20160706_270976.html.

② 石猛，蔡云，王一涛. 市级行政区域高校分布的基本特征和规律 [J]. 教育评论，2016 (11)：9-13.

92.2%，去乡镇和农村者仅占7.8%。人才的严重短缺已成为制约我国地方，尤其是农村发展的重要因素①。

二是东部与西部高等教育资源配置不平衡。我国已确立“西部大开发”战略，这对西部地区的科技发展与人才培养提出了新的要求。前中共中央政治局常委、国务院副总理李岚清曾经指出，西部地区要把握机遇，加快教育发展和科技进步，努力实现跨越式发展。加大实施“科教兴国”战略的力度，首先在科技、教育、基础设施和生态环境建设等方面争取较大发展②。但从整体上看，我国西部的高等教育资源还比较匮乏，与东部地区比较还存在着巨大的差距。2015年全国共有普通高校2553所，其中东部1243所，中部671所，西部639所。“985工程”和“211工程”的151所院校中，就有97所在东部，32所在中部，西部仅有22所。48.69%的普通高校和48.28%的本专科生分布在东部经济发达地区，而占国土面积2/3的广大西部地区只有25.03%的普通高校，在西部地区就读的本专科生只占全国大学生总数的24.82%。并且本已是少数的西部地区高校中有一部分还分布在四川、重庆和陕西三省市的中心城市③。这一布局严重地制约了西部地区的经济发展与社会进步。由此看来，在西部大开发的战略部署中，若高等教育得不到实质性的进步，必然影响到我国社会的协调发展与经济战略的全面实施。

三是发达地区与欠发达地区高等教育扩张不平衡。教育与经济的发展存在着密切的联系，在高等教育普遍发展的扩张时期，应兼顾效率与公平，致力于高等教育地域差异的缩小，避免“两极分化”出现。但从近几年高等教育规模扩张的过程来看，根据我国教育与经济划分区域的研究（见表10-2），我国高等教育欠发达地区除甘肃、贵州、青海以外，在校生增长率均低于全国平均增长率，而高等教育发达地区除北京、上

① 2015年中国大学生就业状况调查课题组. 2015年中国大学生就业状况调查报告[J]. 中国大学生就业，2016（10）：34-41.

② 王炽. 李岚清：西部大开发　教育、科技当为首[J]. 中国高校技术市场，2001（4）：17.

③ 陈乐. 我国高等教育发展区域比较研究[J]. 大学（研究版），2016（2）：65-75.

海、四川以外，在校生增长率均高于全国平均增长率，高等教育发达地区与欠发达地区在校生增长率相差 29.06%，高等教育中等发达地区与欠发达地区的在校生增长率相差 74.21%。这显示出我国高等教育地域差距有进一步加剧的趋势。

表 10-2　2013 年与 2015 年普通高校本、专科在校生规模比较

（单位：万人）

教育与经济划分区	省市	2013 年普通高校本、专科在校生数	2015 年普通高校本、专科在校生数	增长率（%）	地区均增长率（%）
	全国合计	6264145	26252968	319.10	319.10
高等教育发达经济欠发达地区	四川	369218	1387889	275.90	317.60
	陕西	180967	1099693	507.68	
高等教育发达经济中等发达地区	湖北	282826	1410567	398.74	
	湖南	232228	1180643	408.40	
高等教育发达经济发达地区	江苏	397921	1715749	331.18	
	北京	264444	603557	128.24	
高等教育发达经济发达地区	辽宁	213041	1005650	372.05	317.60
	广东	534376	1856355	247.39	
	山东	459803	1900612	313.35	
	上海	174584	511623	193.05	
高等教育中等发达经济欠发达地区	江西	184042	984489	434.93	362.75
	广西	227016	751181	230.89	
高等教育中等发达经济中等发达地区	河南	336395	1766869	425.24	
	河北	323818	1179172	264.15	
	黑龙江	189337	735151	288.28	
	吉林	177448	632723	256.57	
	安徽	220642	1130748	412.48	
高等教育中等发达经济发达地区	浙江	276578	991149	258.36	
	福建	143923	758452	426.98	
	天津	73572	512854	597.08	
	重庆	144674	716580	395.31	

续表

教育与经济划分区	省市	2013 年普通高校本、专科在校生数	2015 年普通高校本、专科在校生数	增长率（%）	地区均增长率（%）
	全国合计	6264145	26252968	319.10	319.10
高等教育欠发达经济欠发达地区	云南	195297	614569	214.68	288.54
	甘肃	93056	450463	384.08	
	贵州	101698	500882	392.52	
	宁夏	33550	115007	242.79	
	青海	12825	57460	348.03	
	西藏	12241	34203	179.41	
高等教育欠发达经济中等发达地区	山西	188894	740275	291.90	
	新疆	80050	304682	280.61	
	内蒙古	115980	420807	262.83	
	海南	*	*	*	

资料来源：根据中华人民共和国教育部发展规划司 2013 年与 2015 年教育统计数据计算

注：海南的增长比率较高，但增长的绝对值不高，故不作比较。

三、自主有限，策略僵化

优化的高等教育分流模式除了要有明确的分流目标定位和合理的分流结构之外，还应该有灵活多样的分流操作策略。然而，在我国高等教育分流改革过程中，分流操作策略还存在较多问题，主要表现在以下三个方面：

（一）高校自主有限，选择策略仍旧单一

高校作为高等教育分流的决策与调控主体，应该有自主分流的权力，包括价值目标的确定、分流结构的设置、操作策略的选用，乃至整个分流模式的建构等。这里着重讨论高校在选择策略上的自主权问题。

选择策略是高校选择分流对象的措施和手段，包括举行考试，综合参考证书、平时成绩、推荐信，面试，开放入学等多种策略。由于高校

的多样化，他们在选择分流对象时，应能兼顾社会各方主体的需要，包括自身需要而灵活地采用多样化的选择策略，合理地将学生分流到适合其发展需要的分流渠道中去。然而，目前我国各类高校选择分流对象的自主权非常有限，表现为：一不能自主组织考试，必须参加全国统一高考；二不能自主确定分流依据，只能以高考分数的高低为依据；三不能自主录取和分流学生，只能在政府的指令下，根据国家计划指标确定录取的人数并分流。高校自主权有限导致高校的选择策略非常单一和僵化，他们只能依据统一的“高考”成绩来选择分流对象，并将他们分流到各个分流渠道中去。虽然目前有些“重点”高校有了一定自主选择分流对象的权利，如北大、清华、武大、华中科大等高校都有自主招收各种“特长生”的做法（体育特长生、艺术特长生、文学特长生等），但从整体上看，我国仍然是所有高校都在全国统一高考策略下，依据高考成绩选择分流对象。这种做法虽然有利于国家统一计划与管理，具有肯定学生后天努力、保证相对公正与公平等优点，但也容易引发许多分流方面的问题：

第一，导致高校分流不合理。由于选择策略单一，高校在分流模式改革过程中遇到许多困难，造成一些不正常现象，如学生入学就要求转专业，便是当前高校分流中的一种不正常现象。有的学生为争上某一重点高校，先报考其“冷门”专业，入学后再要求转入“热门”专业；有的高校为争夺生源，承诺允许学生先以其他不自愿的专业报考，入学后再转专业。据研究，近几年某大学 57 个专业中，第一志愿录取较好的专业只占 38.60%，第一志愿录取较差甚至差的专业达到 66.67%。特别是农业工程、粮食工程和应用生物科学等几个专业近四年学生的第一志愿录取率为 0①。有的考生因自己考试分数较高，报考了某一“重点”或“名校”的重点学科专业，结果由于排名靠后而未被录取，再转档到第二志愿学校的专业时，结果也已录满。虽然目前国家采取了再补报的措施，但有的考生为了保证被录取，可能会选报并不感兴趣的学科专业，

① 刘洪彬，王洪来，高爽．农林院校本科生生源质量存在的问题、原因及对策研究［J］．高等农业教育，2017（1）：79-83.

这就造成了许多“非志愿生”。

第二，限制了学生多次选择流向的机会与权利。在我国，学生参加高考前后，必须选报一定的高校、一定的学科、一定的专业，而高校又在政府派出机构教育部门的指令、计划、安排下，把一定专业的课程、讲课的教师等都设置好了。这样，学生选择了某一高校的学科专业也就实际上选择了课程和教师。因此，在某种意义上说，高等教育分流活动在学生参加高考之前均已完成，即内分流淹没在外分流之中。学生流入高校之后，只有管理的重要，而没有分流的必要。这实际上就是通过高考一次性把学生分流到位，中间除了年级的升迁和上课教师的更换，基本上没有大的变化，直至毕业流入社会。这种做法限制了学生多次选择流向的发展机会与权利。人的发展有一个过程，即使是大学本科四年，也是一个漫长的过程，在这个过程中学生应该拥有多次选择发展的机会和权利，因为入学时选择的学科专业与毕业时的状况绝不是相同的，加之报考信息的不确定性，以及学生对自己本身性向、能力等了解的不确定性，学生的一次性选择不一定是合理的，等他发现适合自己发展需要的专业时又无可更改，这就不仅造成学生的终身遗憾，而且必然会影响学生的发展。

第三，影响分流培养人才的质量。把高考成绩作为选择分流对象的唯一依据，会给人们造成一种假象，即高校选择的分流对象都是“优秀”人才。人们会进一步认为，这些选拔上来的优秀人才，通过几年的高校学习会更优秀。这就有可能使人们放松对学生的要求，只要能流入高校的人就都能流出，而不管他们的“质量”如何。加之分流活动在学生入学前已经完成，入学后顶多也只有一项分班管理活动，然后是按部就班地按照教学计划进行教学活动，而没有分流活动。这样，学生的选择性、主动性、积极性、差异性乃至创造性等体现人才质量的许多方面势必受到影响。

（二）学生自主有限，分化策略不够灵活

学生作为高等教育分流的直接参与主体，他们具有按照自己的价值目标，自主选择一定的专业、课程、班级、课堂和学习方式等方面的教育权利。然而，我国高校中的学生目前自主选择分流渠道的权利却非常有限，表现在：一是学生不能完全自主选择专业。我国当前的专业分流

主要还是一种外分流，是在学生的“报考”活动中完成的。这种专业选择在很大程度上代表了学生家长的意愿，甚至中学教师的意愿，而学生本身的兴趣、爱好、特长等自主性成分是非常有限的。二是学生选择课程的权利有限。我国高校的选修课程比例较低，学生任意选修课程普遍不足10%，而且学生只能选课程，不能选教师。三是学生不能自主选择学习方式。他们不能选择上课时间、地点、教师，不能选择考试时间、毕业时间，他们只能按照高校的统一计划、布置和安排，按部就班地进行学习，缺乏自我计划的主动性。学生自主选择分流权利的有限性充分表明，我国高校中选修制培养策略还没有完全建立起来，因而建立在选修制基础上的学分制培养策略也就不可能健全，这使我国高校的培养策略缺乏灵活性。

当前我国高校普遍实行的培养策略是“学年学分制”，但实际上仍然是一种学年制。学年学分制是学年制与学分制的一种调和，它是在教学计划编制及执行中按学时计算学分，而将所有课程分为必修课、限选课、任选课、实践课等。对理论课程按16～20学时计1学分，对实践课程则按1周计1学分，通过计算，在教学计划中规定学生修满多少学分才能拿到毕业证书，与这种学分制相应的学籍管理是以学年或学期作为结算时段，规定学生降级、退学标准。虽然高校在计算学生学习量时增加了学分的计算方法，但由于学生的自主选修权利有限，高校更多地仍然是以学年或学时来计算学生的学习量，因此实际上高校的培养策略仍然是学年制。

实行单一的学年制培养策略，虽然有利于管理者的计划与管理，使学生按部就班地学习，但也存在许多问题。一是不利于学生主体性的培养。“学年制”是按照管理者的需要建立起来的一种培养策略，其特征是：课程多是必修课；学习时间按学年计算，修满规定的学年学生才可以毕业，既不可提前也不可推后；一切按部就班，学生没有多大选择权，流动性有限。学生在这样一种不能自主选择、自由流动的环境下学习，其主体性发展必然会受到负面影响。二是不利于因材施教、发展学生个性。由于“学年制”强调统一管理，按统一的进度安排学习内容、学习时间等，学生没有充分选择的余地，这对学生的个性发展是不利的，也对教师的因材施教造成影响，导致培养出来的学生“千人一面”。三是不利于教学质量的提高。学年制强调学生在规定的时限完成学业，教学工作必须按部就班地完成，极少淘汰学生，这对教师的教学没有压力，对学生的学习也没有动力，教学质量难以提高。四是不利于分流模式的改革与优化。由于学年制强调按照“学年”来计算教学量，课程按计划安排，学生入学就分流，中间只有年级的升迁，没有其他变化，这使分流模式改革艰难。

（三）市场发展有限，“双选”策略面临挑战

“市场”，在这里指高等教育分流市场，包括“生源市场”和“就业市场”。生源市场影响高校分流的“入口”环节，就业市场影响高校分流的“出口”环节。各类高校作为自主分流的主体，应能按照市场规律，平等地参与市场竞争，公平竞争是市场发展的重要标志。然而，目前我国高等教育分流市场的发展还很不完善，使各高校主体处在一种不公平竞争的境地：一是“生源市场”中各高校的地位具有不平等性。目前我国的高校主体还没有成为真正独立的法人实体，他们依各自举办者的地位不同而具有不同的等级。我国的高校主要是公立高校，民办高校只占少数；就公立高校来说，有国家举办，各部委举办，省、地、市举办等；加之我国高校还存在“重点”与“非重点”之分。这种不同等级的高校在生源市场中的境遇截然不同，公立高校生源充足，民办高校生源缺乏；国家级高校分数线高，各地市高校分数线低；“重点”高校生源质量高，“非重点”高校生源质量低等。二是“就业市场”中高校竞争的不公平性。由于生源市场中各高校的地位不平等，使各高校的生源质量不一样，加之各高校的资源、设备、师资等的不同，使不同高校的毕业生进入就业市场中的境遇完全不一样。不仅民办高校无法与实力雄厚的公立高校公平竞争，即使公立高校之间也存在着不公平竞争，如“重点”高校与“非重点”高校的学生就业境遇就截然不同。三是“就业市场”中人才标准的不合理性。就业市场中社会用人单位没有用一定的合理标准来衡量人才质量，他们只看文凭不看能力，只看高校“牌子”不看高校质量，他们只凭“利益最大化”原则招用人才。此外，监控就业市场的一些制度，如利益分配制度、人才使用制度、人才质量评价制度等也没有健全起来。

这样就使各高校主体势必处在非公平竞争的市场环境中，从而向高等学校目前实行的“双向选择”分配策略提出了严峻挑战。

从1989年国务院批转国家教委关于改革高等学校毕业生分配制度的报告中提出“双向选择”的制度开始，随后逐渐改革，至2002年2月，以教育部《关于进一步深化普通高等学校毕业生就业制度改革有关问题的意见》中明确提出“建立市场导向、政府调控、学校推荐、学生与用人单位双向选择的就业机制”为标志，我国高校全面推行“双选”分配策略。相对于“统配”策略来说，“双选”策略显然是一种进步，它能关注人的选择自由；锻炼人的主体性；激发人的积极性；给人以自我设计、自我发展的机会与权利。但是，由于高等教育分流市场发展的有限性，所有的高校都推行这一策略，势必会引发一些问题：首先，影响高校内部合理分流。无论高校还是学生都热衷于追求高流层、追求热门专业，这是因为，就高校而言，追求高流层意味着生源质量好，追求“热门”意味着生源数量多；就个人而言，追求高流层与“热门”专业意味着在“双选”中就业机会多。但是，如果高校过度追求“高与热”，就会使分流的结构比例失衡。其次，促使人们追求文凭，而忽视高等教育质量。在不公平的“双选”竞争中，人们看重的是文凭，至于学生的能力和素质则在其次。“名牌”、“重点”高校因自己的文凭“硬”，在竞争中处于优势地位，根本不必担忧自己学生的质量；“非名牌”、“非重点”高校因自己的文凭不是很“硬”，在竞争中又处于劣势，因而无论学生质量如何，都要保证学生得到文凭，否则将会在竞争中更为不利。再次，影响社会公平。由于分流市场发展有限，“双向选择”制度不够完善，这对家庭背景好、社会关系资源多的学生有利，而对那些家庭背景不好、社会关系资源贫乏的学生不利；对城市学生有利，对农村学生尤其是边远农村学生不利。

四、机制不活，分流不畅

高等教育分流有效、协调运行必须有健全灵活的机制作保证。健全灵活的机制，可以引导人们明确分流目标，促进人们调整分流结构，激励人们改进分流策略。如果机制不健全、不灵活，就会误导人们的价值目标，进而影响分流结构的调整与分流策略的改进。我国当前高等教育分流的机制问题主要表现在如下几方面：

（一）职责不清，调控乏力

政府作为宏观调控主体，其职责就是要运用政策、法规、制度等手段来协调、理顺影响高校分流的各种关系，而不是运用行政手段对高校具体的分流活动进行干预或控制。“政府把高等教育的发展、革新和多样化的责任转移到各高等院校的同时，只保留制定广泛的政策，特别是预算政策的特权。”① 然而在我国，明显存在着政府及其教育行政部门职责不清，对高校具体的分流活动干预过多的问题。“教育主管部门对办学实体（高校）的管理还主要依靠行政手段和直接干预，不愿意放弃具体事务的管理，对教育方面的问题深入调查研究不够。管理工作中缺少经济、法规、社会评估、监督等手段。”② 政府通过教育行政部门的管理活动，不仅控制高校分流培养人才的规格与类型，而且控制高校的专业设置、课程设置、教师调配、教学计划、教材编订、招生名额、招生方式和录取依据等多方面的分流活动。这极不利于高校领导的决策和管理，更不利于高校的自主分流。以招生为例，我国至今实行的是“严进宽出”，高校招生规模的确定仍为高度集中的计划模式，分别由教育部和各省、直辖市、自治区政府教育行政部门确定，各校招多少人、招哪些专业基本上由教育行政部门确定。再以专业设置为例，教育部专门成立高等学校专业调整办公室，专门负责对专业设置进行管理。高校的专业设置包括设置哪些专业、设置多少专业和专业方向都须经过教育行政部门批准。同时高校申报专业也必须在教育部规定的专业目录范围内选择，如目前高校所能选择的专业目录为 12 大学科门类，92 个专业种类，506 种专业③。

---

① 弗兰斯·F. 范富格特. 国际高等教育政策比较研究［M］. 王承绪，译. 杭州：浙江教育出版社，2001：40.

② 方惠坚，范德清. 清华大学发展研究报告（2000 年）——中国高等教育的改革与发展［M］. 清华大学出版社，2001：58.

③ 中华人民共和国教育部高等教育司. 普通高等学校本科专业目录（2012）［EB/OL］. http://www.moe.gov.cn/srcsite/A08/moe_1034/s3882/201209/t20120918_143152.html.

应当肯定，自20世纪90年代以来，我国高等教育宏观调控体制改革取得了新的突破。到2000年底，通过“共建、调整、合作、合并”等方式，我国以往由中央高度集权的管理体制得以改变，基本实现了高等教育管理重心的下移，初步建立了在国家宏观政策指导下，以省级政府统筹协调为主的新体制，形成了“中央和省级政府两级管理、分工负责”的高等教育宏观调控体系。但是，由于各级教育行政部门的职能转变没有完全到位，职责不清问题仍然没有得到解决，高度集中的高等教育管理模式仍然没有从根本上改变。职责划分不清，导致政府及其教育行政部门对高校分流活动的宏观调控缺乏应有的力度。“各级教育行政部门对高等教育的不同形式、不同类型、不同层次的管理缺乏合理分工和统筹协调，以至于在宏观上时有‘一锅煮’的现象，该控制的控制不严，该发展的未能得到应有的发展。”① 由于宏观调控乏力，引发高校分流出现诸多不合理现象。在高等学校连续扩招中，一方面国家和省属重点大学特别是进入了“211工程”和“985工程”建设行列的高等学校，为了提升人才培养层次，并朝着研究型大学方向发展，一般不应该扩大本、专科招生规模，但由于政府部门缺乏有力的调控措施，为缓解社会各方面的压力，致使有些高校违背教育分流规律，扩大本科规模甚至招收“示范高职班”，而在研究生招生方面又因没有指标无法扩大规模，这不仅加剧了优质教育资源的紧缺状况，而且使分流的层次结构不合理；另一方面，大部分以教学为主的高职、高专特别是民办高等学校，因生源不足导致他们既发展困难，又浪费教育资源，以至于有些本应多发展低流层的教学与应用型高校，不顾自身条件，盲目扩展高流层。许多高校专业设置重复，“热门”、“冷门”不平衡；一些专业人满为患，一些专业无人问津；学生入学就分流进入专业，也有学生入学就要求转专业；课程、班级、课堂设置没有多样化，学生无法适度流动，因而横向分流不合理。此外，

① 胡瑞文，卜中和．优化布局结构，改革管理体制——对当前高等教育布局结构调整的思考［M］//陈学飞．中国高等教育研究50年．北京：教育科学出版社，1999：1178．

全日制高校招收成教生，但成教高校却举办全日制班；监控高校分流培养人才质量的中介评估机构迟迟未能建立；影响高校人才合理分流的利益分配机制，如人事制度、用人制度、收入分配制度等迟迟未能出台等，都说明分流的宏观调控缺乏应有的力度。

（二）定位不明，调适有限

任何个人和组织都有职能定位问题，职能定位不明确，就会影响活动成效。长期以来，我国高校主体一直被定位为国家对教育教学进行管理的行政机构，行使高等教育管理职能。目前仍然基本如此。高校一般都是套用政府机构的行政级别和任期制，对高等学校内部的分流教育活动进行管理。按照现行规定，一般本科高校为正厅级，高等专科学校为副厅级，还有一些国内一流大学和近年来通过“强强合并”组建的新大学为副部（省）级，高校内部各处室和院系为正处级或副处级，各处室和院系之下为科级等。行政级别的不同，决定了高校及领导班子成员待遇的不同。在任期制度方面，高校领导班子一般为四年。这样的领导机构设置实际上是一种“官僚化”体制，使高校变成政府的行政派出机构。因此，高校的一切活动都要按照“行政管理”的要求进行，强调服从、步调一致、教学秩序、计划安排等，而强调主体性、灵活机动、教学自由、个性发展等特征的分流教育活动则被淹没在这种管理活动之中，甚至不复存在。高校职能定位不准确所带来的主要问题就是不利于分流合理化，导致高校按照政府制定的社会规定目标进行“单方面”的分流教育，而忽视学生个性发展的需要。高校作为高等教育分流机制的实体，既是学术性、文化服务性机构，也是分流机构，他们必须在尊重学术自由，尊重学习自由的前提下，既要根据社会分工发展的要求，也要考虑学生个人的意愿，实行合理的分流施教，否则将会抑制人的个性、主体性乃至创造性的发展。

应当看到，经过改革开放以来三十多年的发展，我国高等教育已取得了巨大的成就。不仅高等教育学生规模在持续扩大，而且高等学校数量发展迅速，如2015年全国普通高校2560所，成人高校292所，民办高校734所，此外民办其他培训机构达2.01万所。同时还应该看到，随着高等教育体制的改革，高校学校的自主权也在不断扩大。但是，由于高校职能定位不准确，导致我国高校分流自主机制还不健全，高等学校自主办学机制、自我发展机制、自我调控机制、自主选择机制等，远远没有完善，因而我国高等教育分流自主调适能力非常有限。具体表现在：高校主动反映外部需要的应变能力十分薄弱；高校内部改革各种管理体制、理顺各种责、权、利关系的自我调控能力十分有限；对社会人才需要的预测以及学生的分流意向指导等分流机制还没有建立；教师分流施教的积极性与学生学习的主动性、积极性等主体性作用还没有得到应有的发挥；高校自主确定分流目标、优化分流结构、灵活运用各种分流策略的能力比较弱；趋向中期分流、转流、分岔、交替、学生自主选择等分流模式的改革能力与速度比较缓慢等。以高校面对市场的应变能力为例，在高校自主权逐渐扩大和落实的背景下，高等学校应主动增强应变意识，根据社会分工发展的趋势以及个性发展的需要设置专业、课程、班级和课堂等分流结构，使自己培养的人才适应市场变化的要求。但是，由于我国高校定位于教育行政管理职能，使高校领导层形成了“按照上级精神办”、“跟着人家走”的思维定式，不思改革，甚至不敢改革，仍然按照传统模式分流培养学生，结果培养出来的人才无本身特色，难以适应人才市场的要求。调查显示，目前本科毕业生专业完全对口和比较对口的就业只占调查总人数的54.54%，基本不对口和完全不对口就业的占21.47%，对口程度一般的占23.99%；在就业对口率不高的原因中，“课程不适合社会需要，就业针对性差”一项就占了42.3%①。另据对280家招聘企业的问卷调查显示，有75%的企业认为大学应届毕业生的专业知识较好，但实践能力欠缺，基本能胜任工作，有11%的企业则表示所用的人专业知识和实践能力都有所欠缺，难以胜任工作；这表明绝大多数用人单位（86%）认为大学毕业生上岗后的实践能力不太令人满意，只能基本胜任工作②。

① 冯成志．从象牙塔到人才市场：高校本科专业设置与毕业生就业匹配度实证研究［J］．高教探索，2013（6）：111-116．

② 眭国荣，李莎．基于职业胜任的大学生社会适应能力调查分析［J］．淮海工学院学报（人文社会科学版），2014（10）：100-102．

（三）认识不足，指导薄弱

参与和实施分流的主体包括政府及其教育行政部门、高校、学生家长等，他们的认识对高等教育分流中的学生流向指导具有极重要的意义。人的一生是一个漫长的发展过程，在这个过程中，究竟应该朝着什么方向发展，究竟什么流向最适合自己的特长与个性，究竟应该怎样发展自己等，人一开始并不是很清楚，即使到了大学生阶段及以后阶段，也还有可能多次变换发展方向，这就需要对学生的分流选择进行指导。通过加强指导才能避免学生分流选择的盲目性，也才能使分流合理。但是，我国一直把高等教育分流作为一种管理活动来看待，人们认为只有管理，没有分流，因而也就只要管理，不必指导。

主体认识不足，尤其是高校主体认识不足，导致高等教育分流的学生流向指导没有得到应有的重视，具体的实践中对学生的分流指导非常薄弱。无论是政府及其教育行政部门还是高校，都没有把对学生的分流指导作为一项重要工作来对待，既没有专门的机构，也没有专职的老师，更缺少专门的研究。以前，我国高校毕业生都由国家“统分统配”，高校不担心学生分流不出去；家庭及学生本人也不必担心找不到工作，因而大学生的专业选择、课程学习、毕业流向等不需要人们做过多的指导。随着1994年我国高等学校毕业生分配制度的改革，由原来的“统配”制改为“双向选择”制，大学生一方面有了自主选择工作岗位的权利，为之欢欣，另一方面却又有点茫然，不知如何选择“流向”。尤其是专业流向的选择更是让人难以捉摸，因为在这瞬息万变的信息化时代，很难确定入学时的流向选择是否还适合几年后的情况，加之对高等教育信息了解的缺乏，以及信息的不确定性，大学生选择流向非常困难。据一项对工商管理专业学生的调查显示，在被调查的学生中，对所学专业十分了解的只占1.8%，一点都不了解的占27.96%，一般性了解的人数占70.14%。在进入大学学习一段时间后，学生对所学专业感到满意的也只有16.58%，一般性满意的占72.98%，还有10.42%的学生感到很不满意①。工商管理专业是近几年高校招生中的“热门”专业，按说学生应该对专业的了解程度比较高，但是，很了解专业的学生仍然不多，对专业满意程度高的学生比例也不高。另据一项就综合性大学学生对自己所学专业的满意度调查显示，只有41.2%的人对专业感到满意，有近6成的学生感到不满意②。这表明，我国高等教育分流中对大学生流向指导非常不够。

① 杨瑞雪，彭耿．工商管理专业满意度的调查研究［J］．市场论坛，2017(1)：81-84.

② 齐桂，李刚，张昊，黄江荣，龚权．综合性大学新生适应性教育调查与分析［J］．长江大学学报（自然科学版），2014（3）：90-92.

第十一章　我国高等教育分流的对策思考

合理和科学的高等教育分流，既是我国社会发展的客观要求，也是当前高等教育改革的必然趋势。然而，合理和科学的高等教育分流又在许多方面受到社会环境条件与高等教育本身发展的制约，既需要改革社会又需要改革高等教育，必须两方面同时进行。“一方面，为了建立正确的教育制度，需要改变社会条件；另一方面，为了改变社会条件，又需要相应的教育制度。”① 但是，社会条件与教育制度的改变，都是复杂的系统工程，它们需要一个循序渐进的改革过程。从我国当前的情况看，要实现高等教育分流的进一步科学化、合理化，应从整合价值目标、调整分流结构、完善分流策略、健全分流机制等方面入手。

第一节　提高思想认识，整合价值目标

鉴于我国当前高等教育分流改革中存在着目标冲突的问题，迫切需要高校整合分流的价值目标。高等教育分流目标受到主体价值取向的影响，而主体的价值取向又与思想认识有关，因此要整合价值目标，就必须提高思想认识。

一、个人目标与社会目标结合

社会目标具有一定的统筹计划性。按照社会目标进行高等教育分流，既有利于政府的统筹安排、计划管理；又有利于资源的有效分配，避免

① 马克思，恩格斯．马克思恩格斯全集：第19卷［M］．北京：人民出版社，1964：654.

浪费。但是，分流过于注重社会目标，就有可能忽视个人发展的需要，不利于学生个性的充分发展。个人目标具有个体差异性，高等教育分流关注个人目标，就有可能实现按照个性发展需要而因材施教，从而有可能促使学生个性充分发展，就有可能充分调动学生的积极性、主动性和创造性。但如果过于注重个人目标，又会使教育走向“个人本位”，进而影响到社会人才结构的整体优化。因此，只有将社会目标与个人目标结合起来，才能实现合理分流。

要实现个人目标与社会目标的结合，各高等教育分流的主体都要提高对这一结合的认识。首先，政府主体应认识到高等教育分流不是某一单方面的活动，而是包括以高校为实施主体、学生乃至社会用人单位等为参与主体的多方面的协调活动，如果以单一的社会本位目标指导分流，显然会限制其他主体的利益实现。学生个性发展也应该是高等教育分流的重要目标，只有每个学生的个性得到充分发展，才能促进社会发展。其次，高校主体应该认识到，只有将个人目标与社会目标结合起来，才能使各方利益关系得到协调，才能使高校的利益最大化。再次，学生主体应该正确认识社会目标的价值，客观评价自己的兴趣、特长与条件，在服从社会目标设计的前提下进行合理的自我设计，个人目标才能最终实现。

二、大众目标与精英目标并重

个体发展的差异性与自主性决定了对高等教育需求的多样性；初级阶段社会经济发展对人才的需求，以及国民的富裕程度与文化程度的差异对接受高等教育程度亦有不同的要求；大众化的高等教育也不可能把为数众多的受教育者都培养成英才。在分流中坚持大众教育与精英教育双向并重的价值取向，既是促进人的发展的要求，也是时代发展与高等教育自身可持续发展的要求。

为了实现大众目标与精英目标的并重，一方面要通过高等教育体制的改革与深化，促进公立高等教育主导下的其他多种形式的高等教育的共同发展，不断扩大高等教育的供给，尽可能满足更多国民的多层次的需求，同时努力实现这类高等教育的数量增长、质量提高、结构优化与效益增进的统一，为社会输送更多“适销对路”的人才；另一方面，为了增强我国的国际竞争力，国家应通过适度的政策倾斜、必要的投资倾斜和其他多种形式的激励，加强少数高水平大学和部分重点专业的建设，以培养和造就一大批能为社会经济发展做出杰出贡献的精英人才。

三、通才目标与专才目标融合

合理的高等教育分流既要重视对人的分化功能，即以学业分化、兴趣分化与能力分化为基础，以专业分化、技术分化与职业分化为目标来进行人才的分流培养；又要重视人的发展功能，即通过教育使人拥有较宽的知识面、较广的适应性与较强的创新能力。尤其是新技术革命的兴起、信息社会的到来与经济结构的变化，对专业人才的综合素质与知识底蕴提出了更高的要求，通才取胜已成为不争的事实。因此，合理的分流不能只重专才教育，而应将通才教育与专才教育相结合。

实现通才目标与专才目标的融合应根据高等教育分流的层次，类型与任务的差别而采取灵活多样的模式。在一般情况下，本科生应采取“通才基础上的专才教育”的模式，即前两年主要接受通识教育，以奠定宽厚的人文社会科学与自然科学基础，后两年再进行专业学习；专科生则应采取“专才教育中渗透通才教育”的模式，即进校就以学习专业为主，但应在专业中渗透一定比例的通识教育，以利于学生未来的发展。总之，在合理的高等教育分流中，不应将学生的分化与发展割裂，不应存在绝对的通才教育与专才教育。

四、公平目标与效率目标兼顾

公平和效率既是人类社会永恒的主题，也是一对历史的范畴。在我国当前形势下，所谓“公平”，并不是要求基础的一致性与结果的平等性，而是承认差别、区别对待；它强调的是过程的公正，是参与权利与获得机会的公平。所谓“效率”，是指对有限资源实行最佳配置和最充分的利用。在高等教育分流中，公平目标与效率目标也是一对矛盾。效率目标强调选择有能力、有条件者接受教育，以使有限的教育投入取得最大的教育产出；公平目标则强调教育机会的均等性，使有限的教育资源公平地分配到每一个个体身上。我国高等教育分流面临的主要矛盾是高等教育资源，尤其是优质高等教育资源严重短缺，不能满足人民群众日益增长的需求。如何克服这一矛盾，正确的选择应该是公平目标与效率目标的兼顾。

诚然，在我国现阶段追求公平目标与效率目标的兼顾，并非二者并重，而是要做到在效率优先的前提下兼顾公平。所谓“效率优先”，就是在高等教育分流中要坚持“能力本位”、“优胜劣汰”的原则，给能者、强者更多更好的发展机会。所谓“兼顾公平”，就是要依法保障每个人参与分流竞争与自由选择接受高等教育的形式、类型的平等权利；就是要适应差别，合理分流，因人制宜，促进发展；同时要进一步完善对弱势群体子女的全面补偿（包括教育机会的补偿、经济的补偿与心理的补偿）制度①。

第二节　加强调查预测，优化分流结构

高等教育分流结构是实现一定时期高等教育分流活动的载体。合理的高等教育分流结构是保障学生合理分流进入不同层次、不同类型、不同形式的高等教育机构的基础；是促进因材施教、协调各方矛盾、满足社会需求与优化人才结构等功能得以实现的前提。为此，优化高等教育分流结构需做好三个层面的协调工作。从宏观层面上讲，应协调好高等教育分流结构同社会人才需求结构、国民高等教育需求结构的关系。这一协调过程有赖于计划部门会同教育部门、人事部门与社会经济发展各部门的共同配合。首先要研究三大结构各自的构成要素以及三大结构之间的要素对应关系，尤其是高等教育分流结构对社会人才需求结构与国民高等教育需求结构动态适应的特点与规律。其次要做好对社会人才的真实需求、国民对高等教育的合理期望与现存高等教育的培养能力的调查与预测工作。再次要在研究、调查与预测的基础上，进行高等教育分流的供需矛盾分析，包括矛盾的表现与原因分析，主要问题与障碍因素分析，可以发掘的优势与潜力分析，现行政策与体制的适应性分析，各

① 董泽芳，李晓波．高等教育公平观与高等教育分流［J］．中国地质大学学报，2003（5）：55-58．

种资源的利用与配置的合理性分析等，然后提出优化我国高等教育分流结构的宏观思路。由于外部的供需结构与高等教育自身都是不断变化的，高等教育分流结构的优化过程也不可能一蹴而就，而是一个不断研究外部供需与自身能力变化的过程，是一个不断改革与不断调适的过程。从中观层面上讲，应协调好分流结构中流层结构、流向结构、流型结构与流域结构的关系。首先要研究流层结构、流向结构、流型结构与流域结构界限划分的标准及各自功能定位的依据；其次要研究各种结构之间的相互关系与最佳比例，以发挥结构最大功能与整体效益；再次要研究如何发挥市场引导与宏观调控的双重作用，不断增强结构的自组织性与相互之间的开放性，在结构之间建立起相互衔接、彼此沟通、前后循环、内外融合的关系，以及能够灵活应变、不断自我优化的机制。从微观层次上讲，应协调好流型结构、流向结构、流层结构与流域结构自身的关系。从我国目前高等教育结构失衡的现状出发，不同的结构应该有不同的协调重点。在流层结构上，应努力改变目前的“橄榄形”结构，大力发展专科教育，稳定发展本科教育，积极扩大研究生教育；在流向结构上，着重强调学科专业市场的适应性，同时大力加强学科专业内涵建设，努力培养视野开阔善于决策的经营管理人才、勇于开拓不断创新的高新技术人才及操作应用能力强的职业型人才；在流型结构上，大力促进民办高等教育的发展，努力提高成人高等教育的质量，进一步明确各类型高等教育的任务，使多种形式的高等教育能各安其位，协调发展，形成沟通顺畅的终身高等教育体系；在流域结构上，大力发展西部高等教育，充分利用现代信息技术与传播手段，推进落后地区多种形式的高等教育发展。

一、加强人才需求预测，优化流层结构

人才需求预测是指从社会经济、政治和文化发展的需要出发，依据人才的岗位学历规范，预测未来目标年度的人才需求量。它主要是从各用人单位对人才的合理需要来考虑的。社会、经济预测是人才需求预测的基础。社会预测主要包括人口预测、教育需求预测与社会结构变化趋势预测。经济预测是对本地区主要经济部门及各项经济活动的增长速度与规模发展，以及由此引起的产业结构、就业结构的变化趋势预测。在

做好社会、经济预测的基础上，要对社会结构、产业结构与人才结构的相关性进行分析，也就是要根据社会各行各业对人才的合理需求来研究本地区合理的人才结构，进而预测出各行各业在一定目标年度的人才需求量。与此同时，还需要进行现有人才拥有量的调查。人才预测需求量与现有人才拥有量之差就是教育在未来目标年度内应培养的人才量。

到21世纪中叶，我国国民经济将达到中等发达国家水平。生产力发展水平整体提高的趋势，要求高等专门人才在社会从业人员中的比重（即人才密度）进一步提高。这种整体提高，不能按我国现有高等教育的流层结构，而要按21世纪生产力发展水平的梯度构成，有针对性地发展，以实现在发展中促进流层结构优化，促进高等教育流层结构与生产力发展水平的梯度构成相吻合。从世界众多发达国家、中等发达国家高等教育发展阶段与生产力发展水平的相互关系中，我们可以看到，在人均GDP由1000美元向2000美元迈进阶段，其高等教育的流层结构大体为研究生教育占5%～10%，本科教育占35%～40%，专科教育占40%～60%。这对于我国当前高等教育流层结构的优化具有一定的借鉴意义。

专科流层高等教育构成了高等教育体系厚实的底部，发达国家大多是借助专科流层的短期高等教育大发展来实现高等教育规模扩张的。例如美国曾大力发展初级学院与社区学院，英国创办了高级技术学院，日本则分别创设了面向妇女的短期大学、面向第二产业的高等专科学校和面向第三产业的专修学校。我国《全国教育事业“九五”计划和2010年发展规划》提出：“在层次结构上，重点发展高等专科层次教育，特别是面向广大农村、中小企业、乡镇企业、城镇第三产业的高等专科教育和专科层次的高等职业教育。”《国家中长期教育改革与发展规划纲要（2010—2020年）》指出：“要大力发展职业教育，特别是要加快发展面向农村的职业教育。把职业教育纳入经济社会发展和产业发展规划，促使职业教育规模、专业设置与经济社会发展需求相适应。到2020年，高等职业教育在校生要达到1480万人。”《国家教育事业发展“十三五”规划》提出：要建设高水平高等职业教育，计划支持100所左右职业学校建设高水平职业学校。可见，发展专科流层高等教育十分重要。它不仅有利于适应社会经济的技术结构、产业结构的合理人才结构的形成，而且有利于稳定社会秩序的社会中间阶层的形成。一些社会学家的研究表明，一个社会只有形成一个具有强大经济实力的中间阶层，社会才会趋于稳定①。因此，为了适应我国经济技术结构、产业结构的需要，加速形成我国社会的中间阶层，有必要大力加强高等教育专科流层的人才培养。其路径是：专科流层应定位在发展高等职业技术教育，突出“实用性强、技能高、使用成本低、适销对路”等人才培养特色；放开分流入口，免试入学，入学要求由学校自主确定；学校专业、课程设置面向市场，让学生自由选择，自由流动；大量招收社会青年，为他们的发展创设平台。

本科流层处于高等教育的中间层次，对培养我国经济发展所需要的人才具有举足轻重的作用，在我国应受到高度重视。据专家预测，我国本、专科学生合理比率为1∶1或1∶1.5比较好，即在三个层次中，本科教育比重基本稳定在35％～40％。因此，应注重提高质量，调整科类构成，加快人才培养模式的改革，努力培养复合型、应用型人才。在维持并办好现有本科高校的基础上，严格“升格”要求，使本科高校数量基本稳定。在“重点”与“一般”本科之间引入竞争机制，使“好者”上，“不好者”下；重点本科不仅要把好“入口关”，而且要把好“出口关”，在分流入口不仅要看考试成绩，而且要增加口试或论文写作等内容，在出口不仅要有学校考试，而且要增加国家考试或社会考试。如此，方能使本科教育稳定发展。

研究生教育是高等教育中培养“精英”型人才的高层次教育。长期以来，我国研究生教育的比率一直偏低，这不仅影响到合理人才结构的形成，而且影响到我国社会的合理分化与流动。我国21世纪国民经济发展中，知识经济的比重将由15％向30％左右迈进，由此我国研究生层次的人才比重应有相应的提高。参照国际研究生教育发展的一般轨迹，结合我国生产力发展水平的客观需要，2020年，我国研究生教育所占比例

① 陆学艺．当代中国社会阶层研究报告［M］．北京：社会科学文献出版社，2002：24．

要由目前的6.85%逐步发展到10%，在校生规模达到300万人左右，大致与美国20世纪80—90年代的规模相当①。因此，在当前形势下，应适度扩大研究生教育，从而处理好高等教育分流结构的低重心与迎接新技术革命挑战的关系。

二、重视现行学科调查，优化流向结构

合理的高等教育流向结构，应能反映社会经济发展对专门人才需要的、种类相对齐全的学科专业构成。从总体看，高等教育流向按学科门类可划分为文学、历史学、哲学、教育学、经济学、法学、理学、工学、农学、医学、管理学、艺术学12个学科流向。高等院校的流向构成，也可分为工科院校、文科院校、理科院校、农科院校等。高等教育流向结构既反映了科学技术发展所形成的学科划分，又反映了社会分工和职业分工，符合人才培养的规律和特点。所以，高等教育流向结构的合理程度，直接关系到人才的使用效益。它是高等教育各种结构（包括流域结构、流型结构、流层结构）与经济社会发展相结合的交汇处，是高等教育分流结构合理与否的最直接、最集中的标志。衡量流向结构是否合理的标志主要看其是否与产业结构的变化相适应，是否与产业结构的要求相适应。然而，据2001年教育部发布的《关于做好普通高等学校本科学科专业结构调整工作的若干原则意见》，我国高等教育对"国家未来发展急需的高新技术类专业人才、高层次经营管理人才供给不足；面向地方经济建设的应用型人才培养薄弱；新兴、边缘、交叉学科的建设和发展重视不够；一些学校重专业外延发展，轻专业内涵建设的倾向严重；高等学校主动适应社会变革需要的自我发展、自我调整的专业管理机制有待形成"。这反映出我国高等教育流向在社会急需专业人才培养方面重点不突出，专业设置不合理。高校的专业设置，应考虑社会经济发展的需要，应考虑学校的条件与实力，二者必须结合才能实现专业设置的合理化。在我国，相当一批高校在专业设置上不是考虑社会需要，而是仅从学校利益出发，为了争抢生源，争上热门专业，盲目跟

① 中华人民共和国教育部．国家教育事业发展"十三五"规划［EB/OL］．http://www.moe.edu.cn/jyb_sy/sy_gwywj/201701/t20170119_295319.html.

风，看到市场上需要什么就设什么专业，致使一些专业重复设置。这不仅造成了高校资源严重浪费，而且导致一些专业人才培养的相对过剩。

当前，我国产业结构将逐步向一产、二产、三产比重为10：40：50的结构发展。其中，一产将着重向“两高一优”农业和农业产业化方向发展；二产将着重发展高新技术产业，加速高新技术产业化和高新技术改造传统产业的步伐；三产将进一步向信息服务、金融服务、智力服务等服务高科技化方向发展。同时，也将进一步向服务“全时空化”方向发展。为了适应上述产业结构变化的需要，基础设施（包括通讯、交通以及能源）的建设将进一步加强。为此，我们必须紧紧瞄准我国经济、科技、产业结构发展变化的大趋势，加强学科专业对社会的适应性。要基本稳定基础学科，适当发展新兴学科和边缘学科，重点发展社会需要量较大的应用学科。特别要优先发展经济建设和社会发展必需的应用学科和专业，以及产业结构调整急需的交通、能源、通讯、电子、轻工、纺织、石油化工、建材等专业。直接为第三产业服务的货币银行学、国际企业管理、保险证券、房地产管理等专业应得到较大发展；农科要注意发展养殖、贮藏、保鲜、加工等专业，为广大农村和乡镇培养人才；医科要注意发展药物和保健卫生等短线专业；文科要注意继承和发展中华民族的优秀文化传统，发展短线应用文科；师范要增大培养高中师资和职业技术师资比例。同时，还要按经济、科技和社会要求更新专业结构，建立合理的专业群体。

专业内涵是指专业的培养目标、课程体系、教学内容以及培养方式诸方面的有机组合结构。要加强学科专业内涵建设，应向如下目标努力：第一，拓宽专业口径。从当前的情况看，经济建设十分需要知识面广、适应性强的宽口径专业人才。第二，增加应用方向，根据社会需求，有针对性、多品种地培养适销对路的专业人才。拓宽专业口径和增加应用方向，是优化人才分流模式整体措施的两个方面。反映在课程设置上，应当既有一个宽口径的基础课和专业基础课的课程系列，又有几个与之配套的应用性方向的课程系列和实践性教学环节。第三，加强实践环节，与地方政府共同建设相对稳定的实习基地和社会实践基地，增加实习经费，加强校内实习基地的建设和管理。第四，改变教学活动只局限于学校范围内封闭、单一的培养方式，让学生参与社会活动，走产、学、研相结合的道路。

一些传统基础学科专业，近几年一直被列为“长线专业”，这些基础学科是其他学科的共同基础。对这些专业随便砍、压或轻易“下马”，是不负责的行为。应当采用内涵改造的方式，以这些专业为依托，设立应用性专业流向。这样，既保留了原有基础学科专业的优势，又能够衍生若干社会需要的应用性专业流向，使这些专业增添新的发展活力。同时，根据社会需要和本校的办学条件，经过论证看准了的新专业流向，要积极创办。在当前和今后相当长的时期内，第三产业及对外开放的一些专业人才将十分短缺，针对这种情况，高等学校应当积极而又稳妥地发展一些适销对路的新专业流向。

三、探索多元发展途径，优化流型结构

流型结构的优化，主要是指不同办学形式的高等教育构成合理化。多种形式办学，不仅反映了我国高等教育发展的客观需要，也反映了世界高等教育发展的共同趋势。但是，我国当前高等教育流型结构表现出普通高等学校与成人高校相互割裂、各成一体的现象。近年来得到迅速发展的高等职业教育，还没能形成与中等职业教育相衔接、与普通高等教育相沟通的系列，还没有创造出一整套与职教目标相匹配的办学模式和管理模式，缺乏自身的特色。这就导致全日制普通高校与成人高校定位不准，民办高等教育发展不足，成人高等教育质量不高。

世界各发达国家推进高等教育发展的重要途径之一，是通过社会参与、举办多种形式的民办高等教育。我国是穷国办大教育。随着高等教育规模的扩张，经费短缺已成为高等教育可持续发展的主要障碍。因此，必须积极鼓励以多种形式发展民办高等教育。首先，国家政策扶持；其次，民办高等教育应定位在职业技术专科层次；再次，应采取灵活的分流方式，如入口宽松，专业、课程面向市场，教学形式灵活、多样，加强学生的自由选择权，出口与社会用人单位挂钩等。

成人高校作为我国高等教育的重要组成部分，是终身化的教育体系中不可或缺的重要环节，对于发展我国经济，推动社会发展及社会合理分化，同样具有重要意义。目前，我国已初步形成了包括函大、夜大、

电大、职大、农民大学、管理干部学院和高等教育自学考试等在内的办学形式。为了优化流型结构，必须进一步激发办学潜力，扩大函大、夜大等成人高等教育的比例。同时，要大力发展现代远程高等教育，进一步发展和提高现有广播电视高等教育，要重点向下，加强对基层、企业和农村的延伸；要紧紧抓住信息革命、网络革命的良机，敏锐地参与教育变革，积极探索、建立包括网上大学在内的新型高等教育流型；进一步探索和发展高等教育自学考试与普通高等学校、成人高等学校、广播电视大学以及网络大学等有机结合的新形式、新途径。

针对成人高等教育中学历教育比重过大、对各种岗位培训重视不够、办学重点有所偏离、学员中全日制学习人数过多、工学矛盾比较突出等问题，加快普通高等学校与成人高等学校学历教育的并轨改革步伐。要推进那些主要承担学历教育并具备相应办学条件的成人高校与普通高等学校合并，加强学历教育的统筹规划，防止学历教育上的分散、重复、盲目和浪费；推动一部分具备条件的成人高等学校改办为高等职业技术学院，承担高等职业教育的使命；使独立建制的成人高等学校进一步明确职责、搞好定位，使之成为以实施岗位培训和继续教育的非学历教育为主的教育机构。

四、分析布局失衡现状，优化流域结构

高等教育流域结构的形成既与高等教育发展的历史有关，也受到政治、经济、文化基础及人口因素的影响。合理的高等教育流域结构，不仅要面对已经形成的历史格局，更要充分考虑与我国各地社会宏观经济发展的要求相适应。流域结构的优化，主要是指高等教育机构、层次、科类、形式、学校类型等在地区分布上的构成合理化。即以建设“小康社会”为目标，实现高等教育的流域结构与地区经济发展及布局相适应，与地区科技、文化和基础教育的发展现状及发展趋势相适应，与国家对地区经济、科技、文化等发展的战略布局等相适应。因此，优化高等教育流域结构，对于合理调整现有高校分布，形成能带动地域政治、经济、文化发展和缩小地区差别，避免地域经济“两极分化”的高等教育布局具有重要的意义。

我国已确立“西部大开发”战略，这对西部地区的科技发展与人才

培养提出了新的要求。从整体上看，西部的高等教育资源比较匮乏，与东部地区比较还存在着很大的差距。2015 年全国共有普通高校 2553 所，其中西部仅占 639 所。“985 工程”和“211 工程”的 151 所院校中，西部仅有 22 所，而且这很少的高校主要分布在四川、重庆和陕西三省市的中心城市①。这一布局严重地制约了西部地区的经济发展与社会进步。因此，政府应制定政策，鼓励投资者到西部办学。中央政府应加大西部教育投资，地方政府应积极筹措资金，努力发展适应本地经济发展的高等教育，着重实用型、应用型人才的培养，并制定政策，使人才“进得来、留得住”。

我国是一个农村人口数量十分庞大的国家。在城市结构中，非中心城市的比例较大，而非中心城市的高等教育在很大程度上是直接或间接为广大农村服务的。但是，我国高等教育资源主要集中于中心城市。有资料显示，31 个省会城市和直辖市的高校占全国高校总数的 55.3%；而 312 个非省会地级市的高校数只占全国高校总数的 38.8%；108 个县级市的高校数只占 5.9%②。高等教育流域布局的不合理，直接导致每年大量的生源涌入高等教育发达的中心城市，造成本地人才大量外流。据统计，大学毕业生在大中城市就业者占总数的 92.2%，去乡镇和农村者仅占 7.8%③。人才的严重短缺，已成为制约我国地方尤其是边远农村发展的重要因素。因此，应平衡中心城市与非中心城市的高校分布。对于高等学校密集，中央、省、市三级交叉、重复设置同类院校较多的大城市而言，应实行“同类合并”，促进其办学质量和规模效益的提高。对于中小城市而言，可以有三种选择：一是将单科类学校拓展成与当地经济社会发展相适应的综合型院校，或改建为与当地经济社会发展紧密结合的“高等职业技术学院”；二是可实现“零的突破”，重点是增设与当

---

① 陈乐．我国高等教育发展区域比较研究［J］．大学（研究版），2016（2）：65-75．

② 石猛，蔡云，王一涛．市级行政区域高校分布的基本特征和规律［J］．教育评论，2016（11）：9-13．

③ 2015 年中国大学生就业状况调查课题组．2015 年中国大学生就业状况调查报告［J］．中国大学生就业，2016（10）：34-41．

地经济社会发展结合紧密的“高等职业技术学院”；三是采取“请进来”或“走出去”的办法，与邻近本科高校联合办学，或者在本地区建立分校，或者依托某高校建立某地区分院。

承担高等教育分流任务的我国高等学校，绝大多数设置于 20 世纪 80 年代以前，其整体分流结构是在比较落后的经济水平、科技水平和计划体制下形成的，同当时的生产力发展水平和计划经济体制及高度集中的管理体制基本上是适应的。随着科学技术的迅速发展与知识、信息社会的到来，随着我国市场经济体制的逐步完善和经济增长方式的根本性转变，特别是随着社会分化的加剧以及高等教育大众化进程的快速迈进，我国高等教育分流结构逐渐呈现出一系列明显的不适应。如分流结构的失衡，即流层结构偏颇、流向结构失重、流型结构割裂、流域结构失衡。这种结构上的不合理，将直接影响到我国高等教育乃至国民经济的可持续发展，进而会影响到社会的公平发展。

第三节　改革教育制度，完善分流策略

在高等教育分流过程中采用什么样的分流策略，无论对社会还是对个人，都具有重要的意义。分流策略不同，对于人们的意义就不同，因此优化高等教育分流，必须有完善的分流策略作保证。这里的“教育制度”主要是指高等教育的招生制度、培养制度和分配制度。由于这三项制度分别对应于高等教育分流的三大策略，并制约着分流策略的选用，要完善分流策略，就必须改革这三项高等教育制度。

一、改革招生制度，完善选择策略

当前我国高校的招生制度实行的是具有选拔、分类性质的国家统一考试制度，即全国统一“高考制度”。高考制度具有外分流的性质，“国家通过考试的选拔和分类将学生分流到各类高等学校，实现对全部高等教育过程的控制，保证整个高等教育系统与国家的经济、政治和社会需要相符”①。但是，高考制度对于高等教育分流具有重大的影响，尤其是

① 许庆豫，卢乃桂．教育分流论［M］．南京：江苏教育出版社，2005：168．

对高校分流入口环节的选择策略影响极大，它影响高校招生权利、录取依据、录取方式等，因此要完善选择策略就必须改革高考制度。然而高考制度的改革是一项复杂的工程，牵涉到方方面面的关系和内容，因此其改革不是一蹴而就的。当然，对于高考制度的改革，我国学者们已有许多研究，提出了许多有益的见解。除了前述潘懋元先生认为从精英教育阶段的选拔性考试向大众化阶段的适应性考试转变的观点之外，《国家中长期教育改革和发展规划纲要（2010—2020年）》指出：要逐步推进招生考试制度的改革，按照有利于科学选拔人才、促进学生健康发展、维护社会公平的原则，探索招生与考试相对分离的办法，政府宏观管理，专业机构组织实施，学校依法自主招生，学生多次选择，逐步形成分类考试、综合评价、多元录取的考试招生制度；特别是要逐步实施高等学校分类入学考试制度①。鉴于本书的研究主题，对于高考制度的全面改革，这里不打算做过多讨论，只是从分流的角度，就与高校分流的选择策略有关的招生制度改革进行讨论，以期为高校完善选择策略提供参考建议。

（一）结合实际，采取多种选择方式

综合分析世界各国高等教育分流选择方式，也许能帮助我们打开解决问题的思路。综合评定型是迄今为止较为理想的一种高等教育分流选择方式。因为它既兼顾了学生入大学学习的权利与能力，又注重了中学与大学的衔接，同时还避免了“一考定终身”的偶然性、戏剧性的结局。然而，根据世界各国的经验，实行综合评定型选择方式是有条件的：(1) 同龄人的毛入学率应超过大众化高等教育的水平，即毛入学率在15%以上，也就是上大学的竞争不太激烈；(2) 社会的就业矛盾不突出，社会环境比较宽松；(3) 社会的诚信已达到一定程度，各学校提供的学生评价材料是真实可信的；(4) 有一套完善的评价办法，特别是对中等教育发展不平衡的地区，有一个使之可比的标准。从我国目前形式

① 中华人民共和国教育部. 国家中长期教育改革和发展规划纲要（2010—2020年）[EB/OL]. http://www.moe.edu.cn/srcsite/A01/s7048/201007/t20100729_171904.html.

看，第一个条件已经达到。根据中国教育部公布的最新数字显示，2015年中国高等教育毛入学率已经达到40%。至于其他三个条件都还存在一定的问题。我国正处于经济转型期，大量下岗人员以及日益增多的大学毕业生，给社会就业带来巨大的压力，就业矛盾依然存在；中国人人情面子观念浓厚，加上来自各方的条子、票子等压力，社会诚信一度受到极大冲击，良好的社会诚信体系还正在建立中；近几年，随着教育改革的深入，引入了发展性教育评价，学生评价方法得以不断改进。其特征为：重视对过程的评价，强调评价内容的多元化、评价过程的动态化、评价方法的多样化、评价主体的多元和互动等，以实现评价的最大效益，达到促进发展与改进的目的。但由于学校与学校之间、地区与地区之间的差距较大，一种用来在全国范围内可比的综合评价体系还需进一步完善。因此，在我国高等教育分流选择方式中，实施综合评定型选择方式还有很长一段路要走。有难度并不代表不可能，只要全社会都来关注这一问题，只要政策决策者敢于创新，只要广大教育者转变观念，努力实践，综合评定型选择方式一定会在我国高等教育分流中发挥应有的作用。

资格证书型是发端于西方的一种分流选择方式，与我国传统不符，但并不是说对我们一点借鉴意义都没有。我国高中毕业会考有点类似西方资格证书考试，遗憾的是高中毕业会考实施多年来在高等教育分流中几乎没有发挥任何作用。其实有些科目（非主干科目）完全可以通过资格证书的形式来考查筛选学生。比如有人就设想把外语学科设计出不同等级的测试，学生可以在任何时候参加考级，取得不同等级证书。不同高校和不同专业在选择学生时可以要求不同等级的英语水平。这样就避免了“一考定终身”的弊端，而且还减轻了学生备考的负担和招生考试部门的组织工作量，对高校、学生和招生部门都有好处。

面试审查型选择方式能更加全面考查学生，但我国每年参加考试的学生太多，不可能进行单独面试。然而，对于像清华、北大等精英高校或要求较高的专业不妨尝试这种选择方式，从而使这些精英学校或特殊专业能真正选择到合格学生。

总之，随着我国高等教育日益向大众化、普及化方向发展，高等教育规模得以不断扩张。统计显示，2015 年全国普通高校本专科招生共录取新生 737.85 万人，比上年增加 16.45 万人。截至目前，全国各级各类高等教育在校生总数已超过 3600 万人，高等教育规模已位居世界第一。如此大规模选择学生，仅凭唯一的考试选择方式是不可能达到公平合理的选择目的的。必须结合实际，整合多种选择方式方能使我国高等教育分流合理有序进行。

（二）发挥选择各方能动性，使选择主体多元化

从我国扩大高校选择自主权出现的问题中，人们不禁要问，当前我国的高校具有主导分流选择的能力吗？权利的享受永远是和本身的能力相对应的，有多大的能力就能享受多大的权力，这是经历史检验了的至理。发育未完善的大学和社会显然难以承担主导选择的责任，如果贸然转换权柄，其不良后果也是可以想象的。因此，矫枉不可过正。大学包办一切与政府包办一切同样都存在不可避免的局限性，决不能从一个极端走向另一个极端。同时，从一些学校利用国家给予的 2%的自主调节权大搞不正之风的现实让我们看到，高校自主权应该扩大，但应有一个度，应该受到法律和政策的约束，违纪者应受重罚。应彻底改革高校自主权“一放就乱，乱了再收，收了就死”的局面。所以，由谁作为选择主体以及各个选择主体的地位，不能完全靠外部的授权，而应在竞争中取得自己的身份与权利，如果条件成熟的话，在我国，一些社会专门组织或机构也可以在分流选择中大显身手。

（三）应用现代网络技术，确保选择程序科学化

网上选择以网络信息技术作为依托，被证明是公正、公平、高效的选择策略。我国近几年已普遍实行了网上选择。当前我们要做的工作就是进一步完善网上选择方式，优化选择运转程序和流程。一是将网上录取系统与基层市、县招生机构联网，考生可根据当前录取情况及时到基层招生机构更改志愿，实现高校与学生的双向交流和互动。二是增加录取批次，使每一批次学校减少。三是增加录取次数，增加录取时间。四是优化录取流程，使其互相衔接，相互制约，责任清晰。五是加强特殊类型如定向生、特长生、保送生等招生的重点监管。优化选择程序是高

等教育分流实现公平合理高效的重要环节。

（四）变革大学招生方式，专业分流“大类化”

这里的“招生方式”是指高校招生时是以大类学科招收学生，还是以小类专业招收学生，高校采用何种招生方式，其意义是不同的。多年来，我国高校一直采用小类专业招收学生，结果使学生入学就进入了专业领域，不利于学生流动和发展，最终影响高校分流适应社会分工发展的需要，因此必须改变这种局面。改革的对策是采用“大类学科”招生的方式。现代社会分工发展的需要，导致高等教育的专业、知识呈现出一种既分化又综合的趋势。为适应这一发展趋势，高等学校的招生方式应转向“大类化”，让学生在打牢基础的条件下再分流进入专业，这也是现代世界高等教育分流发展的趋势。事实上，我国有许多高校正在试行以大类学科招生录取学生的做法，其中有重点大学也有非重点大学，北京大学、清华大学、复旦大学、武汉大学、华中科技大学等高校在2000年就开始试行；华中师范大学2003年开始在部分学科试行大类招生，2006年开始全面实行大类招生方式。改革实践证明，在全国统一高考制度下，高校实行大类招生是完全可行的。因此在我国当前情况下，本科高校都可以全面实行大类招生制度，但专科高校可以缓行一步，待理顺“专升本”之后，再逐渐推行。

二、改革学年制度，完善分化策略

高校培养制度对高等教育分流有着很大影响，尤其制约着分流策略的运用。实行什么样的培养制度，就有可能采用什么样的分流策略，完善分流策略，必须改革培养制度。我国高校当前普遍实行的培养制度是“学年学分制”，虽然有利于管理，但却影响高校分流策略的完善，进而影响分流模式的优化。为此，应将“学年学分制”改革为有利于分流的“选修制”及“学分制”。

“学分制”是以“选修制”为基础的培养策略，没有真正的选修制就没有真正的学分制，要实行完全的学分制就必须推行完全的选修制。目前，我国绝大多数高校都在实行“学分制”，但主要是以引进“学分”为计算单位，增加了部分选修课的“学年制”，距离“学分制”的本质要求比较远。一方面，学生不能选择授课教师，另一方面，高校提供不了足够的课程供学生选择，这样的“学分制”由于不具备其核心内容——选修制，难以发挥其应有的功能。只有建立完全的选修制度，扩大学生自主选修的空间和时间，才能体现学分制的优越性。选修制和学分制的推行是一项涉及社会和高校内部配套改革的系统工程，需要一个不断改进的过程。然而，在现有条件下，至少下面这些措施是可以努力做到的：

第一，自主选择课程。在保证学生掌握基础知识的前提下，加大选修课的比例，给予学生更大的自主选课空间。高校从数量和质量入手，加强课程建设，开设结构合理、数量充足、质量较高、内容新颖的公共任选课和专业任选课，学生可以根据自身的爱好和特点及社会需要选择课程。通过网上选课系统，发布各学院、各专业开设的全部课程，允许学生跨年级、跨专业选课。有条件的高校应允许学生跨校选课，校际之间相互认可学分。高校按学分收取学费，按选课学分分配讲课酬金。

第二，自主选择教师。教师之间在能力、知识水平等方面存在着很大的差异，即使知识水平相当的教师在教学方法、教学风格上也各有特色。允许学生在选修课程的同时选择授课教师，才能让学生尽可能地享受自己所喜爱的教学风格的课程。学校通过建立竞争上岗机制，鼓励教师一人多开课，一课多人开。同一课程尽可能开出不同的风格、不同的特色供学生选择，特别是一些公共必修课（如英语、计算机等）要开出不同档次（内容深浅不同）、不同类型（面向不同发展方向）、不同风格（讲授方法特点不同）的课程，允许学生根据自己的基础、志趣、特长等选择课程（需满足教学计划中的最低档次）和授课教师。这既有利于学生的个性发展，也有利于发挥教师的潜力。

第三，自主选择学习量、学习进程和学习方式。允许学生根据自己的能力和其他实际情况，在一定范围内自主决定修读课程的时间、顺序、修读方式以及完成学业的时间。学生每学期选择适合自己的学习量，可以提前或延期毕业。在修读方式上，没有必要硬性规定统一的学习方式，可以随堂听课，也可以通过自学申请免修，只要考试合格，就承认学分。只要建立科学的考试制度，严格考试纪律，教学质量是可以得到保证的。

目前，实行选修制和学分制的各方面条件都有了很大改善。只要充分认识选修制和学分制的本质，积极创造条件，一定能把选修制和学分制改革推向一个新的阶段。

三、改革双选制度，完善分配策略

分配制度影响着高校的分流“出口”是否通畅，并制约着分流策略的选用，因此要完善高校分流的分配策略，必须改革分配制度。当前我国高校实行的分配制度主要是“双向选择”制度，这是我国由计划体制向社会主义市场体制改革所带来的必然产物。它通过人才市场的调节，既扩大了高校毕业生与社会用人单位的选择权利，又在一定程度上使社会人才结构得到优化配置，但由于当前各种配套制度不够完善，过于单一实行“双选”，导致高校分流“出口”不够通畅，引发诸多问题。因此，必须采取改革举措，以完善高校分配策略。

第一，建立完善的“双向选择”制度。完善的双向选择制度应包括证书制度、人事制度、收入分配制度等一系列配套制度。“证书制度”是指运用证书等策略对学生知识能力、水平高低、品质好坏等加以证明的一种制度，是为保证学生就业而实行的一种策略。“人事制度”是社会的用人制度，主要包括社会用人单位的人才标准和选才方式，以什么样的人才标准来衡量人才和以什么样的选才方式来选用人才，都对大学生就业具有很大的影响。“收入分配制度”牵涉到人们的利益，包括对大学毕业生工资待遇及各项福利待遇等的规定，这也是对大学生就业具有较大影响的一种制度。由此可见，“双选”制度与外分流联系紧密，其改革具有较大的外部制约性，因此应首先依靠政府的大力支持，通过政府的政策调控使“双选”制度逐渐完善。但是，这并不等于高校在改革“双选”制度中无能为力，事实上，高校是可以发挥巨大作用的。首先是高校应提高教育质量，推动证书制度的完善。学生的“证书”通过两种途径获得，一是通过高校评价制度获得“毕业证书”和“学位证书”；二是通过社会评价制度获得职业“资格证书”，如律师资格证、教师资格证、工程师资格证等等，这两种证书对于学生就业具有很重要的意义。为了保证它们的可信度或权威性，目前高校应提高自身教育质量，并推动建立中介性评价机构，主动接受评估机构的评价。这种评估机构可以是官方的，也可以是民间的，其职责一是对高校的教育教学质量进行监控，二是为学生获取证书提供条件，从而为学生就业提供有力的支持和保障。其次是高校应积极参与高等教育分流市场的公平竞争。高校作为相对独立的法人实体，以公平、公正、公开的原则积极参与生源市场和就业市场的竞争活动，通过市场合理竞争，使人事制度逐渐完善。再次是高校应指导学生正确对待工资福利待遇，以一种正常的心态参与利益分配，通过参与市场的公平竞争，逐渐提高收入。

第二，适当运用“计划”和“引导”策略，大力推行“订单”策略。高校除了采取措施协助政府完善“双选”制度之外，还可以主动与社会用人单位联系，采取多种形式，完善分配策略，使分流“出口”通畅。一是适度采取“计划”分配策略。对国家基础建设与社会发展急需的或相对“冷门”、“艰苦”的学科专业流向，高校可与政府订立合同，进行适度的计划分流培养，以保证国家基础建设的需要。二是采取“引导”策略。高校应引导学生流向“艰苦行业”、“艰苦地区”，选择与此相关的学科专业，如流向“农、林、牧”行业的学科专业，以及流向西部地区的学科专业等。近年来，国家政府已有相关鼓励政策出台，如对去西部工作的大学生实行安排工作、提供住房、允许两至三年内回内地考研究生优先录取等策略，这对加快西部开发是一个有效的举措，同时对高校分流也是一项重要的引导策略。但高校除了与政府联合之外，本身也可以采用一些措施加以引导，如减免学费、提供奖学金等；甚至可以在入学时以降低“分数线”为条件与学生订立合同，实行定向培养。三是大力推行“订单”策略。为有利于学生就业，使分流“出口”通畅，高校尤其是教学型和应用型高校应积极采取措施与工商组织、私人企业等相互沟通，协议联合办学，与它们订立联合培养合同，学生毕业后定向就业。这一策略在欧美等高等教育发达国家如德国、美国、英国等非常盛行，实践证明这是一种很好的分流策略。

第四节　多方配合行动，健全分流机制

优化高等教育分流，除了有明确的分流目标定位、合理的分流结构、

灵活完善的分流策略之外，还需有一套健全的运行机制。高等教育分流运行机制是高校在适应外部需求与谋求自身发展的过程中逐渐形成的，机制的健全则与社会及高校自身的配套改革密切相关。因此，必须多方配合行动，才能健全分流机制。

一、转变政府职能，健全宏观调控

“转变政府职能”是指政府从使用行政手段直接干预高等教育分流的具体活动，转变为采用法规、政策等手段从宏观上调控、指导高等教育分流活动。宏观调控的目的在于强化政府行为，完善政府对高等教育分流的有效规划与科学管理，使高等教育分流的目标、结构、策略与社会经济发展对人才的需求相适应，尽可能实现供求平衡、学用一致；同时，能较好地满足一定历史时期社会成员对高等教育的基本需求。多年来，我国政府一直通过行政手段直接干预高等教育分流活动，使分流活动蜕变为行政管理活动。由于管理活动强调控制、统一、听从指挥等要求，影响了高校主体和学生主体的积极性、能动性、自主性的有效发挥，使高等教育分流失去其本身应有的活力。因此，政府主体必须转变职能，减少行政干预，采用法规、政策等手段进行有力的宏观调控。主要应采取如下举措：

第一，制定教育法规和政策。制定教育法规是国家政府加强对教育管理和决策的最强有力的宏观调控手段。通过教育法规，确立国家政府在高等教育领域的基本权限，规定高等教育活动的性质、目标和职责，规范高校分流活动及行为，从而实现对高等教育分流的宏观调控。为有效指导高校的合理分流，政府还需制定相关的政策和制度，影响人们的分流价值取向和高等教育分流机构的目标追求，调节高等教育分流结构，监控高等教育分流的操作策略，从而达到优化高等教育分流的目的。

第二，加强教育预测和规划。政府要根据一定时期社会发展的实际需要、劳动力市场的特定状况等做出合理的规划，包括对高等教育的目标政策、入学人数预测、毕业生数预测、职业变化预测、毕业生就业率预测、教育经费增减等。当务之急，应尽快建立教育分流的领导机构。这个机构可以由政府牵头，组织经济、科技、教育、计划、人事等部门共同参与。其职责是：预测与计划、评估与监控。国家可以通过教育分流领导机构，组织专家，设立专门的评估机构，对高校分流活动进行评估，通过评估对高校分流施教的质量进行监控。应在这个教育分流领导机构的领导下建立管理网络和信息网络。这两个网络除了由政府及部门举办外，还可以由行业组织、社会各界、半官方的和民间的机构，以及各类办学实体举办。其主要任务是：为分流决策提供信息、咨询服务，提供参与决策的建议等。通过这些改革举措，可望保证宏观统筹与决策的科学化以及高等教育分流运行的高效化。

第三，开展教育宣传和调节。教育宣传主要是通过教育分流领导机构向学生介绍全国各高校内部的专业与课程设置的相关信息，公布各级各类高校内部分流教育行情，以引导学生自主选择适合本身发展需要的学科专业流向。除了宣传导向之外，政府还应通过经济手段和各种优惠政策，调节高校内部的分流结构设置，优化分流模式；并通过经济手段和各种优惠政策鼓励学生选择基础学科及相对“冷门”的专业，从而调节高等教育分流结构，使其比例合理；反之，则要制定措施减少不合理的分流。

二、改革高校体制，扩大分流权利

高校是高等教育分流的实施主体，要使分流合理必须扩大高校主体自主分流的权利。这里所指的“自主分流权利”是指高等学校依据《教育法》和《高等教育法》等有关法律规定，在高等教育分流活动中所享有的法人地位和独立自主决定分流事务的权利，主要包括自主确定分流目标、自主设置分流结构和自主运用分流策略等的权利。显然，高校要获得这些自主分流的权利，必须具有真正的“法人地位”。从我国当前的情况来看，要扩大高校分流权利，使其具有“法人地位”，应从改革高校内部体制入手。这是因为，我国高校的自主权利在逐渐扩大并逐渐得到落实，高校应当根据法律规定，通过自身改革，逐渐使自己获得相对独立的“法人地位”。诚然，“高等学校自主权利的问题确实不能由高校自身来解决”①。但是，高等学校也“应当加强法治意识，认真研究分

① 王茂林．关于高等学校办学自主权的思考［EB/OL］．http://www.edu.cn/20020511/3025909.html.

析各项法定自主权的内涵，真正做到正当合法地行使自主权利”①。

改革高校内部体制的目的就是要将分流活动与管理活动区分开来，发挥分流活动所强调的自主性、选择性、流动性等方面的作用，扩大师生参与选择分流的权利，发挥他们参与选择分流的积极性。要达此目的，高等学校应首先转变职能定位，从原来“国家教育行政管理机构、行使单一的高等教育管理职能”的定位转变为“学术性、文化性服务机构、承担高等教育分流职能”的定位。这一职能转变意味着高等学校是从事学术性、文化性活动的场所，主要是一种服务性机构，它们的任务是“科学研究、分流施教、服务社会”。也就是说，高等学校的职能是开展文化科学研究并运用其成果，按照社会分工和学生个性发展的需要，对学生实行合理的分流施教，培养多样化人才，促进社会发展。高等学校必须转变职能定位，根据国家法律所赋予的自主权利，理顺各种关系，并不断进行内部体制改革，才能逐渐成为具有相对独立性“法人地位”的高等教育分流主体。改革高校体制，应采取如下措施：

第一，完善校长负责制，使校长具有分流决策权与指挥权。我国高校现有的高校管理体制是党委领导下的校长负责制。这一体制具有加强党的领导的作用，但也容易出现党政不分、以党代政的状况，使校长决策与指挥高等教育分流的权力得不到有效发挥。因此，应进一步落实党政分开的制度，切实完善校长负责制；应发挥民主的力量，将校长任命制改革为校长选举制；同时，应改变校长任期制，即通过选举的校长可以延长连任时间。“高等学校领导工作与政府管理和企业管理工作有着明显的区别，既不能套用政府领导干部的任期制，也不能套用企业管理领导人的任期制。”②

第二，改变高校内部机构，使高校分流落到实处。将行政管理机构与学术机构分开，扩大学术机构的权利，根据学术研究和分流施教的需要设置分流机构。当前我国许多高校以专业设系，以交叉学科专业设

① 申素平. 重新审视高等学校自主权 [EB/OL]. http://www.edu.cn/20030106/3075343.shtml.

② 陈厚丰. 中国高等学校分类与定位问题研究 [M]. 长沙：湖南大学出版社，2004：232.

系，使得院系众多，而且壁垒森严，这不利于高校以大类学科招生，实行中期分流，也不利于专业分岔和转流。因此，应以大类学科设置院，院下再以大类专业设置系，系内以专业方向设置教研室。这样的机构设置，有利于对学生实施分流。例如，高校以大类学科（院）录取学生，将学生分流到院，以院为单位开展基础理论教学，同时以院为主体设置两种班级对学生进行分流：一是行政班级设置，视人数多少分为一到数个行政班级；二是活动班级，按教学活动的需要，由学生选择决定。当学生分流进入专业后，行政班级可以不变，另外再组织由学生选择决定的专业分流班级、选修课程班级和不同课堂的班级等。在各个系里没有行政班级，只有学生活动班级。

第三，改革资源配置方式，使分流主体积极性得到发挥。通过把竞争机制、利益机制适当引入教育系统内部，增强高校自我发展动力；通过实行择优聘任制、岗位责任制、结构工资制与学分制、奖学金制以及优生优分制等一系列新制度，逐步形成一个责权利紧密结合的利益中枢，使广大师生的积极性都能充分调动起来，同时使他们的权利得到体现。诚然，在适当引入利益机制的同时，不能忽视加强思想政治教育，提倡和鼓励发扬奉献精神。

三、建立配合系统，加强学生指导

加强学生流向指导的目的在于尽可能地把学生个人的意愿与国家的各种需要结合起来，既有利于发挥学生的积极性和特长，以便他们顺利就业，又有利于满足社会的人才需要，以促进社会及经济建设的发展。对大学生进行流向指导是一项有计划进行的系统工程，它包括：提高学生的职业意识，对学生系统观察、了解，根据学生特点，确定其发展方向；对学生因材施教，进行职业指导，提供升学与就业的信息与咨询；与家庭及有关方面协商，指导学生为个人的流向做出最佳选择，从而有利于学生发展。针对我国当前大学生流向指导薄弱，主要对策是由高校建立配合系统，不断健全学生流向指导机制。

加强对大学生的流向指导，高校具有不可推卸的责任。首先，高等学校应设立与全国指导机构联网的学生流向指导机构，负责本校学生分流所需要的信息、咨询、联络等工作，并负责向全国发布本校的分流信息。高校应组织力量加强对分流及分流指导的研究活动。其次，各院系应有专人负责指导本院系学生的分流意向，包括：对学生的价值取向的指导；本院系专业课程设置的目的、意义等信息的提供；全校各院系专业和课程设置等方面的信息咨询；各专业就业信息及当前社会就业需求状况的报道等。再次，各行政班政治辅导员应树立为学生服务的思想，加强对学生进行分流指导，教育学生，使其具有正确的选择取向和分流态度；对学生的咨询应能积极、认真、诚恳地进行回答与指导。同时，广大教师应能有意识地帮助学生认识自身的优势与不足，指导学生在专业、课程等流向上的选择。

加强对学生的流向指导，既是一项具体细致的活动，也是一项系统、复杂的工程，更是一项具有重大意义的事业，除高校认真组织实施外，也需要全社会的配合协助和关心指导。具体来说，就是社会舆论、传媒，如电视、报刊、网络等应大力宣传高等教育分流信息，引导学生的价值取向；社会各界应积极捐资，资助指导网络的建立，或出资或直接建立服务指导网络，或出资建立分流指导的研究机构，为广大学生提供建议；全社会应形成良好的用人机制，影响学生形成正确的分流意向。

后　　记

本书是全国教育科学“十五”规划重点课题“高等教育分流的理论与模式研究”课题成果。董泽芳为课题总负责人，负责整个课题的设计、人员的组织与研究的实施。陶能祥为课题主要参与者，负责理论研究、现状分析与对策探讨。此外，参与第三章研究的有陈文娇；参与第四章研究的有吉艳艳；参加第八章研究的有熊德明、李晓波、李任；参加第九章研究的有黄红霞；参加第十章研究的有李晓波。刘贵华、刘在州、胡成功、胡修银等同志参与了本课题的开题研究并提出了许多宝贵意见。课题成果以董泽芳、陶能祥著“高等教育分流的理论与实践”一书于2010年出版结项。

本书是在《高等教育分流的理论与实践》一书的基础上，由陶能祥执笔负责全面修改，最后由董泽芳定稿。胡春光为本书的修订提出了宝贵意见，华中师范大学出版社为本书的出版提供了良好的平台，责任编辑郭志刚等为本书的出版也付出了大量心力。在此一并向他们表示衷心的感谢！